明代景德镇以外瓷器研究

陈扬 著

文物出版社

图书在版编目（CIP）数据

明代景德镇以外瓷器研究 / 陈扬著. -- 北京 : 文
物出版社, 2025. 5. -- ISBN 978-7-5010-8612-2

Ⅰ. K876.34

中国国家版本馆CIP数据核字第2024MM8742号

明代景德镇以外瓷器研究

著　　者：陈　扬

封面题签：曹嘉申
责任编辑：王　伟
封面设计：王文娴
责任印制：王　芳

出版发行：文物出版社
社　　址：北京市东城区东直门内北小街2号楼
邮　　编：100007
网　　址：http：//www.wenwu.com
邮　　箱：wenwu1957@126.com
经　　销：新华书店
印　　刷：天津裕同印刷有限公司
开　　本：965mm×1270mm　1/32
印　　张：8.75
版　　次：2025年5月第1版
印　　次：2025年5月第1次印刷
书　　号：ISBN 978-7-5010-8612-2
定　　价：168.00元

序

明清时期是继宋辽金之后，我国古代制瓷业发展史上的又一个高峰。明代的景德镇（特别是御窑厂），创造了辉煌的瓷业成就，名品、精品层出不穷，历来是明代瓷器研究的聚焦所在。相比之下，同时期景德镇之外瓷器的被关注度则明显不高。事实上，明代的制瓷业遍布今日中国南北的十余个省份，产品种类也相当丰富，既有青釉、白釉、青白釉、黑釉、酱釉等不同釉色，也有青花、红绿彩、白地黑花等多个彩绘品种，还有彩釉陶（如珐华）等。其中浙江龙泉窑，福建德化窑、漳州窑，河北彭城窑等窑场，不仅产量可观、烧造持续的时间比较长，而且或多或少都有一些独具特色的品种成为景德镇官民窑场模仿的对象。受资料限制，特别是窑址考古材料的不充分，以往关于景德镇以外明代瓷器的研究成果相对比较少，全面的综合性研究则未见。

陈扬博士的大作《明代景德镇以外瓷器研究》，抓住了这一薄弱环节，对景德镇以外其他窑场所生产明代瓷器的资料做了系统的梳理和阐释，成为明代瓷器和制瓷业研究的重要补充。通读全稿，我认为该书具有如下三个突出特点。

第一，资料搜集全面，研究重点突出。该书全面搜集了河北、河南、山西、陕西、山东、浙江、江西、福建、广东、湖南、云南等省份的相关考古资料和博物馆收藏品信息，特别是以各地明代瓷窑遗址、墓葬，以及其他各类遗址的考古调查和发掘资料为核心依据，以不同的釉、彩品种为纲，探索了明代景德镇之外不同瓷器品种的分布区域、产品外观特征、工艺技术特点等问题。经过梳理整合，对不同地区的产品发展做了分期；对不同产地（窑口）的瓷器与景德镇同类产品的相互借鉴影响、产品运销情形、某些特殊使用功能（主要是葬俗）的探索等问题，也做了不同程度的分析。由于本书的基本研究对象是"瓷器"而不是"制瓷业"，所以更多的是突出了对各个不同品种产品特征的分析研究，为今后非窑址出土同类器物的产地判断提供了重要参照依据。

第二，该书以学位论文为基础，注意突出创新意识。除选题外，在具体研究内容方面也阐发了不少独到的见解。特别集中在以下几个方面：明代景德镇以外瓷器产品既具有各自的演变规律，又呈现出与景德镇瓷器同步的时代共性；明代景德镇以外瓷器品种丰富，不同产品的区域性特征明显，其产品源头无论是否与景德镇有关，大都具有突出的地方工艺特色；景德镇是明代瓷器生产的主体，各地方窑场则大多延续各自生产传统，既成为景德镇瓷器的重要补充，在一定程度上也是景德镇瓷器的竞争对手；明代各窑场产品海内外运销区域显示，景德镇以外窑业发挥了因地制宜的优势，迎合地方市场需求，将自己的产品渗透至生活多个领域，以拓宽市场，满足不同阶层的不同消费和使用需求。

第三，充分吸收了既有研究成果。如前所述，以往对于明代景德镇以外瓷器的研究工作开展得不多，但关于浙江龙泉青瓷、云南和福建青花、福建漳州红绿彩、河北彭城黑褐彩等，都有一些成果刊布，特别是在一些窑址考古资料公布的同时大都做了相应的解读。本书对这些既有的分列式研究成果进行了消化吸收和整合，从全国范围的视角进一步论证了各窑场之间产品特色和工艺的互相影响；而对于器物功能的研究，也借鉴了墓葬考古等研究成果，结合地方文化加以探索分析。

总之，明代景德镇以外瓷器的研究工作具有挑战性和比较重要的学术价值，《明代景德镇以外瓷器研究》解决了中国古代陶瓷史上若干不容忽视的问题，是一部值得推荐的学术著作。

刘毅
2024 年 11 月 30 日

目　录

第一章 绪论

第一节 研究缘起与研究对象

一、研究缘起

明代初期，明王朝在景德镇建立御窑厂，其烧造的瓷器供宫廷使用[1]。御窑厂的建立代表着明代瓷器生产被再一次纳入了制度化的体系内，也说明了景德镇具备了当时最优秀的制瓷工艺和制瓷原料，也云集了最优秀的制瓷工匠，这一切都为景德镇成为全国的制瓷中心奠定了坚实的基础。明代景德镇地区瓷器产量很大，影响力在全国辐射很广，多年来明代瓷器研究都是以景德镇为中心，特别是近年来御窑厂遗址进行了多次的考古发掘，收获颇丰，各种围绕御窑厂展开的研究成果已经成为博物馆藏品研究的重要学术支撑。然而，明代景德镇以外瓷器的相关情况学界则涉猎较少，抑或聚焦于某个地区、某个瓷器品种。

中华人民共和国成立以前，古陶瓷学者就开始对相关的陶瓷文献进行整理，撰写中国辉煌的陶瓷史，吴仁敬、辛安潮的《中国陶瓷史》中对"明时代"陶瓷生产的阐述除景德镇外还提及福建建窑、江苏宜兴欧窑、江西横峰窑、浙江处窑、广东广窑、河南许州窑等窑场的烧造概况[2]。叶麟趾《古今中外陶瓷汇编》通过文献印证、实物观摩、实地考察等方式，对我国及外国陶瓷发展史进行研究，其中"明朝窑器"不仅局限于景德镇地区而是立足于全国，包括有德化窑、阳城窑、淄州窑、陈炉窑等26个窑口[3]。这两本民国学者的著作都对景德镇以外的明代瓷窑有所关注，但多为文献中提及的只言片语，并没有进行深入阐述。

---

[1] 中国硅酸盐学会编：《中国陶瓷史》，文物出版社，1982年，321页。
[2] 吴仁敬、辛安潮著：《中国陶瓷史》，北京图书馆出版社，1998年，54~58页。
[3] 叶麟趾编著：《古今中外陶瓷汇编》，1934年，19~23页。

中华人民共和国成立初期，傅振伦《明代瓷器工艺》[1]、傅扬《明代民间青花瓷器》[2]从不同角度对景德镇地区及景德镇以外瓷器生产进行论述。傅扬所著是专门对明代民间所用日用瓷器进行研究，认为明代民间青花瓷器几乎全部都是景德镇产品，在四川彭山以及浙江、安徽、湖南或者福建、广东沿海地区都有烧制青花瓷器的迹象。可见，明代景德镇以外瓷器较早就引起学界的关注，但由于中华人民共和国成立初期考古调查工作没有全面铺开，相关窑址、墓葬资料十分有限，因此研究力度和深度也有所欠缺。20世纪70年代，国外学者也对中国瓷器进行研究，从欧洲传世数量最多的青花瓷器入手，探讨不同阶段的发展特点，哈里·加纳在《东方的青花瓷器》中已经提到"景德镇以外各地中国生产的青花瓷器"，认为东南亚、日本及欧洲等地发现和传世"汕头器"产地为福建或者潮州，并且华南一带还有未被发现窑场也生产青花瓷器[3]。20世纪80年代以来，随着文物普查工作的开展，各个地区的窑址调查成果不断被披露，景德镇以外的明代瓷器也开始逐步被学界关注，张浦生所著《青花瓷器鉴定》也是特别介绍了景德镇以外的青花瓷生产情况[4]。除青花瓷以外，明代景德镇以外瓷器还有青釉、白釉、黑釉等单色釉瓷器，以及白地黑花、红绿彩等彩绘瓷器，由于资料公布得较为零散，区域特征不够明显等原因尚未引起足够的重视。因此，本书拟绕开景德镇地区所生产瓷器，对其以外地区所生产的明代瓷器进行全面梳理和重点研究，将景德镇以外的瓷器资料进行整合，进一步勾画景德镇以外瓷器的产品面貌，诸如生产区域、产品类型、产品性质以及与景德镇瓷器的相互关系，以作为明代瓷器研究的重要补充。

二、研究对象

鉴于明代景德镇以外瓷器所涵盖的内容比较庞杂，故需要对景德镇、景德镇以外瓷器的内涵进行具体阐述并做进一步区分。

（一）明代景德镇瓷器

景德镇位于今江西省的东北部，拥有丰富的瓷石、高岭土等制瓷资源。

[1] 傅振伦编著：《明代瓷器工艺》，朝花美术出版社，1955年，1~19页。
[2] 傅扬编：《明代民间青花瓷器》，中国古典艺术出版社，1957年，14页。
[3] [英]哈里·加纳著，叶文程、罗立华译：《东方的青花瓷器》，上海人民美术出版社，1992年，56~59页。
[4] 张浦生著，霍华整理：《青花瓷器鉴定》，北京图书馆出版社，1995年，107~111页。

景德镇御窑厂遗址位于今景德镇市的中心区域，可以说如今景德镇市区就是以明代御窑厂为中心发展而成的，御窑以外的各类民窑遗存都或多或少被覆盖在城市基础设施之下[1]。昌江是景德镇最重要的河流之一，是景德镇对外交通的重要运输途径，因此在昌江两岸也发现了不少明代窑业遗存[2]。昌江的支流东河、南河流域也发现不少明代窑址[3]，包括宋元时期以烧造青白釉瓷器著称的湖田窑。明代，湖田窑也开始以烧造青花瓷器为主，兼烧白釉、青白釉瓷器[4]。景德镇市区周围的浮梁县、乐平市也有明代窑址发现，产品风格与景德镇城区窑址所生产者十分接近[5]。

因此，现今景德镇市区以及市域范围内明代窑址所生产的瓷器都可以统称为明代景德镇瓷器，包括御窑厂及御窑以外的民窑窑址所生产的瓷器，以青花瓷器为主，还有青白釉、白釉等其他单色釉以及彩绘瓷等瓷器品种。景德镇瓷器在明代瓷器中占据主要地位，其产品遍布于国内各地，渗透于明代社会生活的各个方面，也对其他地区的瓷器产生重要影响。

（二）明代景德镇以外瓷器

景德镇以外瓷器是相对于景德镇瓷器而言，顾名思义是指景德镇市域范围以外明代窑址生产的瓷器。这也是一个庞大的范围和概念，仅以各个地区的地方志来看，很多地区在明代都有瓷器生产的相关记录，但并没有确切的窑址发现。有的地区则有相当为量的传世器物留存，但与文献记载的衔接又存在信息缺环，缺少瓷器具体产地的相关资料。这些都增加了对瓷器年代、工艺特征甄别和判断的难度，无法进行更加深入的研究。

目前景德镇以外地区已正式刊布发掘或调查资料的明代窑址资料已经相当丰富，有几个相对集中的生产区域，如河北彭城，河南禹州、汝州，陕西铜川等地烧造磁州窑体系的产品，浙江龙泉窑烧造青釉瓷器，云南玉溪、

［1］陈万里：《景德镇几个古代窑址的调查》，《文物参考资料》1953年第9期。
［2］北京大学考古文博学院、江西省文物考古研究所、景德镇市陶瓷考古研究所：《江西景德镇观音阁明代窑址发掘简报》，《文物》2009年第12期；陈冲、刘未：《景德镇晲府山明代窑址瓷器之考察》，国家文物局水下文化遗产保护中心编：《水下考古学研究》，第二卷，科学出版社，2016年，119~137页。
［3］景德镇市地方志办公室编：《中国瓷都·景德镇市瓷业志（市志·2卷）》，方志出版社，2004年，713~716页；江建新：《景德镇窑业遗存考察述要》，《江西文物》1991年第3期。
［4］江西省文物考古研究所、景德镇民窑博物馆编著：《景德镇湖田窑址——1998—1999年考古发掘报告》，文物出版社，2007年，462~468页。
［5］毕克官：《瑶里行——踏访瓷都景德镇窑里古代窑址记》，《景德镇陶瓷》1991年第1期；陈柏泉：《江西乐平明代青花窑址调查》，《文物》1973年第3期。

建水等地烧造青花、青釉、酱釉瓷器，福建德化窑烧造乳白釉瓷器，福建漳州窑仿烧景德镇青花瓷器，兼烧部分青釉、白釉等单色釉产品。除了明代窑址以外，还有大量的明代墓葬、窖藏、遗址等，出土的瓷器反映了明代景德镇以外瓷器使用情况，明代纪年墓葬更为瓷器的分期研究提供了重要依据。

为了更加全面地对明代瓷器进行研究，跳脱出以往以景德镇为中心的研究模式，本书全面运用各类考古资料，并结合重要的传世器物进行比对，以景德镇以外瓷器为主要研究对象，为明代瓷器的整体研究提供重要补充。研究的时间范围为 1368 年朱元璋称帝到 1644 年明灭亡这一段时期，鉴于瓷器的风格转变并非同朝代的更迭一样戛然而止，为能更好地全面研究明代景德镇以外瓷器，在讨论瓷器整体风格、特点及发展等诸多问题时，上下时段还会有所延伸。

第二节　明代景德镇以外瓷器的考古资料

一、明代陶瓷窑址

明代景德镇以外的陶瓷窑址比比皆是，正式刊布的资料以浙江、福建、广东、云南四省较为集中，如龙泉窑、漳州窑、德化窑、玉溪窑等，景德镇以外的江西其他地区、湖南以及北方各省仅有零星刊布。

（一）浙江龙泉窑

20 世纪 80 年代以来，考古工作者先后在龙泉地区进行大范围的考古调查与发掘，发现了不少明代窑址，如安福村窑址[1]、大白岸碗垅山窑址[2]、住龙镇窑址[3]、云和横山周窑址[4]。以 2006 年大窑枫洞岩窑址的发现最为重要，该窑址生产规模大，不仅发现确定的明代堆积层，还发现有"官样器"[5]。

---

[1] 蒋忠义：《浙江龙泉县安福龙泉窑址发掘简报》，《考古》1981 年第 6 期。
[2] 紧水滩工程考古队浙江组：《山头窑与大白岸——龙泉东区窑址发掘报告之一》，浙江省文物考古所编著《浙江省文物考古所学刊1981》，文物出版社，1981 年，130~166 页。
[3] 尹福生：《龙泉明代潘床口窑址的调查》，《东方博物》2008 年第 1 期。
[4] 浙江省文物考古研究所、云和县文物管理委员会：《云和县横山周窑址发掘简报》，《东方博物》2009 年第 4 期。
[5] 浙江省文物考古研究所编：《龙泉东区窑址发掘报告》，文物出版社，2005 年；浙江省文物考古研究所、北京大学考古文博学院、龙泉青瓷博物馆编著：《龙泉大窑枫洞岩窑址》，文物出版社，2015 年。

（二）福建漳州窑

漳州窑是对分布于漳州地区明清时期窑址的概称，是在对这些窑址做了大量考古调查、发掘和初步研究之后，用以概括其内涵与基本面貌，界定其性质与范畴而提出的概念[1]。主要有两个集中区域即华安、南靖交界的诸窑址（统称东溪窑）以及平和县的诸窑址。

1. 东溪窑

20世纪80年代以来，考古工作者在华安、南靖县之"东溪"进行调查，在下东溪头发现明代窑址[2]。90年代以后，东溪窑址资料刊布逐渐增多，东溪中游至下东溪头及其支流虾形溪[3]、永丰溪及其支流[4]、马饭坑和下洋坑[5]、封门坑[6]、扫帚石[7]都有明代窑址，产品以青花瓷为主。

2. 平和窑

平和窑的窑址调查工作开展略晚但比较深入。20世纪90年代，考古工作者在平和的南胜、五寨的窑仔山、垅仔山、巷口、狗头山、官峰等处发现明代窑址[8]，随后又对南胜花仔楼碗窑山、五寨新塘村大垅、二垅窑址、五寨洞口的两处地点窑山窑址和陂沟窑址进行考古发掘[9]，这些窑址以青花瓷为主，还有青釉、白釉、黄釉、蓝釉、彩绘瓷等，出土大量开光大盘。

平和地区的田坑内窑还发现了专门烧造精致小件素三彩器物的窑址，该窑随即进行了考古发掘，大多数为各种形制的瓷盒[10]。

———————————

[1] 栗建安：《漳州窑发现的前前后后》，福建省政协文史资料委员会编：《春华秋实录——福建文化史料（1949~1998）》，福建人民出版社，1999年，94~104页。

[2] 林泰、叶文程、唐杏煌、罗立华：《福建华安下东溪头窑址调查简报》，《东南文化》1993年第1期。

[3] 栗建安：《东溪窑调查纪略》，《福建文博》1993年第1、2期合刊。

[4] 福建省博物馆、漳州市博物馆：《华安东溪窑1999年度调查》，《福建文博》2001年第1期。

[5] 福建博物院、华安县博物馆：《华安东溪窑2007年发掘简报》，《福建文博》2016年第2期。

[6] 福建博物院、南靖县文物保护中心：《南靖县东溪窑封门坑窑址2015年发掘简报》，《福建文博》2015年第3期。

[7] 林艺谋著：《华安东溪窑史话》，福建人民出版社，2016年，196~221页。

[8] 福建省博物馆考古部、平和县博物馆：《平和县明末清初青花瓷窑址调查》，《福建文博》1993年第1、2期合刊；福建省博物馆、平和县博物馆：《福建平和县南胜、五寨古窑址1993年度调查简报》，《福建文博》1995年第1期；朱高健、李和安：《平和南胜窑调查报告》，《福建文博》1996年第2期；平和县博物馆：《平和官峰窑址调查报告》，《福建文博》1998年增刊。

[9] 福建省博物馆：《漳州窑——福建漳州地区明清窑址调查发掘报告之一》，福建人民出版社，1997年，30~94页；福建省博物馆：《平和五寨洞口窑址的发掘》，《福建文博》1998年增刊。

[10] 平和县博物馆、福建省博物馆：《福建平和县田坑素三彩窑址调查》，《福建文博》1997年第1期；福建省博物馆：《福建平和县南胜田坑窑址发掘报告》，《福建文博》1998年第1期。

（三）福建德化窑

20 世纪 50 年代，宋伯胤、陈万里等古陶瓷研究学者先后对德化窑进行了考察，对德化窑白釉瓷器的烧造情况有了初步认识，其中奎斗宫、祖龙宫窑址产品釉色呈象牙白，即为传世品"中国白"的产地，后所窑传说是明代制瓷名家何朝宗烧窑所在[1]。经过多年的调查可知，德化县的宝美村、后所村、三板村、奎斗村都分布着大量烧造白釉瓷器的窑址[2]。2001 年，考古工作者对德化窑屈斗宫遗址内的甲杯山窑址进行了抢救性发掘，这也是德化地区明代窑址第一次科学考古发掘[3]。

（四）广东饶平窑、大埔窑

20 世纪 70 年代开始，考古工作者开始对传世"潮州"青花的产地进行调查，在饶平县九村发现了数处明代青花窑址[4]。大埔的明代窑址主要生产青釉瓷器，多烧造仿龙泉青瓷，也有少量青花[5]。2013 年，广东省文物考古研究所对大埔余里窑进行了科学考古发掘，成果颇丰，主要生产仿龙泉青釉瓷器[6]。

（五）云南玉溪窑、建水窑

20 世纪 60 年代，考古工作者在玉溪市瓦窑村附近发现三座古窑[7]，后又经过多次调查[8]，并对三号窑进行了发掘，发掘资料部分内容已经

[1] 宋伯胤：《华东文物工作队福建组调查晋江德化等处古窑址》，《文物参考资料》1954 年第 5 期；宋伯胤：《谈德化窑》，《文物参考资料》1955 年第 4 期；陈万里：《调查闽南古代窑址小记》，《文物》1957 年第 9 期。

[2] 陈建中、陈丽华、陈丽芳著：《中国德化瓷史》，上海交通大学出版社，2011 年，100~112 页；陈建中、陈丽华著：《福建德化窑》，岭南美术出版社，2003 年，43~111 页；陈建中著：《德化窑（中）》，福建美术出版社，2005 年，18~19 页；国家文物局主编：《中国文物地图集·福建分册（下）》，福建省地图出版社，2007 年，424 页。

[3] 福建博物院、德化县文管会、德化陶瓷博物馆：《德化明代甲杯山窑址发掘简报》，《福建文博》2006 年第 2 期。

[4] 何纪生、彭如策、邱立诚：《广东饶平九村青花窑址调查记》，文物编辑委员会编：《中国古代窑址调查发掘报告集》，文物出版社，1984 年，155~161 页。

[5] 杨少祥：《广州大埔古瓷器生产初探》，《广东陶瓷》1985 年第 2 期。

[6] 刘成基：《广东大埔余里明代窑址 2013~2014 年发掘简报》，《文物》2019 年第 10 期。

[7] 葛季芳：《云南玉溪发现古瓷窑址》，《考古》1962 年第 2 期。

[8] 葛季芳、李永衡：《云南玉溪古窑遗址调查》，《考古》1980 年第 3 期。

刊布[1]。玉溪窑主要生产青釉和青花瓷器，兼烧少量酱釉瓷器，时代上限可至元代。2000 年，又在玉溪易门县发现青花窑址，分别为李忠碗窑和上浦贝窑，揭示了玉溪窑晚期的延续，时代为明至清初[2]。

20 世纪 80 年代，建水窑的窑址调查也逐渐展开，其元明时期的窑址主要有旧窑、湖广窑、袁家窑、高堆窑和洪家窑[3]。

云南的大理、禄丰也发现了明代青花窑址[4]，规模均不及玉溪窑、建水窑大。

二、明代墓葬

目前已公开发表的明墓数量庞大，并且有的墓葬随葬品已被盗掘一空或者并未随葬瓷器，这些墓葬本书没有收录。由于随葬景德镇以外瓷器的明墓数量仍较大，因此本书将比较重要的纪年明墓分区进行梳理。

（一）华北地区

包括京津冀、山西四省市，纪年明墓有北京镇国将军张贵墓[5]，赵胜夫妇合葬墓[6]，太监刘通墓[7]；河北梁彦实夫妇合葬墓[8]，太监何公墓[9]，廖纪夫妇合葬墓[10]，太监牛玉墓[11]，王俊夫妇合葬墓、王佐墓[12]，太监王法兴墓[13]，李席吾墓[14]，邢台巨鹿县明代砖室

[1] 苏伏涛：《云南玉溪元末明初龙窑的发掘》，《考古》1987 年第 8 期；云南省文物考古研究所、玉溪市红塔区文物管理所：《玉溪窑综合勘查报告》，《文物》2001 年第 4 期。

[2] 陈泰敏、王溢：《易门两处青花瓷窑址调查》，《云南文物》2002 年（第 56 期）。

[3] 葛季芳：《云南建水窑的调查和分析》，《考古》1987 年第 1 期；张建农：《云南省建水县碗窑村古窑址调查》，《考古》1991 年第 8 期。

[4] 李康颖：《云南禄丰发现元明瓷窑》，《考古》1989 年第 9 期；葛季芳：《云南禄丰县元代罗川窑和白龙窑》，《考古》1990 年第 8 期；段进明：《凤仪狮岗大理窑调查勘探报告》，中国古陶瓷学会编：《中国古陶瓷研究》第十三辑，紫禁城出版社，2007 年，147~164 页。

[5] 张治强编著：《北京奥运场馆考古发掘报告》，科学出版社，2007 年，417~474 页。

[6] 北京市文物研究所：《北京市朝阳区赵胜夫妇合葬墓发掘简报》，《文物》2008 年第 9 期。

[7] 闫娟：《由明代太监刘通墓葬出土文物论及明早期宦官政治现象》，《首都博物馆论丛》总 26 辑，北京燕山出版社，2012 年。

[8] 唐云明：《邢台西梁庄清理明代木椁墓一座》，《文物》1957 年第 2 期。

[9] 冯秉其：《安次县西固城村发现明墓》，《文物》1959 年第 1 期。

[10] 天津市文化局考古发掘队：《河北阜城明代廖纪墓清理简报》，《考古》1965 年第 2 期。

[11] 保定地区博物馆：《明两京司礼监太监牛玉墓发掘简报》，《文物》1983 年第 2 期。

[12] 张家口地区文管所、赤城县博物馆：《赤城马营明代墓葬群清理简报》，《文物春秋》1993 年第 2 期。

[13] 刘震：《河北遵化市发现一座明太监墓》，《文物春秋》1997 年第 2 期；刘震、刘大文：《河北遵化县发现一座明墓》，《考古》1997 年第 4 期。

[14] 临城县文物保管所：《临城李席吾墓清理简报》，《文物春秋》2012 年第 4 期。

墓[1]；山西太原明晋恭王朱济熿及妃刘氏、杨氏墓[2]，襄汾丁村明墓M1、M2[3]，朱表榏墓[4]等。

（二）华东地区

包括山东、江苏、浙江、上海、安徽、江西、福建七省市，尤其是江苏、江西地区发现了较多的明代墓葬。纪年明墓有江苏宋晟夫妇墓[5]，夏颧墓[6]，华复诚夫妇合葬墓[7]，吴祯墓[8]，王镇夫妇墓合葬墓[9]，丁固宗墓[10]，刘湘夫妇合葬墓[11]，中山王徐达家族墓[12]，汤和泉墓、周同野墓[13]，宋铉夫妇合葬墓[14]，张云墓[15]，俞通源墓、俞通海之妻于氏墓[16]，薛显墓[17]，吴信家族墓[18]，仇成墓[19]，刘德贞墓[20]，郢国夫人樊氏墓[21]，航海侯张赫家族墓[22]，段琦墓[23]；江西益宣王朱翊鈏夫妇合葬墓[24]，益定

[1] 河北省邢台市文物管理处、巨鹿县文物保护管理所：《邢台巨鹿县阎瞳明代砖室墓发掘简报》，《草原文物》2016 年第 2 期。

[2] 山西省文物管理委员会：《山西太原七府坟明墓清理简报》，《考古》1961 年第 2 期。

[3] 马升、王万辉：《襄汾丁村明代墓葬发掘简报》，《文物世界》1996 年第 1 期。

[4] 孟耀虎：《万历初年朱表榏墓》，《文物世界》2000 年第 6 期。

[5] 李蔚然：《南京中华门外明墓清理简报》，《考古》1962 年第 9 期。

[6] 江阴县文化馆：《江阴县出土的明代医疗器械》，《文物》1977 年第 2 期。

[7] 无锡市博物馆：《江苏无锡华复诚夫妇墓发掘简报》，《文物资料丛刊》（1978 年）2 期。

[8] 朱兰霞：《南京明代吴祯墓发掘简报》，《文物》1986 年第 9 期。

[9] 江苏省淮安县博物馆：《淮安县明代王镇夫妇墓合葬墓清理简报》，《文物》1987 年第 3 期。

[10] 南京市文管会：《南京郊区出土明青瓷花瓶》，《文物资料丛刊》（1987 年）10 期。

[11] 泰州市博物馆：《江苏泰州明代刘湘夫妇合葬墓清理简报》，《文物》1992 年第 8 期。

[12] 阮国林：《明中山王徐达家族墓》，《文物》1993 年第 2 期。

[13] 黄炳煜：《江苏泰州发现三处明代纪年墓》，《南方文物》1993 年第 1 期。

[14] 南京市博物馆：《南京南郊明墓清理简报》，《南方文物》1997 年第 1 期。

[15] 南京市博物馆等：《江苏南京市唐家凹明代张云墓》，《考古》1999 年第 10 期。

[16] 南京市博物馆等：《江苏南京市戚家山明墓发掘简报》，《考古》1999 年第 10 期。

[17] 南京市博物馆：《南京市两座明墓的清理简报》，《华夏考古》2001 年第 2 期。

[18] 淮安市博物馆：《淮安楚州翔宇花园明清墓葬群发掘简报》，《东南文化》2012 年第 1 期。

[19] 南京市博物馆：《江苏南京白马村明代仇成墓发掘简报》，《文物》2014 年第 9 期。

[20] 苏州市考古研究所：《江苏苏州吴山岭明刘德贞墓发掘简报》，《东南文化》2016 年第 6 期。

[21] 南京市博物馆、雨花台区文化局：《南京南郊明郢国夫人樊氏墓》，南京市博物馆编：《南京文物考古新发现》，江苏人民出版社，2006 年，145~148 页。

[22] 南京市博物馆、南京雨花台区文化局：《南京西善桥刘家村明航海侯张赫家族墓》，南京市博物馆编著《南京文物考古新发现》第三辑，文物出版社，2014 年，187~204 页。

[23] 南京市考古研究所：《南京雨花台定坊村明代段琦墓发掘简报》，南京市博物总馆、南京市考古研究所编著《南京文物考古新发现》第四辑，文物出版社，2016 年，172~175 页。

[24] 江西文物工作队：《江西南城明益宣王朱翊鈏夫妇合葬墓》，《文物》1982 年第 8 期。

王朱由木夫妇合葬墓[1]，益庄王朱厚烨夫妇合葬墓[2]，徐琼夫妇合葬墓和魏源夫妇墓[3]，横峰成化七年墓[4]，上饶弘治十三年墓[5]，蓝坤宽、邵腾真墓[6]，艾妙音墓[7]，刘徵士墓[8]；山东鲁荒王朱檀及妃子墓[9]，彭杰墓[10]；安徽合肥陈闻墓[11]；浙江项氏夫妇合葬墓[12]，王俯翠墓[13]，范继文夫妇合葬墓[14]，吴琼墓[15]；福建卢维桢夫妇合葬墓[16]，黄铎墓[17]，万历时期陈姓墓葬、径仔埔南明时期墓葬[18]，张佐治墓、刘霖父母合葬墓、童介庵夫妇合葬墓[19]，周朴庵夫妇合葬墓[20]，蔡宣墓[21]等。

（三）华南地区

包括广东、广西、海南三省，纪年明墓有广东罗亨信夫妇合葬墓[22]；

[1] 江西文物工作队：《江西南城明益定王朱由木墓发掘简报》，《文物》1983年第2期。
[2] 江西省文物管理委员会：《江西南城明益庄王墓出土文物》，《文物》1959年第1期；江西省博物馆、南城县博物馆、新建县博物馆、南昌市博物馆编：《江西明代藩王墓》，文物出版社，2010年，86~130页。
[3] 江西省博物馆：《江西玉山、临川和永修县明墓》，《考古》1973年第5期。
[4] 杨后礼：《横峰县周家山明墓》，《江西历史文物》1984年第1期。
[5] 陈国顺、王克、郑秀芳：《江西上饶明弘治纪年墓》，《南方文物》1998年第1期。
[6] 孙以刚：《江西德兴市两座明墓》，《南方文物》1998年第2期。
[7] 徐培根、程晓辉、张蔓：《江西临川明代纪年墓清理简报》，《南方文物》2009年第3期。
[8] 江西省文物考古研究所、金溪县文物管理所：《江西金溪秀谷明代纪年墓发掘简报》，《文物》2017年第12期。
[9] 山东省文物考古研究所、山东博物馆编著：《鲁荒王墓》，文物出版社，2014年。
[10] 马玺伦：《山东沂水明代义官彭杰墓》，《考古》1994年第7期。
[11] 安徽省博物馆：《合肥清理一座明墓》，《文物资料丛刊》（1978年）2期。
[12] 陆耀华：《浙江嘉兴项氏墓》，《文物》1982年第8期。
[13] 陈顺利、王中河：《黄岩出土明代庆元窑青瓷盖罐》，《文物》1986年第8期。
[14] 蒋金治、徐卫：《金华明代范氏墓发掘简报》，《东方博物》2013年第3期。
[15] 浙江省文物考古研究所、长兴县文物保护管理所：《浙江长兴石泉明墓发掘简报》，《文物》2015年第7期。
[16] 王文径：《明户、工二部侍郎卢维桢墓》，《东南文化》1989年第3期。
[17] 张文嵩：《南平蛟湖明嘉靖墓清理简报》，《福建文博》1990年第2期。
[18] 高健、李和安：《从明墓出土器谈平和窑烧制年代》，中国古陶瓷研究会编：《中国古陶瓷研究》第五辑，紫禁城出版社，1999年，230~240页。
[19] 王文径：《漳浦出土的明清瓷器》，《福建文博》2001年第1期。
[20] 将乐县博物馆：《将乐县明代壁画墓清理简报》，《福建文博》2011年第3期。
[21] 南平市博物馆、南平市延平区文化体育新闻出版局：《南平市延平区明墓清理简报》，《福建文博》2018年第3期。
[22] 广东省博物馆、东莞市博物馆：《广东东莞明罗亨信家族墓清理简报》，《文物》1991年第11期。

广西昭和王朱规裕墓、朱规琅墓[1]等。

（四）西南地区

包括四川、重庆、云南、贵州四省市，纪年及重要明墓有四川王玺家族墓[2]，成都蜀王府太监墓群[3]，成都沙竹苑太监墓[4]；云南禄丰县黑井元明火葬墓[5]，大理正统年间火葬墓[6]，大理凤仪大丰乐火葬墓群[7]，大理苗圃山明代火葬墓群[8]，大理剑川明火葬墓群[9]，泸西县和尚塔火葬墓群[10]，蒙自瓦渣地明代火葬墓群[11]，个旧小满坡墓地[12]，个旧石榴坝明火葬、土坑墓[13]，大理段氏夫妇墓[14]，潘得夫妇墓[15]等。

[1] 曾少立：《桂林出土的几件青花梅瓶》，《江西文物》1990年第2期；葛华、唐奇岭、唐春松：《桂林博物馆藏梅瓶综述》，中国古陶瓷研究会编：《中国古陶瓷研究》第六辑，紫禁城出版社，2000年，1~11页；唐奇岭：《试析两座靖江王墓出土的青花梅瓶》，中国古陶瓷研究会编：《中国古陶瓷研究》第六辑，紫禁城出版社，2000年，29~36页；张凯：《浅谈馆藏广西出土的青花梅瓶》，中国古陶瓷研究会编：《中国古陶瓷研究》第六辑，紫禁城出版社，2000年，50~57页。
[2] 张才俊：《四川平武明王玺家族墓》，《文物》1989年第7期。
[3] 成都文物考古研究所：《成都市红牌楼明蜀太监墓群发掘简报》，《成都考古发现》2003，科学出版社，2005年。
[4] 成都文物考古研究所：《成都市武侯区"沙竹苑"明代太监墓发掘简报》，《成都考古发现》2007，科学出版社，2009年。
[5] 永康：《禄丰黑井元明时代的火葬墓》，《云南文物》1977年6月（第7期）；葛季芳：《禄丰火葬墓及其青花瓷器》，《文物》1984年第8期；楚雄州博物馆：《禄丰黑井火葬墓清理简报》，《云南文物》1999年第1期。
[6] 段绶：《大理发现一座明代火葬墓》，《云南文物》1992年12月（第34期）。
[7] 云南省文物考古研究所、大理市博物馆：《云南大理市凤仪镇大丰乐墓地的发掘》，《考古》2001年第12期。
[8] 云南省文物考古研究所、大理州文物管理所、大理市博物馆：《大理下关苗圃山墓地、窑址发掘报告》，云南省文物考古研究所编：《云南考古报告集（之二）》，云南科技出版社，2006年，202~234页。
[9] 大理州文物管理所、剑川民族博物馆：《剑川中科山墓地探掘报告》，田怀清、黄德荣主编：《大理丛书·考古与文物篇》（七），云南民族出版社，2009年，3154~3238页。
[10] 云南省文物考古研究所、红河州文物管理所、泸西县文化馆：《云南泸西县和尚塔火葬墓的清理》，《考古》2001年第12期。
[11] 云南省文物考古研究所、红河州文物管理所、蒙自县文物管理所：《蒙自瓦渣地墓地发掘报告》，云南省文物考古研究所编：《云南考古报告集（之二）》，云南科技出版社，2006年，235~268页。
[12] 云南省文物考古研究所、红河州文物管理所、个旧市博物馆：《个旧王林寨小满坡墓地发掘报告》，云南省文物考古研究所编：《云南考古报告集（之二）》，云南科技出版社，2006年，159~192页。
[13] 云南省文物考古研究所、红河州文物管理所、个旧市文物管理所：《云南个旧市石榴坝墓地第二次发掘报告》，《南方民族考古》第十六辑，科学出版社，2018年。
[14] 大理市博物馆：《云南大理市苍山玉局峰发现一座明代石室墓》，《考古》1991年第6期。
[15] 云南博物馆文物工作队：《云南昆明虹山明墓发掘简报》，《文物》1983年第2期。

（五）华中地区

包括河南、湖南、湖北三省，纪年明墓有河南柴氏家族墓、刘氏家族墓、郭氏家族墓、陈氏家族墓、潘麒墓、赵氏家族墓、邵相墓[1]，洛阳东郊夫妻合葬墓[2]，南阳武略将军墓[3]，刘承眷夫妇合葬墓[4]，溆水郡主墓[5]，荆文德墓[6]，徐道夫妇合葬墓[7]，彭尚贤夫妇合葬墓[8]，周懿王夫妇合葬墓[9]，端僖王朱厚焆夫妇合葬墓[10]，宝丰明代李氏家族墓地[11]；湖北郢靖王朱栋墓[12]，陈思礼夫妇合葬墓[13]，阳新凤凰头明墓[14]，辅国中尉朱英焩夫妇合葬墓[15]，通城王徐妃墓[16]等。

（六）西北地区

包括陕西、甘肃、宁夏三省，纪年明墓有陕西杨如桂墓[17]，汧阳王朱公鏹墓[18]，甘泉县明墓M3、M17、M19[19]，郃阳安僖王朱秉橪夫妇

[1] 南阳市文物考古研究所编著：《南阳明墓》，大象出版社，2010年，20~150页。
[2] 洛阳市文物工作队：《洛阳东郊明墓》，《中原文物》1985年第4期。
[3] 张方：《南阳明代武略将军墓出土瓷器》，《华夏考古》1998年第4期。
[4] 洛阳市第二文物工作队：《洛阳道北二路明墓发掘简报》，《文物》2011年第6期。
[5] 刘霞：《南阳明故溆水郡主墓》，《东南文化》2004年第5期。
[6] 郑州市文物考古研究院：《郑州黄岗寺明墓发掘简报》，《东方博物》2009年第2期。
[7] 洛阳市文物工作队：《洛阳两座明代官吏墓的发掘》，《中国国家博物馆馆刊》2012年第4期。
[8] 南召县博物馆：《河南南召县云阳镇明代纪年墓》，《华夏考古》2013年第4期。
[9] 河南省文物考古研究院、荥阳市文物保护管理中心：《河南荥阳明代周懿王墓发掘简报》，《华夏考古》2019年第2期。
[10] 中国社会科学院考古研究所安阳工作队：《河南安阳市明代墓葬发掘简报》，《考古》2016年第5期。
[11] 郑州大学历史学院、河南省文物局南水北调文物保护办公室、宝丰县文物管理局：《河南宝丰廖旗营墓地明代家族墓发掘简报》，《文物》2017年第4期。
[12] 湖北省文物考古研究所、荆门市博物馆、钟祥市博物馆编著：《郢靖王墓》，文物出版社，2016年。
[13] 京山县博物馆：《京山孙桥明墓清理简报》，《江汉考古》1989年第3期。
[14] 王善才：《阳新枫林镇两处宋、明墓葬发掘简报》，《江汉考古》1991年第2期。
[15] 武汉市博物馆：《黄家湾明代楚王朱氏墓》，《江汉考古》1998年第4期。
[16] 武汉市文物考古研究所：《武汉市明通城王朱英焩家族墓地发掘简报》，《江汉考古》2014年第6期。
[17] 姬乃军：《延安明杨如桂墓》，《文物》1993年第2期。
[18] 西安市文物保护考古所：《西安南郊皇明宗室汧阳端爵王朱公鏹墓清理简报》，《考古与文物》2001年第6期。
[19] 陕西省考古研究所、延安地区文管会、甘泉县文管所：《西延铁路甘泉段明清墓清理简报》，《考古与文物》1995年第2期。

合葬墓、邠阳惠恭王夫人雍氏墓、王妃钱氏墓[1]，奉国将军朱惟熠夫妇合葬墓、辅国中尉朱敬鉥夫妇合葬墓[2]，上洛县主墓[3]，纪泰夫妇合葬墓[4]，任福夫妇合葬墓[5]，成敬墓[6]；宁夏杨钊夫妇合葬墓[7]；甘肃靖远县霍氏家族墓地[8]等。

三、明代遗址

（一）国内重要遗址及遗迹

明代遗址种类较多，我国境内的明代遗址按照性质大致可以分为三类：

1. 王府、官府遗址

出土瓷器等级较高，有的还见有王府或官府的专用款识，如明故宫遗址水井[9]，开封明周王府遗址[10]，成都东华门明蜀王府宫城苑囿遗址[11]等。

2. 鼓楼、庙宇、民居等城市遗址

出土大多为日常生活用瓷，如徐州时尚大道遗址[12]、富庶街国贸商厦遗址[13]，开封御龙湾小区建筑遗址[14]，南京颜料坊工地明代古井[15]，

[1] 西安市文物保护考古所：《西安财政管理干部培训中心明墓发掘简报》，《文博》2002 年第 6 期。

[2] 陕西省考古研究所、西北大学文博学院：《西安明代秦藩辅国将军朱秉橘家族墓》，《文物》2007 年第 2 期。

[3] 陕西省考古研究院：《西安南郊明上洛县主墓发掘简报》，《考古与文物》2009 年第 4 期。

[4] 刘卫鹏：《陕西彬县东关村明代石室壁画墓的发掘》，《苏州文博论丛》2010 年总第 1 辑，文物出版社，2010 年。

[5] 铜川市考古研究所：《陕西铜川新区未来城明墓发掘简报》，《考古与文物》2016 年第 2 期。

[6] 铜川市考古研究所：《陕西铜川明内官监太监成敬墓发掘简报》，《考古与文物》2017 年第 5 期。

[7] 宁夏文物考古研究所等编著：《盐池冯记圈明墓》，科学出版社，2010 年，38~65 页。

[8] 白银市博物馆、靖远县博物馆：《甘肃靖远县东湾镇杨稍沟村明代家族墓清理简报》，《文博》2018 年第 6 期。

[9] 张浦生、霍华：《1995 年南京明故宫出土文物研究》，《东南文化》1997 年第 1 期。

[10] 开封市文物考古研究所：《河南开封新街口明周王府官署遗址发掘简报》，《文物》2017 年第 3 期；曹金萍、王三营：《河南开封明周王府遗址出土青花瓷器》，《文物》2017 年第 4 期。

[11] 成都文物考古研究院：《四川成都东华门明蜀王府宫城苑囿建筑群发掘简报》，《文物》2020 年第 3 期。

[12] 徐州博物馆：《徐州市时尚大道明代遗址调查发掘简报》，《华夏考古》2014 年第 3 期。

[13] 徐州博物馆：《徐州富庶街明代遗址的发掘》，《考古学报》2004 年第 3 期。

[14] 河南省文物考古研究院、开封市文物考古研究所：《开封御龙湾小区明代建筑遗址的发掘》，《华夏考古》2019 年第 2 期。

[15] 南京市博物馆、南京市秦淮区文化局：《南京颜料坊工地发现的明代古井》，南京市博物馆编著《南京文物考古新发现》第三辑，文物出版社，2014 年，174~186 页。

襄樊古襄阳城民主路遗址[1]，吉林辉发城遗址[2]，北京毛家湾明代瓷器坑[3]，洛阳老城南关院落遗址[4]，澳门圣保禄学院遗址[5]，贵州省玉屏广嗣宫遗址[6]，天津蓟县鼓楼遗址[7]，福建晋江溥济庵遗址[8]，福建漳州岱山院遗址[9]，成都下东大街遗址[10]，香港西北区的屯门扫管笏与元朗东头村居住遗址[11]，香港屯门青砖围、新庆村遗址和元朗鳌磡石遗址[12]等。

窖藏也是一种特殊且重要的考古资料，窖藏出土的器物往往保存完好，时代集中，也体现共同的文化内涵，目前发现出土景德镇地区以外明代瓷器主要有河北保定府前街窖藏[13]，甘肃环县窖藏[14]，陕西西安建工局窖藏[15]，福建三明市窖藏[16]，广西防城港潭东窖藏[17]，河南郑州古

[1] 襄樊市文物考古研究所：《襄阳城内民主路遗址明代遗存发掘简报》，襄樊市考古研究所编著《襄樊考古文集》第一辑，科学出版社，2007年，478~498页。
[2] 吉林省文物管理委员会：《辉发城调查简报》，《文物》1965年第7期；刘晓溪、谢浩、高兴超、王志敏、刘伟、王伟：《吉林省辉南县辉发城址发现的明代遗存》，教育部人文社会科学重点研究基地、吉林大学边疆考古研究中心、边疆考古与中国文化认同协同创新中心编：《边疆考古与研究》第17辑，科学出版社，2015年。
[3] 北京市文物研究所、北京市西城区文物管理所：《北京毛家湾明代瓷器坑发掘简报》，《文物》2008年第4期。
[4] 洛阳市文物考古研究院：《洛阳老城南关明代院落遗址发掘简报》，《洛阳考古》2017年第1期，中州古籍出版社，2017年。
[5] 中国社会科学院考古研究所、澳门特别行政区政府文化局：《澳门圣保禄学院遗址2010~2012年发掘报告》，《考古学报》2019年第4期。
[6] 吴钦湘、吴帆：《贵州玉屏出土明代大瓷盘》，《文物》1988年第12期。
[7] 相军：《蓟县鼓楼遗址发掘简报》，《文物春秋》2010年第3期。
[8] 吴金鹏：《晋江溥济庵遗址出土的瓷器及相关问题》，《福建文博》2000年第1期。
[9] 福建博物院、漳州市文物管理委员会办公室：《漳州岱山院遗址发掘简报》，《福建文博》2010年第3期。
[10] 成都市文物考古研究所：《成都市下东大街遗址考古发掘报告》，《成都考古发现》2007，科学出版社，2009年；成都市文物考古研究所：《成都下东大街遗址明代早期遗存发掘简报》，《文物》2011年第7期。
[11] 郑培凯、李果、余君岳、尹翠琪、范梦园：《香港西北区出土陶瓷的文化意义》，《东方博物》2012年第4期。
[12] 郑培凯、李果、梁宝鎏、尹翠琪、黄慧怡、范梦园：《从古瓷看香港史：屯门与元朗（9~15世纪）》，中国国家博物馆水下考古研究中心编：《水下考古学研究》第一卷，科学出版社，2012年，219~254页；曾广亿：《香港元朗出土古外销陶瓷分析报告》，中国古陶瓷学会编：《中国古陶瓷研究》第十一辑，紫禁城出版社，2005年，第408~422页。
[13] 张学考、高艳荣：《保定市府前街出土窖藏瓷器》，《文物春秋》1991年第4期。
[14] 庆阳地区博物馆：《甘肃环县洪德出土宋、元、明瓷器》，《考古与文物》1987年第1期。
[15] 王长启、陈安利、李军辉：《西安城内出土一批明代窖藏文物》，《文博》1992年第1期。
[16] 李建军：《福建三明窖藏青花瓷考述》，中国古陶瓷研究会编：《中国古陶瓷研究》第五辑，紫禁城出版社，1999年，81~97页。
[17] 广西壮族自治区文物队：《广西防城潭蓬出土唐、元、明代文物》，《考古》1985年第9期。

荣窖藏[1]等。

3. 港口遗址、沉船遗迹

这类遗址主要是指港口城市、沉船等，出土或者出水的瓷器大多是外销瓷器。20 世纪 70 年代，海洋性的考古发现就引起了关注，考古工作者在西沙群岛岛屿的礁盘上发现了青花瓷片[2]，其中少量为福建窑场产品[3]。随后又有陆续发现，珠海万山群岛的沙岸海湾发现明代仿龙泉青釉瓷器[4]；南沙群岛的两次调查中也发现广东窑场的青花瓷器[5]；香港九龙钻基建工地遗址出土明代仿龙泉青釉残片[6]。

20 世纪 80 年代，英国人米歇尔·哈恰（Michel Hartcher）在南中国海偷偷打捞了沉船中的大批康熙青花和金锭等，并于荷兰进行拍卖而获取巨大利益，这也间接刺激了中国水下考古事业的发展。1987 年，"国家水下考古协调小组"的成立揭开了中国水下考古学的序幕[7]。这门新型的考古学分支学科经过二十余年的发展，成果已经初具规模，在沿海水下考古调查的基础上，还进行了多项水下沉船遗址的考古发掘工作。其中明代沉船遗址为数较多，出水景德镇以外瓷器的有宁波象山明代前期沉船遗址[8]，福建定海白礁 2 号沉船[9]，福建漳浦县沙洲岛沉船[10]，福建平潭九梁 I 号沉船[11]，广东南澳 I 号沉船[12]，西沙群岛北礁 3 号沉

---

[1] 谢遂莲：《郑州古荣发现一批窖藏青花瓷器》，《中原文物》1983 年第 3 期。

[2] 广东省博物馆：《广东省西沙群岛文物调查简报》，《文物》1974 年第 10 期；广东省博物馆、广东省海南行政区文化局：《广东省西沙群岛第二次文物调查简报》，《文物》1976 年第 9 期。

[3] 广东省博物馆、广东省海南行政区文化局：《广东省西沙群岛北礁发现的古代陶瓷器》，《文物资料丛刊》（1982 年）6 期。

[4] 珠海市博物馆、广东省文物考古研究所、广东省博物馆编：《珠海考古发现与研究》，广东人民出版社，1991 年，183~205 页。

[5] 王恒杰：《南沙群岛考古调查》，《考古》1997 年第 9 期。

[6] 曾广亿：《香港九龙出土古外销陶瓷考略》，中国古陶瓷学会编：《中国古陶瓷研究》第九辑，紫禁城出版社，2003 年，279~293 页。

[7] 俞伟超：《十年来中国水下考古学的主要成果》，《福建文博》1997 年第 2 期。

[8] 宁波市文物考古研究所、象山县文管会：《浙江象山县明代海船的清理》，《考古》1998 年第 3 期。

[9] 中澳联合定海水下考古队：《福建定海沉船遗址 1995 年度调查与发掘》；张威、林果、吴春明：《关于福建定海沉船考古的有关问题》，邓聪、吴春明主编：《东南考古研究》第二辑，厦门大学出版社，1999 年，193 页、203~204 页。

[10] 福建沿海水下考古调查队：《漳浦县沙洲岛沉船遗址水下考古调查》，《福建文博》2008 年第 2 期。

[11] 福建沿海水下考古调查队：《福建平潭九梁 I 号沉船遗址水下考古调查简报》，《福建文博》2010 年第 1 期。

[12] 广东省文物考古研究所、国家水下文化遗产保护中心、广东省博物馆：《广东汕头市"南澳 1 号"明代沉船》，《考古》2011 年第 7 期。

船[1]，玉琢礁一号沉船[2]等。

（二）国外重要遗址及遗迹

自汉代以来，瓷器作为中国重要的商品之一，被源源不断地输出境外。随着 16 世纪大航海时代的开启，中国瓷器的足迹在全球更大的范围内被发现。国外海域内有不少出水景德镇以外瓷器的沉船遗迹，如巴考岛（Bakau）沉船[3]、潘达南岛（Pandanan）沉船[4]、里纳礁（Lena）沉船[5]、圣伊西卓（San Isidro）号沉船[6]、圣奥古斯汀（San Agustin）号沉船[7]、圣迭戈号（San Diego）沉船[8]、皇家舰长礁 2 号（Wreck 2 of the Royal Captain Shoal）沉船[9]、平顺（Binh Thuan）沉船[10]、毛里求

[1] 中国国家博物馆水下考古研究中心、海南省文物保护管理办公室编著：《西沙水下考古（1998—1999）》，科学出版社，2006 年，150～184、185～190、193～195 页。

[2] 赵嘉斌：《2009—2010 年西沙群岛水下考古调查主要收获》，吴春明主编：《海洋遗产与考古》，科学出版社，2012 年，171～184 页。

[3] Michael Flecker.The Bakau wreck:an early example of Chinese shipping in SoutheastAsia, *The International Journal of Nautical Archaeology*,(2001),30.2:221–230；方昭远、李建毛：《明代巴考沉船及其出水陶瓷初探》，《湖南省博物馆馆刊》第十四辑，岳麓书社，2018 年。

[4] Eusebio Z. Dizon, PH.D. *Anatomy of a Shipwreck: Archaeology of the 15th-Century Pandanan Shipwreck, The Pearl Road Tales of Treasure Ships,* Asiatype, Inc. and Christophe Loveiny, October 1998；欧塞比奥·Z.迪桑：《十五世纪中期菲律宾潘达南岛沉船的水下考古》，《海洋史研究》第八辑，社会科学文献出版社，2015 年。

[5] Franck Goddio. *The wreck on the Lena Shoal,Lost at Sea:The strange route of the Lena Shoal Junk*, Peripluse Publishing London Ltd 2002:1–42,198–209；焦天龙：《南海沉船考古与明代外销贸易的变迁》，出宝阳、陈建中主编：《海丝申报世界文化遗产与东亚海洋考古研究》，厦门大学出版社，2016 年，222~223 页；陈洁：《明代中期龙泉青瓷外销初探》，中国古陶瓷学会编：《龙泉窑研究》，故宫出版社，2011 年，153~168 页。

[6] Rita C.Tan. *ZHANGZHOU WARE FOUND IN THE PHILIPPINES. "Swatow" Export Ceramics from Fujian 16th–17th Century*. Art Post Asia Pte Ltd.2007.

[7] 吴春明著：《环中国海沉船——古代帆船、船技与船货》，江西高校出版社，2003 年，51 页；［英］甘淑美：《西班牙的漳州窑贸易》，《福建文博》2010 年第 4 期。

[8] Mr. Jean–Paul Desroches, Fr. Gabricl Casal and Mr. Franck Goddio. *Treasures of the San Diego*, National Museum of the Philpplines: 300–360；森村健一：《菲律宾圣迭戈号沉船中的陶瓷》，《福建文博》1997 年第 2 期。

[9] Franck Goddio. Discovery and archaeological excavation of a 16th century trading vessel in the Philippines. *World Wide First*, 1988；吴春明著：《环中国海沉船——古代帆船、船技与船货》，江西高校出版社，2003 年，28~29 页。

[10] 刘朝晖：《越南平顺沉船出土的漳州窑青花瓷器》，引自中国古陶瓷学会编：《中国古陶瓷研究》第十三辑，紫禁城出版社，2007 年，247~259 页；中国广西壮族自治区博物馆、中国广西文物考古研究所、越南国家历史博物馆编著：《海上丝绸之路遗珍：越南出水陶瓷》，科学出版社，2009 年，170~192 页。

斯（Mauritius）号沉船[1]、白狮号（Witte leeuw）沉船[2]、班达号（Banda）沉船[3]、哈彻沉船（Hatcher Junk）[4]等，出水瓷器以福建窑场产品和龙泉窑产品为主。

国外的遗址考古发掘起步较早，但资料披露相对较为零散，其中大量出土明代景德镇以外瓷器而受到关注的遗址为数不多。东南亚地区主要有菲律宾卡拉塔甘（Calatagan）遗址（14~15 世纪）[5]，印尼的德罗乌兰遗址[6]、西爪哇的万丹遗址[7]，马来西亚的旧柔佛哥达丁宜（Kota Jinggi）遗址[8]，均发现有华南地区青花、青釉及龙泉青釉瓷器。

日本历史上与中国关系相当密切，其境内遗址出土的中国明代瓷器数量很多，时代为 14~17 世纪初期，年代序列覆盖了整个明王朝，包括青釉、青花、白釉、黑釉等，其中 14~15 世纪主要是中国的青釉、白釉产品，其中青釉部分为福建窑场产品，16 世纪青花才开始占主导地位[9]。

---

［1］吴春明著：《环中国海沉船——古代帆船、船技与船货》，江西高校出版社，2003 年，40~41 页；李雅淳：《荷兰东印度公司与中国瓷器贸易》，引自复旦大学博物馆、复旦大学文物与博物馆学系编：《文化遗产研究集刊8》，复旦大学出版社，2017 年，42~43 页。

［2］C.L.van der Pijl~Ketel and J.B Kist. *The ceramic load of theWitte Leeuw (1613)*, Rijksmuseum Amsterdam 1982；周世荣、魏止戈著：《海外珍瓷与海底瓷都》，湖南美术出版社，1996 年，43~44 页。

［3］［英］甘淑美：《荷兰的漳州窑贸易》，《福建文博》2012 年第 1 期。

［4］Colin sheaf and Richard Kilburn. *The Hatcher porcelain cargoes: The Complete Record*, Phaidon Christie's Limited 1988,13~80；黄时鉴著：《东西交流史论稿》，上海古籍出版社，1998 年，231~244 页。

［5］陈台民：《菲律宾出土的中国瓷器及其他》，中国古外销陶瓷研究会编印：《中国古外销陶瓷研究资料》第一辑，内部资料，1981 年 6 月，31~34 页；［英］艾迪斯：《在菲律宾出土的中国陶瓷》中国古外销陶瓷研究会编印：《中国古外销陶瓷研究资料》第一辑，内部资料，1981 年 6 月，35~48 页；富斯：《菲律宾发掘的中国陶器》，中国古外销陶瓷研究会编印：《中国古外销陶瓷研究资料》第一辑，内部资料，1981 年，48~57 页；［日］青柳洋子：《东南亚发掘的中国外销瓷器》，《南方文物》2000 年第 2 期。

［6］辛光灿：《浅谈满者伯夷与德罗乌兰遗址发现的中国陶瓷》，《考古与文物》2016 年第 6 期。

［7］辛光灿：《西爪哇下万丹遗址发现的中国陶瓷初探》，《故宫博物院刊》2013 年第 6 期。

［8］叶文程著：《中国古外销瓷研究论文集》，紫禁城出版社，1988 年，73~75 页。

［9］［日］佐佐木达夫：《日本海的陶瓷贸易》，中国古陶瓷研究会、中国古外销陶瓷研究会编印：《中国古外销陶瓷研究资料》第三辑，1983 年，114~137 页；［日］三上次男、岩本义雄、佐佐木达夫：《青森、北海道的中国陶瓷——以青森、尻八馆出土的中国陶瓷为中心》，中国古陶瓷研究会、中国古外销陶瓷研究会编印：《中国古外销陶瓷研究资料》第三辑，1983 年，88~91 页；张荣蓉、秦大树：《琉球王国时期中国瓷器的发现与研究述论》，《华夏考古》2018 年第 4 期；张仲淳：《日本平户荷兰商馆遗址出土明代中国瓷器研究》，引自中国古陶瓷学会编：《中国古陶瓷研究》第十四辑，紫禁城出版社，2008 年，399~406 页。

非洲东部考古发掘工作做得最为深入，肯尼亚北部和南部海岸多处遗址出土的瓷器以 14~17 世纪初期的中国青釉、青花瓷器为主[1]，特别是马林迪格迪（Gedi）遗址、乌瓜纳（Ungwana）遗址，出土瓷器数量大，年代跨度长[2]。

新航路开辟以后，欧洲多个国家与中国建立了更紧密的贸易联系，瓷器是这种贸易的重要商品之一，欧洲与美洲各地遗址发现明代瓷器多集中于明代中晚期[3]，出土不少漳州窑青花瓷器。

第三节　研究历史回顾

一、关于明代景德镇瓷器的研究

明代景德镇瓷器分为御窑、民窑生产两个系统，二者生产的瓷器相互影响，交流频繁。随着"官搭民烧"制度的逐步确立[4]，二者瓷器产品之间的关系更加密切。明代景德镇御窑、民窑瓷器产品的品种相当丰富，装饰工艺复杂多样，最具代表性、产量也最大的当为景德镇的青花瓷器。围绕明代景德镇青花瓷器，国内外学者选取不同角度、不同时期作为切入点进行探讨，其中有以下几个关注度较高的研究方向。

（一）洪武时期瓷器研究

汪庆正、陈克伦、陈华莎等学者对洪武时期的景德镇瓷器关注较多，以国内明代早期遗址、墓葬出土的瓷器为研究对象，与国内外馆藏的洪武器进行比对，对相关历史文献进行考证，总结洪武时期青花、釉里红、颜

---

[1] 马文宽：《肯尼亚出土的中国瓷器》，《景德镇陶瓷》1983 年第 1 期；马希桂、马文宽：《蒙巴萨杰萨斯堡博物馆保存肯尼亚出土的有款识的中国瓷器》，《景德镇陶瓷》1983 年第 1 期；[日] 铃木重治：《肯尼亚·坦桑尼亚出土的中国陶瓷——从 1987 年的实地考察谈起》，《南方文物》1992 年第 4 期。

[2] 刘岩、秦大树、齐里亚马·赫曼：《肯尼亚滨海省格迪古城遗址出土中国瓷器》，《文物》2012 年第 11 期；丁雨、秦大树：《肯尼亚乌瓜纳遗址出土的中国瓷器》，《考古与文物》2016 年第 6 期。

[3] [英] 甘淑美：《葡萄牙的漳州窑贸易》，《福建文博》2010 年第 3 期；[英] 甘淑美：《西班牙的漳州窑贸易》，《福建文博》2010 年第 4 期；[英] 甘淑美：《荷兰的漳州窑贸易》，《福建文博》2012 年第 1 期。

[4] 赵宏：《"官搭民烧"考》，《故宫博物院院刊》1996 年第 1 期。

色釉等瓷器品种的工艺、造型和纹饰特点[1]。

（二）正统、景泰、天顺三朝的"空白期"瓷器研究

王志敏先生最早关注正统、景泰、天顺三朝的景德镇瓷器，通过排比研究将三朝器物特征进行总结，并提出了"空白点"瓷的概念[2]。刘毅先生通过对带有纪年铭款的"三朝"器物、纪年墓葬出土器物以及景德镇窑址发掘情况的梳理，结合相关的文献记载，对"三朝"的御窑、民窑生产情况进行了具体研究[3]。欧阳世彬、宋良璧分别着眼于窑址发掘和馆藏器物，对明代早期民窑瓷器的制作工艺、时代特征等方面进行研究[4]。

（三）晚明"转变期"瓷器研究

日本学者佐藤雅彦探讨了泰昌、天启、崇祯三朝流行于日本和欧洲的景德镇民窑产品，并对器物特点、用途和装饰风格进行了总结[5]。郭学雷、陈克伦通过对传世纪年器物、考古发现器物的整理，对明末清初景德镇青花瓷器的产品特征、产生原因、具体分期等方面进行研究[6]。刘朝晖从 17 世纪的制度背景、市场因素、文化背景等方面探讨景德镇青花瓷产品面貌变化的原因[7]。

随着大量的考古资料和传世器物的公开发表，明代景德镇瓷器出现了很多专题性研究，研究角度不胜枚举，涉及内容广泛，研究成果相当丰硕。因景德镇瓷器并非本书的研究对象，故不做详细阐述，相比之下明代景德

---

[1] 汪庆正：《元青花和明洪武瓷议》，《景德镇陶瓷》1983 年第 1 期；汪庆正：《明景德镇洪武瓷述略》，《上海博物馆集刊》第四期，上海古籍出版社，1987 年；陈克伦：《明洪武朝景德镇颜色釉瓷器考辨》，《景德镇陶瓷》1990 年第 2 期；陈克伦：《景德镇洪武青花瓷器考辨》，《江西文物》1990 年第 2 期；陈克伦：《明洪武朝景德镇瓷业初步研究》，《上海博物馆集刊》第七期，上海书画出版社，1996 年；丘小君、陈华莎：《景德镇洪武瓷新证》，《江西文物》1990 年第 2 期。

[2] 王志敏：《明初景德镇窑"空白点"瓷（一）》，《中国陶瓷》1982 年第 3 期。王志敏：《明初景德镇窑"空白点"瓷（二）》，《中国陶瓷》1982 年第 4 期。王志敏：《明初景德镇窑"空白点"瓷（三）》，《中国陶瓷》1982 年第 5 期。

[3] 刘毅：《明代景德镇瓷业"空白期"研究》，《南方文物》1994 年第 3 期。

[4] 宋良璧：《对几件正统、景泰、天顺青花瓷器的探讨》，《江西文物》1990 年第 2 期；欧阳世彬：《十五世纪景德镇民窑研究》，《陶瓷学报》2000 年第 2 期。

[5] ［日］佐藤雅彦，孔六庆译：《明末的景德镇》，《景德镇陶瓷》1986 年第 2 期。

[6] 郭学雷：《崇祯、顺治年间的景德镇青花瓷器研究》，《福建文博》1999 年增刊；陈克伦：《17 世纪景德镇瓷器编年研究》，《上海博物馆集刊》第十一期，上海书画出版社，2008 年。

[7] 刘朝晖：《明末清初景德镇转变期瓷器成因探研》，复旦大学文物与博物馆学系编：《文化遗产研究集刊》（第一辑），上海古籍出版社，2000 年，158~174 页。

镇以外瓷器的研究则多数从某一地区的专题研究展开。

二、关于明代龙泉窑青釉瓷器的研究

陈万里《瓷器与浙江》这部具有里程碑意义的论著收录陈万里先生对于古陶瓷研究尤其是浙江地区青瓷研究的诸多心得，其中对后世影响最为深远的是陈万里先生对龙泉窑的数次实地调查，基本摸清了龙泉大窑及周边各地窑址的大致时代，书中多次提及了龙泉地区的明代窑址，还提到明代龙泉青釉瓷的纹饰风格有"印花与文字""碗边内外缘，均有雷纹图案"等[1]。

20 世纪 80 年代以来，明代龙泉青釉瓷很少作为专题来研究。朱伯谦在所著的《龙泉青瓷简史》和《龙泉窑青瓷》中提到"明代成化以后，龙泉窑迅速衰落"，"明代早期龙泉窑青瓷质量较高，是我国主要的外销商品之一"，"明代中晚期龙泉瓷窑大大减少，瓷器粗糙厚重，质量不高，龙泉瓷业迅速衰落"[2]。李知宴对明代龙泉窑的器形、纹饰特点和胎釉特征做了简单概括[3]。任世龙将龙泉窑青瓷划分为六期，第六期为明代中期，产品"胎质粗劣，坯体笨重，釉色灰绿"[4]。

20 世纪 90 年代，古陶瓷研究者尝试从传世器物探索明代龙泉青釉瓷器的相关特点，王健华通过对故宫所藏 500 多件明龙泉窑青瓷的考察，总结了明代不同时期龙泉窑青瓷的特点[5]。黄卫文对 211 件传承有序的清宫旧藏明代龙泉窑器物的研究，认为这批器物具有元到明的过渡特征，反映了龙泉窑明初"官器"的基本面貌[6]。陆明华根据上海博物馆所藏的部分明代龙泉窑青瓷提出了龙泉官器标准的问题[7]。

21 世纪以来，随着龙泉地区陶瓷考古的不断深入，明代龙泉窑青釉瓷器的基本面貌也被逐步揭露，各地区及海外出土的明代龙泉青釉瓷也开始被关注，研究视角逐渐拓展。徐学琳以不同性质的考古资料为基础，分析元明龙泉青瓷在不同阶层使用情况及其成因[8]。刘净贤从方志、宗谱等文

---

[1] 陈万里著：《瓷器与浙江》，中华书局，1946 年，47~62 页。

[2] 朱伯谦著：《揽翠集——朱伯谦陶瓷考古文集》，科学出版社，2009 年，169、212、213 页。

[3] 李知宴：《略论龙泉青瓷的发展》，《中国国家博物馆馆刊》1983 年第 5 期。

[4] 任世龙：《龙泉青瓷的类型与分期试论》，引自中国考古学会编：《中国考古学会第三次年会论文集 1981》，文物出版社，1984 年，121~127 页。

[5] 王健华：《故宫博物院藏明代龙泉青瓷掇英》，《故宫博物院院刊》1994 年第 1 期。

[6] 黄卫文：《清宫旧藏明代龙泉窑青瓷概论》，《东南文化》2010 年第 2 期。

[7] 陆明华：《明代龙泉官用青瓷问题探索——上海博物馆相关藏品的辨识与研究》，《文物》2007 年第 5 期。

[8] 徐学琳：《元明龙泉青瓷的若干问题》，《东方博物》2007 年第 2 期。

献资料入手，结合纪年器物、窑址调查资料等内容，对明晚期至清早期的龙泉窑生产情况及产品特征进行研究[1]。国内外学者也都对明代龙泉窑的外销情况进行了分析和研究，陈洁通过对国内外沉船、国外遗址出土出水明代龙泉窑器物的梳理，对贸易途径及贸易网络相关问题进行研究[2]，并通过对琉球文献的整理，进一步探讨了明代前期龙泉窑青釉瓷器外销的途径及其在日本和东南亚地区的重要地位[3]。张然以威廉姆森在伊朗南部的调查为基础，进一步探讨龙泉窑青釉瓷器在印度洋航线上的运销方式，并认为其 14~15 世纪在这一区域的销售数量全面超越景德镇瓷器[4]。国外学者认为在明代建立之初的一段时间内存在"Ming Gap"的中国瓷器贸易"空白期"[5]。泰国学者布朗进一步根据东南亚的沉船遗迹对这一概念进行了细化，指出 1368~1424 年的五艘沉船上中国瓷器的比例只占 35%，而 1424~1487 年的九艘沉船上中国瓷器比例更是下降至 5%，至弘治时期比例才开始快速上升，这其中 1368~1424 年的五艘沉船以中国的青瓷为主[6]。

三、关于明代北方"磁州窑类型"瓷器的研究

明代北方"磁州窑类型"瓷器的研究相对更为薄弱，最为重要的当为郭学雷所著《明代磁州窑瓷器》，这是一部对明代"磁州窑类型"瓷器进行较为系统研究的专著[7]。此书将磁州窑类型的瓷器按照窑口进行划分，主要有河北彭城窑、河南禹县窑、陕西耀州窑、山西霍州窑、山西壶关窑，并对每个窑的主要瓷器品种、时代、风格特征、产品行销等方面进行研究，运用了窑址、城市遗址、纪年墓葬的考古发掘资料，引用了国内外收藏单

[1] 刘净贤：《从方志、宗谱管窥明晚期至清早期龙泉窑》，《华夏考古》2018 年第 5 期。
[2] 陈洁：《明代中期龙泉青瓷外销初探》，引自中国古陶瓷学会编：《龙泉窑研究》，故宫出版社，2011 年，153~168 页。
[3] 陈洁：《明代早中期瓷器外销相关问题研究——以琉球与东南亚地区为中心》，《上海博物馆集刊》第十二期，上海书画出版社，2012 年。
[4] Lin, Meicun & Zhang, Ran. Zheng He's voyages to Hormuz: the archaeological evidence. *Antiquity 89(344)*. *Antiquitu Publications Ltd*, 2015: 417–432；Zhang, Ran. Chinese Ceramic Trade Withdrawal from the Indian Ocean:Archaeological Evidence from South Iran. *Heritage: Journal of Multidisciplinary Studies in Archaeology* 6(2018): 73–92.
[5] Tom Harrison 于 1958 年首次提出这个概念，用来指婆罗洲沙捞越河三角洲遗址缺少明代早期青花瓷的情况。
[6] Roxanna M.Brown.History of Shipwreck Excavation in Southeast Asia. *In: Ward J, Kotitsa Z, Angelo AD (eds). The Belitung wreck: sunken treasures from Tang China*, Seabed Explorations New Zealand Ltd, New Zealand,2004.
[7] 郭学雷著：《明代磁州窑瓷器》，文物出版社，2005 年。

位的大量藏品，其中带铭文纪年器物尤其值得关注。

古陶瓷学者多以传世器物进行研究，郝良真对邯郸市博物馆馆藏及民间收藏的数十件白地黑花酒坛进行整理，根据酒坛上的铭文进行考证和研究，此类白地黑花的酒坛流行于明代嘉靖时期到清代顺治时期，继承了磁州窑白地黑花的工艺技法，产地应在山西壶关县一带，即长治窑[1]。

四、关于明代福建、广东地区窑场瓷器的研究

明代福建、广东地区窑址林立，制瓷业相当发达。瓷器产品具有鲜明外销性质，因此两地区所产瓷器被国外学者关注颇多，主要围绕在以下几个方面：

（一）明代德化窑白釉瓷器的研究

明代德化窑白釉瓷器被国外收藏家称为"中国白"，广受欢迎。英国收藏家唐·纳利所著《中国白——福建德化瓷》以第一手的实物资料为研究对象，对中国和欧洲的文献资料进行研究，对德化白瓷进行了详尽的论述[2]，但鉴于当时考古资料匮乏，其中有不少谬误之处。大英博物馆学者霍吉淑以馆藏的明代德化白瓷纪年器物、沉船出水器物为基础，对其生产情况、器物特点进行了研究[3]。

国内学者较早关注德化窑白釉瓷的是宋伯胤，其《谈德化窑》一文通过对古窑址的调查，对德化窑青花、白釉瓷器的造型、釉色、胎料、装饰、制法等方面进行了研究[4]。叶文程以文献和考古资料为基础，认为德化白釉瓷器在明代最为兴盛，并通过对馆藏传世德化白釉瓷塑的梳理，总结了明代德化白釉瓷器的风格特点及历史地位[5]。

（二）明代福建地区青花瓷器的研究

1. 青花瓷业研究

栗建安先生一直致力于福建地区陶瓷考古工作，对福建地区陶瓷研究贡献颇多。通过多年对福建地区窑址、墓葬、遗址发掘成果的梳理，对福

[1] 郝良真：《磁州窑白地黑绘花酒坛及相关问题探析》，《文物春秋》2002 年第 5 期。
[2] ［英］唐·纳利著，吴龙清、陈建中译：《中国白——福建德化瓷》，福建美术出版社，2006 年。
[3] ［英］霍吉淑：《谈明代德化窑瓷器》，《福建文博》2004 年第 4 期。
[4] 宋伯胤：《谈德化窑》，《文物参考资料》1955 年第 4 期。
[5] 叶文程：《试论明代德化的白釉瓷器》，吴绵吉、吴春明主编：《东南考古研究》，第一辑，厦门大学出版社，1996 年，123~131 页。

建地区的漳州、德化等地青花窑业烧造体系的分布情况、始烧年代、发展情况及产品流布、外销情况等进行研究[1]。经过多年对漳州地区窑址的实地发掘,从窑炉、窑具、制瓷工具、作坊、产品胎釉特征、造型纹饰等方面对明清地区漳州地区窑业技术进行总结[2]。

罗立华运用考古调查资料,对明清福建青花展开了较为全面的研究,将福建青花窑址集中区域分为三部分:一是闽江上游流域的闽西北内陆地区,二是晋江流域的闽中地区,三是九龙江流域的闽南地区,其中闽中和闽南有部分窑址时代为明代。作者认为至迟在嘉靖年间福建青花已经开始有规模的生产,并做出初步分期研究,进一步探讨福建青花的生产方式、窑业技术、原料等以及与景德镇青花、广东青花的关系,福建青花瓷外销等问题[3]。

2. 青花瓷器研究

傅宋良等通过对考古资料、传世器物及内外历史因素的分析,对闽南地区明代青花瓷的器形与纹饰、始烧年代和工艺、与景德镇青花的联系与区别等方面进行研究[4],并且专门对德化窑青花进行研究,认为其兴起于嘉靖时期,但主要产品仍是白瓷,兼烧青花满足当地需要,康熙至乾隆时期是其青花鼎盛时期[5]。

张仲淳着眼于明清两代安溪地区的青花瓷器,对其制瓷工艺、器形、纹饰等方面进行探讨[6]。陈建中著《德化民窑青花》专门对德化民窑青花的产生、兴盛、窑址分布、产品特征等进行了阐述,对4件有明确纪年的明代德化青花做了介绍[7]。

(三)明代福建地区瓷器外销的研究

叶文程对瓷器外销研究用力颇多,主要关注明代德化白瓷、青花

[1] 栗建安:《从考古发现看福建古代青花瓷的生产与流通》,中国古陶瓷学会编:《中国古陶瓷研究》第十三辑,紫禁城出版社,2007年,196~206页;栗建安:《福建古代外销瓷窑址的考古发现与研究》,中国古陶瓷学会编:《中国古陶瓷研究》第十四辑,紫禁城出版社,2008年,179~197页。

[2] 栗建安:《明清福建漳州地区的窑业技术》,《福建文博》1999年增刊。

[3] 罗立华:《福建青花的初步研究》,吴绵吉、吴春明主编:《东南考古研究》第一辑,厦门大学出版社,1996年,92~122页。

[4] 傅宋良:《闽南明代青花瓷器的生产与外销》,厦门博物馆编:《厦门博物馆建馆十周年成果文集》,福建教育出版社,1998年,128~144页。

[5] 傅宋良、孙艺灵:《论德化青花瓷的产生与发展》,《福建文博》1996年第2期。

[6] 张仲淳:《明清时期的福建安溪青花瓷器》,《考古》1989年第7期。

[7] 陈建中著:《德化民窑青花》,文物出版社,1999年,8~9页。

瓷[1]，明代漳州窑等闽南地区青花、五彩和素三彩、米色釉瓷器的外销研究[2]，闽南地区陶瓷工艺及外销研究[3]，福建各地青花瓷的生产与外销研究[4]等，还有明代瓷器外销情况的整体论述[5]，对明代早中期与郑和下西洋相关的瓷器贸易相关研究[6]等。

国外学者往往立足于国外海域的沉船遗迹以及国外遗址出水或出土的中国瓷器进行研究，其中16~17世纪遗址和遗迹大多发现有福建瓷器，如日本学者以瓷器功能的角度来探讨17~19世纪输入日本的福建瓷器[7]；西方学者关于西班牙"马尼拉帆船"及出水瓷器的研究中包括大量福建瓷器[8]。

（四）明代福建地区瓷器分期的研究

福建学者通过将窑址调查采集资料及部分传世纪年器物进行排比，结合方志记载梳理明清时期福建白瓷、青花瓷的发展脉络和器物特点，认为福建地区的青花、白釉肇始于明代中晚期[9]。日本学者森村健一根据日本和东南亚出土漳州窑瓷器分析，将漳州窑系陶瓷分为四期：一期16世纪后期，二期16世纪末~17世纪初，三期17世纪中叶，四期17世纪末~18世纪中叶[10]。

［1］叶文程：《略谈德化窑的古外销瓷器》，《考古》1979年第2期；叶文程著：《中国古外销瓷研究论文集》，紫禁城出版社，1988年，240~242页。

［2］叶文程：《闽南地区古代陶瓷的生产与外销》，厦门市博物馆编：《闽南古陶瓷研究》，福建美术出版社，2002年，14~24页。

［3］叶文程：《闽南古代陶瓷的工艺及外销初探》，《福建文博》1999年第1期。

［4］叶文程：《福建地区青花瓷的生产与外销》，中国古陶瓷学会编：《中国古陶瓷研究》第十三辑，紫禁城出版社，2007年，182~196页。

［5］叶文程、丁炯淳：《明代我国瓷器销行东南亚的考察》，《景德镇陶瓷》1983年第1期。

［6］叶文程著：《中国古外销瓷研究论文集》，紫禁城出版社，1988年，154~168页；叶文程：《郑和下西洋与明代陶瓷的外销》，《南方文物》2005年第3期。

［7］［日］堀内秀树：《十七世紀から十九世紀の日本出土の貿易陶磁器》，《南艺学报》12，2016:113~160。

［8］Roberto Junco.On a Manila Galleon of the 16th Century: A Nautical Perspective; Edward Von der Porten. Sixteenth-Century Manila Galleon Cargos on the American West Coast and a Kraak Plate Chronology. *In: Chunmming Wu. Early Navigation in the Asia-Pacific Region, A Maritime Archaeological Perspective. Springer Science+Business Media Singapore 2016.*

［9］林忠干：《德化窑瓷器的分期研究》，德化陶瓷研究论文集编委会编：《德化陶瓷研究论文集》，2002年，42~50页；陈冬珑：《晋江流域明清青花瓷分期研究》，《福建文博》2018年第2期。

［10］［日］森村健一：《福建省漳州窑系青花、五彩、琉璃地的编年和贸易——明末清初的汕头器》，《福建文博》1996年第2期。

（五）明代广东地区瓷器的研究

20 世纪 80 年代，广东省的文物考古工作者就展开了对潮汕地区明代瓷窑的调查和研究。曾广亿先生对广东古陶瓷研究用力颇多，其认为明代广东瓷业空前发展，将明代陶瓷划分为四种类型，第一种是以廉江、遂溪窑为代表的民用粗瓷，第二种是以惠东、惠阳窑为代表的仿龙泉青釉瓷器，第三种是以高州、平远窑为代表的日用和外销青花瓷，第四种是以佛山石湾窑为代表的民用陶瓷[1]。其中尤以生产仿龙泉青釉的窑址分布最广，并专门对其器形和装饰、胎质和釉色、年代和外销等相关问题进行了探讨[2]。

何纪生以粤东九村窑址的调查为基础，对粤东明清青花瓷的窑址分布、烧制工艺、器物特征等分期进行了研究，并根据文献记载和考古资料对九村以外的其他粤东青花瓷窑址进行了介绍[3]。周世荣、商志䓤以香港大埔碗窑村发现的青花瓷窑址为基础，对香港地区青花瓷的相关问题进行研究[4]。

由此可见，明代福建、广东地区瓷器的研究多以窑址调查和传世文物为基础，对于窑址分布、窑业生产和外销情况研究着墨较多，多是针对某一区域、某一品种、某一论题的具体研究，整合的研究尚显不足。

五、关于明代云南地区窑场瓷器的研究

20 世纪 60 年代，考古工作者在云南玉溪瓦窑村发现了古瓷窑址，与此同时在云南其他地区还发现相当为量的元明时期墓葬，也出土了风格接近的瓷器，这引起了古陶瓷研究学者的关注，自此便揭开了云南地区瓷器研究的序幕。20 世纪 80 年代，冯先铭先生在讨论青花瓷起源的问题中提到云南省发现元青花瓷器及窑址的情况[5]。杨静荣从禄丰火葬墓出土的

[1] 曾广亿：《广东瓷窑遗址考古概要》，《江西文物》1991 年第 4 期；曾广亿、宋良璧：《广东陶瓷的历史》，广东省博物馆编：《广东省博物馆建馆三十周年论文集（1959~1989）》，紫禁城出版社，1989 年，215~216 页；曾广亿著：《粤港出土古陶瓷文集》，岭南美术出版社，2012 年，16~17 页。

[2] 曾广亿：《广东明代仿龙泉青瓷及其外销初探》，中国古陶瓷研究会、中国古外销陶瓷研究会编：《中国古代陶瓷的外销》，1987 年福建晋江年会论文集，紫禁城出版社，1988 年，88~93 页。

[3] 何纪生：《从饶平九村窑址说到明清时期粤东地区的外销青花瓷器》，陈历明编：《潮汕考古文集》，汕头大学出版社，1993 年，338~347 页。

[4] 周世荣著：《金石瓷币考古论丛》，岳麓书社，1998 年，140 页；商志䓤：《香港地区窑址和青花瓷的发现与研究》，《南方文物》1997 年第 2 期。

[5] 冯先铭：《有关青花瓷器起源的几个问题》，《文物》1980 年第 4 期。

典型器物出发，认为其为元代玉溪窑产品[1]。杨大申对此提出了不同看法，认为火葬葬具应是元代建水窑产品[2]。

随着云南地区窑址调查资料和墓葬资料的不断发表，研究主要从两个方面展开。

（一）云南地区青花瓷器的起源与传播

葛季芳是最早开始系统研究云南瓷器的古陶瓷学者，他在先后调查玉溪窑、建水窑、禄丰窑之后发表了若干研究论文，以云南地区的窑址发掘资料和元明墓葬出土青花瓷器为主要资料，认为建水窑为滇南地区的青花起源、禄丰是滇西地区的青花起源之一、大理是滇西北地区的青花起源[3]，还对云南地区的青花瓷窑址及墓葬出土青花瓷情况进行了梳理和分析，以云南青花典型器形为例进行具体研究和断代[4]。

台湾学者施静菲系统地梳理了云南地区窑址、墓葬及生活遗址出土的青花瓷器，分别从云南青花瓷器的工艺渊源、器物编年、社会背景等方面进行了深入探讨，认为云南青花瓷器没有早于元代的产品，并在此基础上探究云南青花瓷器与越南青花、景德镇青花瓷器的关联[5]。

（二）云南地区青花瓷器的工艺特点

杨帆、苏伏涛、李康颖从考古发掘的火葬墓及窑址资料出发，探讨了玉溪窑、建水窑、禄丰窑青花瓷的造型、胎釉、装饰、烧造工艺等等，并探讨了相关的历史背景[6]。马文斗所著《玉溪窑》一书较为系统全面地对云南地区的窑址和墓葬进行了梳理，将云南青花划分为滇南、滇西、滇西北三个类型，并对玉溪窑的烧造工艺、品种、器形及纹饰进行了具体

---

[1] 杨静荣：《元代玉溪窑青花鱼藻纹玉壶春瓶》，《文物》1980 年第 4 期。

[2] 杨大申：《关于云南禄丰县元墓出土青花瓶的一点看法》，《考古》1982 年第 4 期。

[3] 葛季芳：《云南青花的起源和传播》，中国古陶瓷研究会编：《中国古陶瓷研究》第六辑，紫禁城出版社，2000 年，255~261 页。

[4] 葛季芳：《云南古代青花料和青花瓷器》，《江西文物》1990 年第 2 期。

[5] 施静菲：《云南地区青花瓷器的变迁——兼谈其与江西景德镇和越南青花瓷的关联》，《美术史研究集刊》第二十五期。

[6] 杨帆：《云南青花瓷器的创烧年代及相关问题》，中国古陶瓷学会编：《中国古陶瓷研究》第十三辑，紫禁城出版社，2007 年，15~27 页；苏伏涛：《建水窑青花瓷器概述》，《云南文物》1987 年 6 月（第 21 期）；苏伏涛：《元末明初玉溪窑和建水窑的青花瓷器造型及其图案纹饰》，《云南文物》1986 年 12 月（第 20 期）；李康颖：《云南禄丰元明青釉青花瓷器综述》，中国古陶瓷研究会编：《中国古陶瓷研究》第六辑，紫禁城出版社，2000 年，269~275 页。

阐述[1]。

随着中国古陶瓷研究的不断深入和发展，云南元明瓷器也逐渐引起了广泛关注，古陶瓷学者开始将馆藏传世器物与考古发掘器物进行排比，对云南青花进行更多角度的研究[2]。

由此可见，云南地区的瓷器研究仍聚焦于云南青花瓷的器物特征，从目前的窑址调查资料来看，云南地区除了青花瓷以外，青釉瓷、酱釉瓷亦具有一定的生产规模。由于云南地区的窑址多数为调查资料，没有相对可靠的纪年资料证明窑址的具体年代，发掘者往往根据器物特征对窑址的年代进行初步判断，然而，云南地区火葬墓群的大量发掘以及火葬墓的相关研究也为元明云南瓷器的进一步分期提供更多的依据。

第四节　研究方法和意义

一、研究方法

本书尝试以不同的视角研究明代瓷器，跳脱出以往以景德镇为中心的研究模式，通过对大量不同类型考古学资料的归纳总结、比较分析，运用地层学和类型学方法，对明代景德镇以外的瓷器进行全面研究，并在此基础上运用图像分析、"二重证据法"等方法进行具体问题的探讨，从而探讨景德镇以外瓷器的发展变化和时代特征，探究其地域特色、产品流布及与景德镇瓷器的相互关系等问题。

（一）考古类型学和地层学

类型学是一种方法论，近代生物学最先使用这种分类方法，其本质上是进化论思想借助分类方法的形式在考古学领域的体现[3]。考古类型学是研究物品（包括遗迹和遗物）外部形态演化顺序的方法论，由于许多物品的形态变化，需要在归纳成不同的类别和型别以后，各自的发展序列才

---

[1] 马文斗著：《玉溪窑》，文汇出版社，2001年。

[2] 陆明华：《云南青花瓷烧造问题初探》，中国古陶瓷学会编：《中国古陶瓷研究》第十三辑，紫禁城出版社，2007年，28~42页；施静菲：《云南青花瓷的生产与发展》，中国古陶瓷学会编：《中国古陶瓷研究》第十三辑，紫禁城出版社，2007年，59~65页；黎淑仪：《浅论玉溪青花瓷》，中国古陶瓷学会编：《中国古陶瓷研究》第十三辑，紫禁城出版社，2007年，117~120页。

[3] 赵辉：《关于考古类型学的几点思考》，北京大学考古系编：《考古学研究（一）》，文物出版社，1992年，489页。

能清楚，所以称之为类型学[1]。类型学的这种研究，就方法论本身最基本的能力来说，主要在于能够找出物品形态变化的逻辑过程，而不一定是历史的具体过程。这就是说，大量物品的新、旧形态，总是存在着一定的并存时间[2]。瓷器也遵循着这样的规律，其形态受到制作工艺、器物本身功能性、制作者、使用者所处地区生活环境、风俗习惯、审美观念等因素的影响，不同地区发展水平不够平衡又极具特色。这些都可以用类型学方法来进行科学归纳和分析，探索其演化规律。因此，通过对明代各类考古资料出土瓷器进行类型学划分，可以更加系统阐释明代景德镇以外瓷器的发展变化轨迹和时代风格，并以此为基础成为更深层次研究的依据。

"所谓考古地层学，是指地层堆积和遗迹之间的相互关系的研究，即在考古发掘中判明地层和遗迹的相对年代关系。"[3]地层的相互叠压及打破关系为出土遗物提供了相对时间关系，但因明代窑址多为调查资料并且延续时间较短，致使地层学的运用不足。然而，大型墓葬群的发掘则更多运用地层学进行分期，如云南大丰乐墓地发掘700余座不同时期墓葬，其埋葬习俗和随葬器物比较接近，但年代延续比较长，其相互叠压和打破关系为墓葬时代的分期提供了依据，由此可以进一步证明随葬瓷器的相对年代[4]。

（二）"二重证据法"

20世纪初，国学大师王国维提出要以"二重证据法"研治古史。"吾辈生于今日，幸于纸上材料之外，更得地下之新材料，由此种材料，我辈固得据以补证纸上之材料，亦得证明古书之某部分全为实录，即百家不雅驯之言亦不无表示一面之事实。此二重证据法，惟在今日始得为之。[5]" "二重证据法"是综合历史学和考古学的方法论，对中国学者影响深远，这种研究方法更适用于古代器物的研究。我们在进行实际的研究中，考古学资料与文献资料是互为补证的，不仅要利用考古学资料对文献进行补充，还要利用古代文献使出土品恢复活力[6]。明代景德镇以外瓷器的研究也不能单纯运用地下出土的考古资料，要同时运用传世文献进

[1] 俞伟超主编：《考古类型学的理论与实践》，文物出版社，1989年，1页。
[2] 俞伟超主编：《考古类型学的理论与实践》，文物出版社，1989年，9页。
[3] 栾丰实、方辉、靳桂云著：《考古学理论·方法·技术》，文物出版社，2002年，22页。
[4] 闵锐、刘旭、段进明编著：《大理大丰乐》，云南科技出版社，2002年，1~86页。
[5] 王国维著：《古史新证》，清华大学出版社，1994年，2页。
[6] 刘毅：《"二重证据法"新论》，《南方文物》1997年第3期。

行佐证，通过对明代的典章制度、记录明代社会生活的历史文献、明代文人笔记等相关内容的考证，结合考古出土的明代瓷器资料，从多角度、全方位对景德镇以外瓷器进行探讨，得出更为科学的研究结论。

（三）图像学

图像学由图像志发展而来，其更强调对图像的理性分析，研究绘画主题的传统、意义及其与其他文化发展的联系[1]。图像学研究最具影响的学者潘诺夫斯基认为图像意义具有三个层次，第一层次的解释对象是自然的题材；第二层次的解释对象是约定俗成的题材，这些题材组成了图像、故事和寓意的世界；第三层次的解释对象是艺术作品的内在含义或内容[2]。图像学研究方法已经开始频繁地运用于美术学以及考古学等相关领域的研究当中，特别是在对壁画、画像砖、铜镜等古代物质文化的研究中运用颇多，一定程度弥补了传统研究中存在的缺陷，在学界产生了重要的影响。明代青花瓷器纹饰题材、瓷塑雕像等，其造型及绘画纹样也具有图像学提及的三个层次，将纹饰题材、布局进行串联、比对，可以进一步探讨其不同的文化内涵。

二、 研究意义与创新点、难点

（一）研究意义

1.以景德镇以外瓷器为全新视角对明代瓷器进行研究，拓展了明代瓷器的研究视野

景德镇在明代已经成为全国的制瓷中心，产品覆盖面大，影响深远，学界关注热度较高。然而，全国不同区域均或多或少发现有明代窑址，既有地方小窑，也有颇具影响力的名窑，研究力度尚不均衡，研究视角具有明显的区域性特点。与此同时，大量的明墓、明代遗址的发掘也为明代瓷器研究提供了更多基础资料。这些景德镇以外地区生产的瓷器，虽然整体数量及规模无法与景德镇瓷器相提并论，但仍然占有相当大的比重。

明代景德镇以外瓷器是一个比较复杂的综合体，包括青花、青釉、白釉、釉上彩、白地黑花、黑釉等瓷器品种。产地涵盖江西、浙江、福建、

---

[1]中国大百科全书总编辑委员会编：《中国大百科全书·美术》，中国大百科全书出版社，2002年，823页。

[2]［美］欧文·潘诺夫斯基著，戚印平、范景中译：《图像学研究：文艺复兴时期艺术的人文主题》，中译本序，上海三联书店，2011年，4页。

陕西、河南、河北等地，而且每一个地区的窑址并不局限于一个瓷器品种。以福建地区明代窑场为例，除了耳熟能详的青花瓷以外，还烧造青釉、白釉、黄釉、蓝釉、酱釉、釉上红绿彩、釉上三彩瓷器等，其他窑场亦是如此。景德镇以外瓷器不仅囊括景德镇所生产的各类瓷器品种，还有景德镇无法生产的瓷器品种，具有更多维度的研究空间。

2. 系统梳理景德镇地区以外的瓷器资料，夯实明代瓷器研究的薄弱环节

明代景德镇御窑生产瓷器一直是明代瓷器研究的重点和热点，但是学界对于民间使用瓷器的研究力度往往有所欠缺。景德镇以外的明代疆域，地理范围相当庞大，考古资料以及传世瓷器的内容相当丰富，其中大量的民间用瓷为景德镇以外地区产品，往往因质量较差、辨识度低等问题长期不受学界重视。因此系统地梳理考古发掘资料及文献资料，将明代景德镇以外瓷器视为整体进行资料的汇总和整合，探讨景德镇以外瓷器之间内部关联，可以补足明代民间用瓷研究的短板。

3. 全面解读明代景德镇以外瓷器产品面貌，成为明代瓷器研究的重要补充

古陶瓷研究者已经认识到景德镇地区生产的青花瓷在明代占有举足轻重的地位，也关注到景德镇地区生产的其他各类单色釉及彩绘瓷器，却很少将其与景德镇以外的瓷器进行关联研究。全面利用明代各类考古资料以及传世资料，对景德镇以外地区瓷器产品进行多方位解读，探讨其与景德镇瓷器之间相互关系，对于明代瓷器研究具有重要意义。

（二）创新点

1. 研究视角的创新

本文首次以明代景德镇以外瓷器整体为研究对象，对相关考古资料进行了梳理和整合，按照品种划分不同的生产区域。明代景德镇以外瓷器内容庞杂，产地分布凌乱。由于各类考古资料所反映的内容侧重点不同，窑址资料主要是瓷器的产地、工艺及产品特征，纪年墓葬和遗址出土瓷器则重点反映出瓷器的年代下限以及产品流通等问题。因此，对于明代景德镇以外瓷器学界的研究视角主要聚焦于某一地区的某一品种，没有进行整合和比较以及更深层次的研究。明代窑址发掘资料为我们进一步勾勒景德镇以外瓷器的产品面貌提供了更具体素材，将这些资料进行梳理、划分和整合，为进行景德镇以外瓷器的区域性特征及其他相关研究提供了可能。

本文绕开目前学界的研究重点，不以景德镇窑产品为研究对象，而是对景德镇以外的诸多窑址资料、墓葬遗址资料进行梳理，系统研究明代景

德镇以外瓷器，一定程度上填补了明代瓷器研究的空白。

2. 研究内容的创新

本文第一次全面阐述明代景德镇以外瓷器不同生产区域的产品内涵和时代风格。通过对明代窑址考古资料的全面梳理，可以将明代景德镇以外瓷器划分出若干相对集中的生产区域，如以漳州窑为代表的福建、广东地区，以龙泉窑为代表浙江地区，以生产"磁州窑类型"瓷器为代表的北方地区，以玉溪窑为代表的云南地区等，探讨每个生产区域瓷器的工艺特点及产品特征。探索景德镇以外地区产品风格的辐射力，分析其区域性特点和不同地区之间的相关性，完成明代景德镇以外瓷器的区域划分，确立景德镇以外瓷器的基本研究框架。

本文首次尝试将景德镇以外瓷器与景德镇瓷器进行比较研究，探索二者之间的关联性，探讨景德镇以外不同地区的不同瓷器品种对景德镇瓷器的影响和学习，并总结景德镇以外瓷器自身的创新因素。

3. 研究结论的创新

本文尝试探讨明代景德镇以外瓷器具体器形及其整体的发展规律，得出相应的初步分期结论，为不同产地瓷器提供更具体的断代依据。综合明代窑址和墓葬考古发掘资料，将二者出土器物进行排比，对具体器形进行类型学划分，揭示器物自身发展变化过程，探讨不同产地典型器形的变化规律，区分明代不同时期景德镇以外瓷器的产品风格及发展趋势。

（三）研究难点

1. 考古资料分布零散

基于诸多原因，景德镇以外地区的多数明代窑址还没有经过科学的发掘，或者只有笼统的窑址调查报告，时代划分不够明确，标本数量较少，进行系统的类型学研究存在一定难度。制瓷业发展历史悠久地区常常不重视明代以后的窑址资料，发掘报告撰写至明代往往草草收尾，对窑业生产、工艺特征等方面没有进行具体的介绍，因此很多资料散布于窑址发掘报告的最后，容易被忽略。

2. 考古资料分布不均衡

景德镇以外瓷器是一个比较庞大的概念，但是实际的考古资料又不是涵盖所有地区，如新疆、西藏、内蒙古等地尚未发现明确的明代窑址资料，其他各地区与瓷器相关的考古资料侧重点亦有所不同，福建、广东地区以大量的窑址调查和发掘资料为主，云南地区以窑址调查资料和火葬墓群资料为主，其他地区则存在大量的明代墓葬和遗址资料，出土瓷器涉及各个地区产品。

发现明代窑址的地区考古资料分布也不够均衡，一些具有瓷器烧造传统的地区在明代仍有延续，但规模萎缩已近尾声，相关内容往往一笔带过，也有的地区在明代异军突起，窑址数量众多，瓷器产量颇丰，内涵相当丰富。故而，景德镇以外瓷器的产地、品种比较凌乱且复杂，这就给资料的整合和归纳带来了一定的难度。

3. 明代墓葬、遗址资料与窑址资料的衔接比较困难

引入纪年墓葬作为分期依据显得尤为重要，但墓葬出土瓷器作为丧葬用品，其品种、器形及纹饰有局限性，因此，将窑址资料与明代墓葬、明代遗址出土物进行整合和比对也是研究的难点。通过对窑址资料和明代纪年墓的整理可以发现，各地窑址繁多，区分难度较大，然而地理位置上接近的窑场，其产品风格也有相同或相似之处。同样，相近区域内墓葬出土的瓷器也在一定程度上可以反映出附近窑场的生产状况。为了更加科学合理的开展景德镇以外瓷器研究，本书将以地区为中心进行分期研究，将具有相同产品风格的区域整合归纳，以便更好地对明代景德镇以外瓷器进行深入阐释。

综上所述，本书拟通过对明代不同类型考古资料的全面梳理，以景德镇以外瓷器为研究对象，从以下几个方面对其进行深入研究和阐释：以不同的瓷器品种为主线，进一步勾勒其产品面貌的区域性特点，阐释不同地区景德镇以外各类瓷器的产品特征和工艺特点，进而完成对明代景德镇以外瓷器的区域划分；对不同地区的代表性瓷器品种及其典型器形进行类型学划分，探讨瓷器造型的发展演变规律，从而对该地区瓷器产品进行分期研究，作为断代的初步依据；以各类考古资料及传世器物为基础，从器形、纹饰题材、艺术风格等多个方面阐释景德镇以外瓷器对景德镇瓷器的模仿、借鉴和影响，以及在这种相互学习的过程中形成的自身独特的产品风格；通过对明代相关贸易政策的考证，以国内外不同类型的考古资料为依托，探索景德镇以外瓷器产品的运销区域、路径等问题；以明代墓葬出土的景德镇以外瓷器为研究视角，探究景德镇以外瓷器在明代葬俗中的重要作用以及与墓主身份等级之间的关系。通过对上述几点的具体研究和论述可以清晰看出明代景德镇以外瓷器的重要地位，虽然其整体规模及影响力仍然不敌景德镇瓷器，但景德镇以外瓷器善于发挥和利用自身的优势，与景德镇瓷器形成有益互补的竞争模式，奠定了明代瓷器更加多元的发展格局。

第二章 明代景德镇以外瓷器品种与区域性特征研究

明代景德镇以外瓷器的产地分布区域很大，目前福建、广东（含香港）、江西、云南、四川、湖南、湖北、浙江、河北、河南、陕西、山东、宁夏等地均发现有明代瓷业遗存，生产青花、青釉、白釉（含青白釉）、黑釉（含酱釉、茶叶末釉）、白地黑花、釉上三彩、釉上红绿彩等瓷器品种。本章按照瓷器品种，分区域对其工艺特点及产品风格进行具体研究。其中江西地区的窑址资料和瓷器产品均专指景德镇以外的江西地区，下文不再做单独说明。

第一节 青花瓷器

一、福建与广东地区产品

福建地区自古以来就是窑业发达的区域，其凭借自身的地理条件和资源优势，以生产外销瓷而闻名于世，大量瓷器通过"海上丝绸之路"源源不断地销往世界各地。入明以来，福建、广东地区也开始仿烧景德镇青花瓷，在海上贸易发达、运输便捷的区域，青花瓷窑址数量颇多，烧瓷产量巨大，为大量外销的中国明代瓷器找到产地，包括有被称为"Swatow ware"（汕头器）的漳州窑青花瓷器。福建、广东两地的行政区划基本沿袭自明代，青花瓷窑址的分布区域分属于明代福建布政使司的延平府、泉州府、漳州府，广东布政使司的潮州府、惠州府的管辖之下[1]。

（一）窑址考古资料

1. 闽北、闽西地区

20 世纪 50 年代，考古工作者就在闽北地区发现了明代青花瓷窑址，

---

[1] ［清］张廷玉等撰：《明史》，卷四十五，志二一，中华书局，1974 年，1121~1148 页。

有武夷山市（原崇安县，1989 年撤县设市）仙店村的主树垅窑址、老鹰山碗窑址、郭前村窑址[1]，政和县长城村碗厂窑址[2]，浦城县碗窑村窑址[3]，屏南县前院明末清初窑址[4]，产品均以青花日用器皿为主，生产规模不大，见有碗、盏、盅等，还有生活气息浓重的秤锤、烛台、筒等器物。釉色多泛青灰，青花发色暗淡，其中郭前窑址和老鹰山碗窑址还生产浅蓝釉青花产品。烧瓷工艺较粗，未见有匣钵装烧，多采用碗垫、托圈等间隔器进行叠烧。这一系列调查并未能全面揭开福建地区明代青花瓷的生产面貌，但能看出青花瓷在明代已经是相当普及和成熟的瓷器品种，在闽北内陆地区也已经开始生产和使用。

福建西部的三明地区明代陶瓷生产已经接近尾声，制作水平比较落后。20 世纪 90 年代，考古工作者在接近德化、安溪等明代瓷业发达地区又便于运输的大田、尤溪、永安等地发现烧造青花瓷和白瓷的窑址，生产规模不大，产品质量较低，以碗、盘为主，兼烧缸、灯、钵等日用器皿，胎色灰白，釉色青白乳浊，多于明末立窑烧瓷，生产延续至清代[5]。

2. 闽中泉州地区

20 世纪 70 年代，随着文物普查工作的全面铺开，泉州的明代青花窑址也逐渐被披露。目前公开发表的资料多为窑址调查成果，没有进行大规模的考古发掘工作，特别是对福建安溪窑的调查成果颇丰，其明代窑址可达 33 处[6]，产品以青花瓷为主，偶见釉上红彩和素面白釉器[7]。嘉靖年间的《安溪县志》记载"磁器色白而带浊，昔时只做粗青碗，近则制花又更清，次于饶瓷，出崇善、龙兴、龙涓三里，皆外县人氏业作之云"[8]。安溪窑青花瓷烧造兴起于明代后期，因当地盛产制瓷原料，多数青花瓷窑址延续至清代继续烧造并且迎来了制瓷高峰。在所有调查的窑址中，尚卿乡的翰苑和银坑窑址采集的青花碗，圈足深挖过肩，底露胎，青花发色较浓泛黑，纹饰有鹤、狮、菊，呈现明代中期前后的特点，而且龙涓乡的珠塔村窑址也有明代姚姓窑工在此烧瓷为业的传说[9]。2018 年，考古工作

[1] 林登翔、许清泉等：《福建省最近发现的古代窑址》，《文物》1959 年第 6 期。
[2] 福建博物院编：《福建考古资料汇编（1953~1959）》，科学出版社，2011 年，72 页。
[3] 林登翔、许清泉等：《福建省最近发现的古代窑址》，《文物》1959 年第 6 期。
[4] 福建博物院编：《福建考古资料汇编（1953~1959）》，科学出版社，2011 年，80 页。
[5] 李建军：《福建三明地区陶瓷考古综述》，《福建文博》1995 年第 2 期。
[6] 福建省晋江地区文物管理委员会编辑：《晋江地区陶瓷史料选编》，1976 年，附页 25~35 页。
[7] 国家文物局主编：《中国文物地图集·福建分册（下）》，福建省地图出版社，2007 年，400~401 页。
[8] ［明］林有年主纂：《安溪县志》（明嘉靖版），国际华文出版社，2002 年，44 页。
[9] 安溪县文化馆：《福建安溪古窑址调查》，《文物》1977 年第 7 期。

者对珠塔村内窑进行了重点调查，内窑的烧造规模较大，产品以青花瓷为主，还有少量白瓷，器形有碗、盘、碟，还见有青花瓷板，时代在明末清初[1]。

德化地区明代窑址的青花瓷生产没有形成规模，入清后才大多以青花瓷为主，也成就了德化窑的另一个生产高峰。

3.闽南漳州地区

漳州地区的窑址调查工作起步相对较晚，但窑址考古工作开展得最为深入和全面。20世纪80年代以来，福建各级文物考古工作者先后多次到漳州市辖的漳浦县、华安县、南靖县、平和县进行考古调查，而且多为针对性较强的窑址调查，获取了相当丰富的资料，基本摸清了漳州地区明代青花瓷的生产情况，逐渐形成"漳州窑"的概念。1982年，考古工作者在漳浦县发现坪水窑址，主要生产青花瓷，器形有碗、盘、洗、炉、器盖，采用叠烧工艺进行烧造，时代为明代中期到明代晚期，据当地传说其瓷器生产与广东饶平有一定关联[2]；1990年，对华安县的下东溪头窑进行调查，其中第五地点主要烧造青花瓷，器形以碗、碟为主，青花发色浓艳，纹饰题材较多，多见人物、花卉、山水、麒麟等题材以及"福""寿""德"等文字，时代在明代中期[3]；同年对平和县南胜、五寨两地的窑仔山、垅仔山、巷口山等三处古窑址进行了专题调查，主要生产青花瓷，器形以碗、盘、碟为主，时代在明万历时期至明末清初，其中青花开光大盘标本的发现尤为重要，青花纹饰多见凤凰牡丹、荷塘水禽等题材，器物底足普遍粘沙[4]；1993年又对上述窑址进行复查并扩充至10个地点，也同样采集到青花开光大盘和青花小碟等标本，时代为明末清初[5]；1992年，再次对东溪中游至下东溪头及其支流虾形溪一带进行调查，发现了一批窑炉和作坊遗迹，其中Y1、Y10时代为明末至清早期，主要烧造青花瓷，器形有碗、盘、碟、盏、笔筒等，该地区制瓷工艺较为发达，胎体细腻坚致，釉面光亮，青花纹饰题材丰富，多见山石玉兔、花卉、人物及山水

---

[1]厦门大学历史系考古专业、福建博物院、安溪县博物馆：《2018年安溪珠塔内窑调查报告》，《福建文博》2018年第3期。

[2]福建省博物馆：《福建漳浦县古窑址调察》，《考古》1987年第2期。

[3]林焘、叶文程、唐杏煌、罗立华：《福建华安下东溪头窑址调查简报》，《东南文化》1993年第1期。

[4]福建省博物馆考古部、平和县博物馆：《平和县明末清初青花瓷窑址调查》，《福建文博》1993年第1、2期合刊。

[5]福建省博物馆、平和县博物馆：《福建平和县南胜、五寨古窑址1993年度调查简报》，《福建文博》1995年第1期。

题材[1]。

　　随后，考古工作者在漳州地区展开了范围更广的窑址调查、勘探工作，进一步揭示了该地区明代青花瓷面貌。1999 年，福建省考古工作者对华安县永丰溪及其支流的窑址进行调查，Y1、Y3 为明末至清中晚期，Y4 为明末清初，采集瓷器标本数量巨大，造型丰富，产品以青花瓷为主，器形有碗、杯、盏、盘、碟、炉、瓶、笔架、盖盒、执壶等，人物、仕女、荷花鹭鸶等纹饰题材都体现了明末清初的特征[2]；与广东的饶平、大埔相邻的诏安县在秀篆、朱厝、官陂等地也发现有明代窑址，产品均为青花瓷，器形有碗、盘、碟、盒及开光大盘残片，时代在明末清初，其中秀篆窑址青花瓷胎白细密，胎体较薄，釉色莹亮，产品质量较高[3]；受到周边华安、南靖等地影响，漳州西北的龙岩地区也开始生产青花瓷，如漳平永福窑上南埔窑址、上窑盂窑址，产品以碗、盘等日用器皿为主，制作工艺与周边其他明代青花瓷窑址比较接近，时代在明代晚期至清代中期[4]。

　　随着陶瓷考古事业的不断发展和深化，在多年调查工作的基础之上，考古工作者对重点窑址进行了抢救性发掘，获取了更全面深入的研究资料。1994 年先后发掘南胜花仔楼碗窑山窑址，五寨新塘村大垅、二垅窑址，揭露了窑炉 5 座，作坊遗迹 1 处，确认了平和地区窑址的窑炉结构为 2 至 3 间窑室构成的阶级窑，这种形制的窑炉多流行于福建地区。三处窑址出土了大量瓷器，以青花瓷为主，器形有盘（彩版一，1）、碗、碟、盒、罐等，均使用"M"形匣钵装烧，特别是开光大盘的大量出土，为国外遗址出土物找到了产地，也确认了此处为"汕头器"的产地之一[5]。这次大规模的抢救性发掘全面揭示了漳州地区瓷器生产技术、产品类型与特征等诸多方面情况，为系统研究漳州地区青花瓷器提供了更全面的资料。

　　1998 年，考古工作者对五寨洞口窑址的两处地点窑山窑址、陂沟窑址进行了发掘，陂沟窑址发现窑炉 2 座，均为阶级窑。两处窑址出土器物以青花瓷为主，器形以尺寸不一的盖盒为特色，还有盘、碟（彩版二，3）、碗、盖碗（彩版一，4）、盒（彩版二，1）、盖罐、小口罐（彩版一，3）、瓶（彩

[1] 栗建安：《东溪窑调查纪略》，《福建文博》1993 年第 1、2 期合刊。
[2] 福建省博物馆、漳州市博物馆：《华安东溪窑 1999 年度调查》，《福建文博》2001 年第 2 期。
[3] 福建省博物馆：《漳州窑——福建漳州地区明清窑址调查发掘报告之一》，福建人民出版社，1997 年，16~21 页。
[4] 郑辉：《漳平永福窑调查》，《福建文博》2002 年第 1 期；福建博物院、龙岩市文化与旅游局、漳平市博物馆：《福建漳平永福 2018 年调查简报》，《福建文博》2019 年第 3 期。
[5] 福建省博物馆：《漳州窑——福建漳州地区明清窑址调查发掘报告之一》，福建人民出版社，1997 年，30~94 页。

版二，4）、炉（彩版一，2）等，使用直筒形匣钵和"M"形匣钵，时代为明代晚期至明代末期[1]。同时，还调查了平和县官峰的下楼乾、碗窑埔、柿仔下、下官峰窑址，产品以青花碗、盘、碟为主，少量白釉和红绿彩瓷，时代为明末至清康熙时期，应该比南胜、五寨窑址兴起更晚[2]。

2007 年，考古工作者对东溪马饭坑、下洋坑窑址进行了抢救性发掘，共清理窑炉遗迹 4 座，均为多个窑室的横室阶级窑，出土器物以青花瓷为主，器形多为日用生活器皿，陈设较少，见有碗、盘、器盖等，使用"M"形匣钵装烧，窑址时代为明代晚期至清代早中期[3]。2015 年又对封门坑窑址开展抢救性发掘，揭露有相互叠压打破关系的窑炉遗迹 4 座，Y3、Y2 为明代晚期至清代中期，均为多个窑室的横室阶级窑，使用平底和"M"形两种匣钵装烧，产品以青花瓷为主，兼烧白釉、青釉，器形以日用生活器为主，还发现有作坊遗迹和居住遗址[4]。2016 年，考古工作者对东溪扫帚石窑址进行考古调查勘探，发现了窑炉遗迹 2 座，作坊遗址以及居住遗址，窑炉形制为阶级龙窑，填补了福建地区龙窑系统的空白，采集明晚期至明末清初时期的器物主要是青花瓷，以碗、盏为主，产品内涵与封门坑窑址比较接近[5]。

4. 广东、香港地区

粤东地区的窑址调查工作开展较早，20 世纪 50 年代，考古工作者最先在博罗县角洞村发现明代窑址，随即又在揭阳县发现岭下山窑址，两处窑址均生产青花瓷[6]，器形有碗、碟、杯、瓶，以碗为大宗，釉色有白釉、青白釉、灰釉，青花发色蓝灰。碗内多数有文字，见有"福""禄""寿""中""上""正""和""信""佳""玉""仁""魁""元"等，还见有"雨香斋""大明成化年制"款识。这两处窑址的烧造工艺更加精细，采用匣钵装烧，发掘者认为年代在明代中晚期，与传世的明代潮州青花属于不同体系。

20 世纪 80 年代，广东考古工作者开始对传世"潮州"青花的产地进行调查，在饶平县九村发现了数处明代窑址，其中郑屋坷、顶竹坪、三斗坑、

[1] 福建省博物馆：《平和五寨洞口窑址的发掘》，《福建文博》1998 年增刊。
[2] 平和县博物馆：《平和官峰窑址调查报告》，《福建文博》1998 年增刊。
[3] 福建博物院、华安县博物馆：《华安东溪窑 2007 年发掘简报》，《福建文博》2016 年第 2 期。
[4] 福建博物院、南靖县文物保护中心：《南靖县东溪窑封门坑窑址 2015 年发掘简报》，《福建文博》2015 年第 3 期。
[5] 林艺谋著：《华安东溪窑史话》，福建人民出版社，2016 年，196~221 页。
[6] 曾广亿：《广东博罗、揭阳、澄迈古瓷窑调查》，《文物》1965 年第 2 期。

老窑坷和铁寮坑等处窑址时代约在明代嘉靖时期至明末，主要生产青花瓷，产品质量较高，器形有盘、碗、碟，胎体洁白坚致，釉色微青，釉面光亮润泽，青花呈色较深，纹饰以诗句、人物、花鸟题材为主。制瓷工艺较精细，采用匣钵单件装烧，器物底足有粘沙现象[1]。饶平的瓷业生产还影响了与之相邻的大埔地区窑场的青花瓷生产，时代为明末清初[2]。饶平与福建毗邻，其青花瓷风格及工艺、发展轨迹均与福建安溪、德化等地关系密切。

1995 年，在多年考古调查的基础之上，考古工作者再次对位于香港大埔的碗窑青花窑址进行了调查，获得相当丰富资料，包括有窑炉、淘洗池、晾坯台等相关作坊遗迹，器形有碗、杯、盅、盘、碟、壶、军持、盖罐、香炉、灯盏、烛台、砚、烟斗等，以碗为大宗。青花瓷产品分为粗、细两种，纹饰题材也是明末清初较为流行的植物、动物、人物及文字题记等，特别是"崇祯十五年造"碗心的发现，为香港地区青花瓷研究提供了分期依据，其产品风格与福建闽南地区及广东潮汕地区的青花瓷具有共同的时代特征[3]。

2012 年，考古工作者在粤东北的河源新回龙镇发现碗窑坪青花窑址，产品以碗、碟、罐、瓶为主，纹饰有卍字、寿字等，胎体较粗较厚，釉色青灰，青花发色较暗，质量较差，属于地方性小规模窑址，时代为明至清初[4]。

经过几十年的调查和积累，福建、广东地区明代青花瓷生产情况逐渐明朗，两地青花瓷器具有相似的面貌，相互影响和关联性极强。系统性的考古调查和科学的窑址考古发掘为福建、广东地区的青花瓷生产提供了更多层次的研究资料，不仅确认了闽粤两地明代青花瓷的生产区域，还进一步揭示了其生产技术、生产方式以及产品特点等方面情况，明确了两地青花瓷生产的关联，为两地明代青花瓷的整体研究提供了依据。

（二）工艺特点及产品特征

福建、广东地区的明代青花瓷风格虽然体现着共同的时代特征，但其

---

[1] 何纪生、彭如策、邱立诚：《广东饶平九村青花窑址调查记》，文物编辑委员会编：《中国古代窑址调查发掘报告集》，文物出版社，1984 年，155~161 页。
[2] 杨少祥：《广州大埔古瓷器生产初探》，《广东陶瓷》1985 年第 2 期。
[3] 商志䭇、吴伟鸿：《香港地区窑址和青花瓷的发现与研究》，《南方文物》1997 年第 2 期；周世荣著：《金石瓷币考古论丛》，岳麓书社，1998 年，140~146 页。
[4] 袁伟强：《河源市新回龙镇明代窑址考察及其工艺特点》，《客家文博》2013 年第 2 期。

制作工艺和产品特征也略有差别，可以按照不同工艺特点分别进行研究。

1. 匣钵装烧

匣钵多使用耐火黏土制作，胎体粗厚，耐高温并且具有一定的承重能力，是烧造高质量瓷器不可缺少的窑具。将瓷器置于匣钵内烧造，不仅可以使瓷器受热均匀，还可以免于烟火直接接触造成釉面侵蚀。

明代福建、广东地区的青花瓷窑址广泛使用匣钵装烧，目前刊布的资料中有广东东部的饶平九村窑址，大埔井背山、陶溪下窑、陶溪上窑、板坑、水尾林场窑址，博罗角洞山窑址，揭阳岭下山窑址；福建南部漳州平和县窑仔山（碗窑山）、垅仔山（狗头山）、巷口山（东坑山）、大垅、二垅、洞口窑山、洞口陂沟窑址，华安县东溪虾形溪水尾、永丰溪、下东溪头封门坑、马饭坑、下洋坑窑址，漳浦县坪水窑址，诏安县朱厝窑址；福建中南部安溪珠塔内窑，漳平上南埔窑址、上窑盂窑址；香港大埔的碗窑窑址等。这些窑址所使用的匣钵多采用质地疏松的夹砂陶制成，内夹杂有颗粒较大的砂粒，有的外壁局部有褐色自然釉，多数因入窑焙烧受火面呈褐色，形制以剖面为"M"形居多，还有直筒形平底匣钵。两种形制匣钵分别装烧不同器形的产品，"M"形匣钵装烧碗、盘、碟等器物，根据器物的尺寸匣钵也大小不一；直筒形平底匣钵装烧盒、罐、盖等小件器物。

匣钵装烧有两种形式，分别为匣钵单件装烧和匣钵多件叠烧，除广东饶平九村窑址只见有匣钵单件装烧以外，多数窑址都是两种形式共同使用。

匣钵单件装烧往往是一匣一器，底部垫一层砂子为间隔物，防止匣钵与瓷器在高温烧造过程中粘连。单件装烧产品往往全器内外满釉，圈足内露胎或者足沿露胎，器足常常粘砂而成为所谓"砂足器"，底足粘砂的情况普遍存在于福建、广东一带的青花瓷窑场产品中。单件装烧的器物主要有大盘、大碗、大口罐、盖罐、盒、双耳瓶、三足炉、笔筒等，大件器物釉层厚薄不匀。碗、碟类器物一般圈足内留有乳突状鼓起或旋切痕，有的内底心稍稍鼓起，圈足内既有露胎也有施釉的器物，但足端刮釉露胎。

匣钵多件叠烧是一件匣钵内烧造多件器物，为了提高产量和配合窑位叠放方式也各不相同。华安、南靖两县交界的东溪窑址常见器物大小相套叠或者大器中放小器物的方式进行叠烧，这样大幅提升了窑炉的装烧量[1]；漳浦县坪水窑使用"M"形匣钵，每件匣钵内叠烧青花碗2件，

---

[1] 栗建安：《东溪窑调查纪略》，《福建文博》1993年第1、2期合刊。

上面的碗全器满釉，圈足无釉，下面的碗心出现一道涩圈[1]；安溪县珠塔内窑也采用"M"形匣钵一匣两器的装烧方法，上面器物满釉，下面的器物内底出现涩圈[2]；华安县马饭坑、下洋坑窑址还采用一匣两至三器叠烧的方法，进一步提高产量，以细砂作为器物之间的支垫间隔物，器底或者圈足呈现"砂足"的特征[3]；平和县洞口窑山窑址以平底直筒形匣钵为主，因其主要产品为盖盒、罐，一件匣钵中可以一次性装烧7件器物，其中5件为带盖圆形盒，2件为小口罐，小件罐多置放于大件器物的缝隙间，多以平底器放置匣钵最下面，因此只有部分盘、罐器物呈现"砂足"特征[4]。多件叠烧器物大多为碗、碟、盒、罐等小件产品，也有盆等大件器物作为匣钵叠烧底端产品，产量较大，需求较多。碗、碟类叠烧产品最典型的特征就是器物内底刮釉露胎一周，形成"涩圈"，当然处于匣钵最上面一件也呈现全器满釉的特征。这类器物的质地和工艺更加粗糙，青花绘画也都很简单随意，彰显民窑青花瓷器粗犷豪放的风格。

无论是采用匣钵单件装烧还是匣钵多件叠烧工艺，福建、广东地区明代青花瓷窑址产品都体现了共同的时代风格。广东东部的饶平、大埔和与之毗邻的福建诏安县秀篆窑址生产青花瓷质量较高，白胎细密，胎体较薄，釉色多呈灰白色，釉面莹亮，青花色调多为灰蓝色，少部分呈蓝黑色，器形以碗、盘、碟、盒为主，陈设器皿较少，器底普遍粘砂[5]。

福建南部漳州平和、华安、南靖县，中南部安溪、漳平县等地窑址生产的青花瓷多数胎体灰白，胎质较为致密，也有的稍显疏松，有肉眼可见的气孔，釉层略显稀薄，釉色白中泛灰、泛青或呈青灰、黄灰等色，大多清亮润泽，青花呈色不够艳丽，多呈蓝灰、蓝黑和深蓝。这其中安溪珠塔内窑、华安县东溪窑青花瓷产品质量略高，胎质白而薄，质地细腻坚硬，火候高，胎釉烧结好，釉色多白中泛青，釉面明亮莹润[6]。

两地青花瓷器产品器形相当丰富，除了日用器皿敞口大盘、菱花口大

[1] 福建省博物馆：《福建漳浦县古窑址调查》，《考古》1987年第2期。

[2] 厦门大学历史系考古专业、福建博物院、安溪县博物馆：《2018年安溪珠塔内窑调查报告》，《福建文博》2018年第3期。

[3] 福建博物院、华安县博物馆：《华安东溪窑2007年发掘简报》，《福建文博》2016年第2期。

[4] 福建省博物馆：《平和五寨洞口窑址的发掘》，《福建文博》1998年增刊。

[5] 福建省博物馆：《漳州窑——福建漳州地区明清窑址调查发掘报告之一》，福建人民出版社，1997年，16~17页；何纪生、彭如策、邱立诚：《广东饶平九村青花窑址调查记》，文物编辑委员会编：《中国古代窑址调查发掘报告集》，文物出版社，1984年，155~161页。

[6] 厦门大学历史系考古专业、福建博物院、安溪县博物馆：《2018年安溪珠塔内窑调查报告》，《福建文博》2018年第3期；栗建安：《东溪窑调查纪略》，《福建文博》1993年第1、2期合刊。

盘、敞口盘（彩版三，3）、敛口盘、敞口碗（彩版四，1）、侈口碗、敞口碟、侈口碟、方形碟、敞口盏、撇口盅、钵（彩版二，2），小口罐（彩版四，2）、大口罐、盖罐等，还有大量扁圆形盒、八方形盒、六方形盒以及陈设器皿双耳瓶、玉壶春瓶（彩版三，2）、扁式三足炉、筒式三足炉、笔筒等，器底普遍粘砂，瓶为分段烧造，连接多不牢固。青花纹饰题材丰富，有花卉、人物、动物、植物等题材，纹样组合形态各异，大多数模仿景德镇青花瓷器。

2. 明火裸烧

这种烧造工艺水平比较底下，主要是指不使用匣钵装烧，而将器物置入窑中明火烧造，使得青花瓷釉面不够洁白光亮。这类青花瓷窑址大多为地方性窑场，规模不大，多数仅为了满足当地生活所需。从目前刊布的资料来看，主要集中在福建北部地区，有政和县长城村窑址，崇安县主树垅、老鹰山、郭前窑址，屏南县前院窑址，浦城县碗窑村窑址中所采集的窑具中均未见匣钵，当为明火裸烧而成。

青花瓷器形以碗、盏、盅、烛台等小件日用器皿为主，多为日常生活所用器具。大多数产品胎体厚重，质地坚硬，胎色灰白，掺杂有细小颗粒。釉呈灰青色、青褐色、淡青色，光泽度差，釉面不匀，有的器物还施釉不及底或半釉。青花发色灰暗，呈淡蓝、淡墨或褐色，纹样稀疏简单。器物多有露胎叠烧痕迹，总体给人以粗犷草逸之感。

二、云南及川西南地区产品

云南及川西南地区在明代初期曾一度均属云南布政司，川西南地区设有建昌卫，但不久即划归四川[1]。云南地区的明代青花瓷窑址分布于明代云南布政司云南府、临安府、大理府的管辖之下[2]。川西南的凉山地区与云南接壤，虽于明代分属不同的行政规划，但两地的青花瓷面貌比较接近，渊源颇深。

（一）窑址考古资料

1. 玉溪地区

云南地区的窑址调查肇始于20世纪60年代，葛季芳先生在玉溪市瓦窑村附近发现三座古窑，当地群众称之为"平窑""上窑""古窑"，这

---

［1］［清］张廷玉等撰：《明史》，卷四十三，志第一九，中华书局，1974 年，1049~1053 页。

［2］［清］张廷玉等撰：《明史》，卷四十六，志第二十二，中华书局，1974 年，1171~1197 页。

次调查没有提及青花瓷，均为青釉瓷，釉色有豆青、影青两种，器形有碗、盘、杯和平足碟等，纹饰主要是印花和划花[1]。1976 年，葛氏再次调查玉溪窑址，因公路建设平窑、上窑已遭严重破坏，古窑窑址全部暴露出来，采集到青釉瓷和青花瓷，青釉瓷多是实用的杯、盘、碗、钵，纹饰有刻花和印花；青花瓷以碗、盘为主，有印花青花和素胎青花两种，青花纹饰熟练而简朴，见有鱼纹和花果等。根据相互叠压关系及同时期火葬墓发掘情况，青釉印花瓷应为元代，青花瓷稍晚，不晚于明代[2]。1986 年，云南省文物部门对玉溪瓦窑村三号窑进行了发掘，这也是云南地区唯一经过科学发掘的窑址，窑址出土了大量青花瓷器和青釉器，器形仍以碗、盘为主，还有盘口壶、罐、玉壶春瓶残片，青花纹样丰富，见有鱼藻、凤纹、花卉纹、龟背锦、结带宝杵、山水楼阁等，青釉瓷主要采用模印、剔刻等方式装饰花卉纹，还常见圈足内有墨书文字，发掘者根据青花"月华锦"和"鲵鱼"等纹饰的时代风格，认为该窑时代上限可至元至正晚期，下限可定在永乐、宣德时期[3]。

2000 年，玉溪文物工作者又在易门县的上浦贝村和下浦贝村发现青花窑址，分别为李忠碗窑和上浦贝窑，当地传说李忠碗窑为李自成部下李忠所创建。两处窑址揭示了玉溪窑晚期的延续，时代为明至清初，主要烧制青花瓷、青釉瓷、酱釉瓷等，以碗、盘、罐为主，其中上浦贝窑的"元"字碗、简易牡丹纹时代略早，与玉溪瓦窑村窑址时代接近，应为明代。莲纹、古钱纹、小鸟纹等图案题材玉溪瓦窑村窑址均未见[4]。

2. 建水地区

20 世纪 80 年代，建水地区的窑址调查工作也逐渐展开，其元明时期的窑址主要有旧窑、湖广窑、袁家窑、高堆窑和洪家窑。旧窑以青釉为主，洪家窑下层以青釉为主，上层以青花为主，湖广窑和高堆窑青釉、青花兼有，袁家窑以青花为主。青釉瓷主要有碗、盘、碟、杯等，纹饰有印花和划花，素面器物造型较小；青花瓷主要有碗、盘、瓶、罐等，青花纹样十分丰富，有各类花卉纹、喜鹊登梅、山水楼阁、蕉石、莲瓣、水涡、鱼藻、斜方格纹等。旧窑出土的青花"元"字款折腰盘，袁家窑出土的青花瓶残

［1］葛季芳：《云南玉溪发现古瓷窑址》，《考古》1962 年第 2 期。
［2］葛季芳、李永衡：《云南玉溪古窑遗址调查》，《考古》1980 年第 3 期。
［3］苏伏涛：《云南玉溪元末明初初龙窑的发掘》，《考古》1987 年第 8 期；云南省文物考古研究所、玉溪市红塔区文物管理所：《玉溪窑综合勘查报告》，《文物》2001 年第 4 期。
［4］陈泰敏、王溢：《易门两处青花瓷窑址调查》，《云南文物》2002 年（第 56 期）。

件引起了较多关注[1]。

3. 禄丰地区

20 世纪 80 年代，考古工作者在禄丰地区发现了两处元明时期窑址，分别为白龙井窑和罗川窑，见有青花瓷、青釉瓷、窑变釉，器形以碗、盘、钵为主，青花纹饰以花卉植物和几何纹为主，也有少量文字符号。报告根据器物特征和制作工艺等判断，认为禄丰两处窑址上限是元代中晚期，下限为明初[2]。

4. 大理地区

2003 年，考古工作者在大理凤仪一带发现古窑址，陶、瓷并用一窑，见有青花瓷、青釉瓷和极少釉上褐彩瓷，主要器形有碗、盘、罐、钵、盏、玉壶春瓶、盘口瓶等，纹饰多为简易的花卉纹和植物纹，青釉瓷还见有堆塑纹饰，模印"大明年造"款等。发掘者根据凤仪地区火葬墓出土瓷器情况比对，认为该窑的时代为明代早期偏晚至明代晚期[3]。

5. 川西南凉山地区

四川地区的明代青花瓷窑也是在 20 世纪 80 年代先后发现，集中在川西南凉山地区。昭觉县碗厂明代窑址，器形以碗为主，还有杯、盘、罐等日用器皿，兼烧素白、褐釉器，青花绘画简朴[4]；会理县明代窑址，位于县城陶厂，窑业堆积面积较大，烧造可延续至清末民国，其明代产品主要有青花和釉下黑花，而且青花瓷器风格与云南玉溪窑有一定渊源[5]。

（二）工艺特点及产品特征

云南及川西南地区所生产的青花瓷制瓷原料多为就地取材，尤其云南为钴料产地，但因其烧瓷所用钴料未经淘洗和筛选，故而呈色多偏蓝黑

---

[1] 葛季芳：《云南建水窑的调查和分析》，《考古》1987 年第 1 期；张建农：《云南省建水县碗窑村古窑址调查》，《考古》1991 年第 8 期。

[2] 李康颖：《云南禄丰发现元明瓷窑》，《考古》1989 年第 9 期；葛季芳：《云南禄丰县元代罗川窑和白龙窑》，《考古》1990 年第 8 期。

[3] 段进明：《凤仪狮岗大理窑调查勘探报告》，中国古陶瓷学会编：《中国古陶瓷研究》第十三辑，紫禁城出版社，2007 年，147~164 页。

[4] 唐昌朴：《凉山州古陶瓷窑址考察纪略》，《四川古陶瓷研究》编辑部编：《四川古陶瓷研究（二）》，四川省社会科学院出版社，1984 年，195~196 页。

[5] 魏达议、罗康遥、吴时敏：《论会理元代青花瓷窑》，《四川古陶瓷研究》编辑部编：《四川古陶瓷研究（二）》，四川省社会科学院出版社，211~218 页；何霞：《四川会理古陶瓷窑口归属的分析》，《艺术理论》2008 年第 8 期。

色。制作工艺分为匣钵单件装烧和支钉、垫圈多件叠烧。禄丰白龙井窑
还发现在胎上使用一层白色化妆土，用以改善胎釉的呈色，衬托青花的
色彩[1]。

　　根据窑址调查和发掘资料，玉溪和建水地区窑场的烧造工艺基本相
同，碗盘置匣钵内叠烧，内底用 5~9 粒支钉相隔，最下面的器物用垫圈，
作饼形实心足，上面皆为圈足，器心内则有数量不等的支钉凹痕，多伤釉
露胎。另外一种烧造方法是不用匣钵，用上述方法叠放，置于圆形高圈足
平台器上入窑烧成。罐、壶等大件器物未发现装烧的匣钵，说明其仅置于
器托上烧制，垫沙或支钉，底部极不平整。禄丰白龙井窑则均不使用匣钵，
以支钉或泥条垫作器物之间的间隔物入窑叠烧。总体来说，青花瓷从胎釉
制作、器物成型，烧造工艺等方面来看均较为原始和粗糙。

　　青花瓷产品工艺特征较为突出，器内外底多有支钉痕迹，器物共同
特点是胎体厚重，胎色青灰、深灰，少数为灰白色，胎质较坚硬，质地
较粗，多杂细砂石及气孔。釉色灰青、青中泛绿或青中泛黄，釉面光亮
明洁，普遍有细碎开片，玻璃质感强，釉内布满小气泡。青花呈色不够
稳定，色暗灰青，呈蓝色、蓝黑色，色调浓重浑厚、凝滞枯涩，并且有
晕散现象。

　　云南及川西南地区的青花瓷器形以碗、盘为主，还有罐、钵、盏、玉
壶春瓶、盘口壶等，有印花青花和素胎青花两种，纹饰题材较为丰富。云
南地区的明代墓葬和遗址中也大量出土青花瓷器，以不同形制的罐（彩版
八，彩版一〇，彩版一一）及玉壶春瓶（彩版九，1）最具特色，还见有梅瓶、
长颈撇口瓶（彩版一二，2、3）、执壶等器物随葬，器形均与景德镇青花
瓷相仿。碗、盘类器物为窑址大宗产品，直口碗（彩版九，3）、敛口碗、
折沿盘（彩版九，4）比较多见，火葬墓中还用于葬具的器盖使用，杯、
碟比较少见，内壁一般施满釉，外壁施釉不及底，底心不施釉，实心足和
圈足底心有乳突点，圈足为砂底，有旋坯纹。罐、瓶内壁不施釉。青花纹
饰题材大多取材于景德镇青花，如缠枝花卉、开光人物故事、开光花鸟、
凤穿花、狮子绣球、鱼藻纹、团菊纹、折枝花、莲瓣纹、水波纹、龟背纹、
池塘小景等，其中鱼藻纹和狮子绣球最流行，但绘画和纹饰布局方式极具
地域特色。

---

[1] 李康颖：《云南禄丰发现元明瓷窑》，《考古》1989 年第 9 期；葛季芳：《云南禄丰县元代罗
　　川窑和白龙窑》，《考古》1990 年第 8 期。

三、江西地区产品

（一）窑址考古资料

景德镇以外的江西地区也有不少明代窑址发现，但其分布比较零散，青花瓷器风格迥异。江西地区的行政规划基本沿袭明代，青花窑址分属赣州府、广信府、吉安府管辖之下[1]。

1. 赣东南地区

20世纪80年代，考古工作者在赣县上碗棚和碗窑街附近发现窑业堆积，生产黑釉、青釉、黄绿釉、白釉和青花等，窑炉为长条形龙窑，窑内有斜坡式台阶，其上以陶垫或瓷垫相隔烧造瓷器，未见有匣钵，器形有壶、炉、碗、碟、杯、盏、豆、灯、器盖、擂钵等[2]。赣南的安远、寻乌桂竹帽、全南大庄等地也发现有明代青花窑址，主要生产小型的日用瓷，其中安远的几处窑址均为龙窑，使用垫柱和垫饼相隔叠烧瓷器，未见有匣钵，器形有碗、钵、盘、碟、灯盏、砚、壶等，胎色灰白，釉色呈灰青、青褐及淡青色，釉面不匀，青花纹饰有文字"福""寿"、太极八卦、水草、梅花、云纹等，绘画潦草粗犷[3]。江西东部的广昌地区调查发现有16座明代青花瓷窑址，时代从明代初期到明代中晚期，窑炉均为4至6室的阶级窑，器形有碗、杯、盘、碟、罐、壶、灯盏、筒形灯具等，胎体厚重，釉面不匀较细润，青花纹饰有云纹、菊花纹、松竹纹及吉祥文字，还发现了"辛丑年制""甲辰岁桂月早"等款识[4]。20世纪90年代，铅山县五里峰发现明代中期窑址，主要烧造青白釉、青花瓷器，窑具有匣钵、垫饼、垫柱等，胎质较细，釉色青白乳浊，釉面光润，光泽度好，器形有壶、罐、碗、杯、碟等，青花纹饰有菊花、牡丹、兰草等花卉纹和吉祥文字[5]。

2. 赣中地区

1990年，考古工作者为配合铁路工程建设在吉安发掘临江窑遗址，属于吉州窑系统，窑炉为马蹄形炉，自宋代沿用至明代，还有操作规范、布局合理的作坊遗迹，出土明代遗物有青灰釉、仿龙泉青釉、白釉、青花

［1］［清］张廷玉等撰：《明史》，卷四十三，志第一九，中华书局，1974年，1053~1067页。

［2］薛翘、罗星：《明代江西赣县瓷窑及其外销琉球产品的调查纪略》，《景德镇陶瓷》1983年第1期。

［3］欧阳意：《安远县发现明代青花瓷窑》，《江西历史文物》1984年第2期；童有庆、黄承焜、薛翘：《赣南文物考古工作概述》，《江西历史文物》1984年第2期。

［4］姚澄清：《广昌发现的明代青花瓷窑》，《江西历史文物》1985年第2期。

［5］王立斌：《江西铅山五里峰窑址调查》，《南方文物》1999年第4期。

瓷器，前两者延续元代的生产，白釉和青花为明代代表性瓷器品种。青花器形有碗、盘、碟、杯、高足杯和香炉，胎质细白，釉层薄润，多数器物全器满釉仅足沿露胎。青花纹饰题材相当丰富，有梅花、龟背、缠枝莲捧寿字、松竹梅、金刚宝杵、树石栏杆、海螺、云鹤如意、荷池水禽、芦苇飞禽、喜鹊登枝、奔马、云龙、狮子绣球、四季团花、博古、婴戏、山林逸士、仲秋夜读、携琴访友等，还有吉祥文字及"大明年造""宣德年造""隆庆年造"等款识，时代自明宣德至崇祯，终烧于明代晚期[1]。

考古工作者还在吉州窑窑址发现粘有匣钵的青花瓷残器，并认为吉州窑在元初衰落以后，在明代中期一度小规模的短期生产青花瓷[2]。无独有偶，萍乡市南坑宋元时期窑址也在表层堆积中发现了明代中晚期青花瓷器，其在明代也有短期烧造[3]。

（二）工艺特点及产品特征

赣南安远县碗窑下、杨梅溪、晒禾坪、架子背窑址，赣县新湖的上碗棚、碗窑街窑址毗邻广东东北部的梅州、河源及福建南部的漳州，赣东的广昌诸窑址与福建西北部的三明接壤，铅山县五里峰窑址与福建北部武夷山市交界，位于武夷山北麓，因此赣东南的明代窑业面貌与广东、福建地区更为接近。广昌诸窑址窑炉均为阶级窑，明显受到福建地区影响。安远、赣县窑址均不使用匣钵装烧，烧造工艺质朴，与闽北的明代青花窑址工艺类似。

赣东南青花瓷窑址的器形以碗、钵、盏、杯、碟、盘等小件日用器皿为主，也有炉、壶、罐、灯盏、砚台、烛台、灯具等，共同特征是胎体厚重，质地坚硬，胎色灰白，釉色多泛青灰、淡青、青褐色，釉面不匀，有乳浊质感，青花色泽灰暗，青花纹样简朴随意，喜用吉祥用语。器物多有露胎叠烧痕迹，广昌诸窑址出土的碗圈足中心常有乳钉状突起，内底刮釉露胎，有涩圈一周[4]，这种工艺特征与漳州地区青花瓷风格接近。虽然制瓷工艺受到福建地区影响，但赣东南青花瓷窑址的器形极具地方特色，如"福寿"壶，壶的腹部用青花料对称书写"福""寿"二字，安远窑址

[1] 江西省文物考古研究所、吉安地区文物研究所、吉安市博物馆：《江西吉安市临江窑遗址》，《考古学报》1995 年第 2 期。
[2] 陈柏泉：《吉州窑烧瓷历史初探》，《江西历史文物》1982 年第 3 期。
[3] 陈定荣：《萍乡南坑古窑调查》，《江西历史文物》1983 年第 1 期；江西省文物工作队：《江西萍乡南坑古窑调查》，《考古》1984 年第 3 期。
[4] 姚澄清：《广昌发现的明代青花瓷窑》，《江西历史文物》1985 年第 2 期。

所见于"福寿"二字间装饰荷花纹样[1]；广昌窑址所见为对称"福、喜"二字，并于肩部装饰云肩和双鱼水草纹[2]；铅山窑址也出土福寿壶[3]，这类器物充分彰显了该地区窑址的民窑特性和地方的淳朴民风。

　　赣中地区窑址从工艺特点和产品特征来看明显受到明代景德镇青花瓷的影响。吉州窑自身拥有悠久的制瓷历史和制瓷传统，瓷业生产和工艺技术相当发达，入明以后受到景德镇青花瓷器的影响也开始生产精细白瓷和青花瓷，造型及纹饰均与景德镇民窑产品一致，器物大多胎质细腻，釉层肥厚莹润，全器满釉仅足沿露胎，青花色泽浓艳，可与景德镇市区民窑所生产的白胎细瓷媲美[4]。

四、其他地区产品

（一）窑址考古资料

1. 浙江西部地区

　　浙江西部与江西东北部的景德镇、上饶市交界，宋元时期受到江西瓷业的影响生产青白釉瓷器，明代也开始烧造青花瓷。青花瓷窑址均属明代浙江布政司衢州府及处州府的管辖之下[5]，具体窑址的地理位置比较接近。衢州的江山三卿口、碗窑，开化县龙坦村，丽水的松阳县都发现有明代青花瓷窑址，多数为调查资料。如江山峡口镇窑岭村碓顶窑址，器形有碗、盆、碟、杯等，质地粗糙，胎色灰白，釉色淡灰，青花泛褐色，青花纹饰主要为花草纹[6]；开化县龙坦村窑址，规模较大，产品丰富，以青花瓷为主，还有白釉、青釉、褐釉青花等，器形有碗、盘、筒式炉、盏、把杯、钵、瓶等，胎致密洁白，釉色呈白、青白、褐等色，使用匣钵多件叠烧，有些器物带有元代特征[7]；松阳县碗寮村窑址产品以碗为大宗，还有碟、盏、罐、瓶等，胎质灰白，釉色青白，青花发色灰暗，多为花卉图案，质

[1] 欧阳意：《安远县发现明代青花瓷窑》，《江西历史文物》1984 年第 2 期。

[2] 姚澄清：《广昌发现的明代青花瓷窑》，《江西历史文物》1985 年第 2 期。

[3] 王立斌：《江西铅山五里峰窑址调查》，《南方文物》1999 年第 4 期。

[4] 江西省文物考古研究所、吉安地区文物研究所、吉安市博物馆：《江西吉安市临江窑遗址》，《考古学报》1995 年第 2 期。

[5] ［清］张廷玉等撰：《明史》，卷四十四，志第二十，1101~1115 页，中华书局，1974 年。

[6] 姜江来：《江山古窑址调查》，《东方博物》2006 年第 3 期。

[7] 陆苏君：《浙江开化龙坦窑址调查》，《考古》1995 年第 8 期；季志耀：《漫谈衢州古代瓷窑》，中国古陶瓷研究会、中国古外销陶瓷研究会编：《中国古陶瓷研究》第三辑，紫禁城出版社，1990 年，85 页。

量较差[1]。1992 年，考古工作者对江山碗窑进行了抢救性考古发掘，其中 Y10 桐籽山窑址为青花瓷窑址，未发现窑炉遗迹，对制瓷工场遗迹进行了发掘，青花瓷器形以碗、盅、盘、碟、炉、壶、罐等日用器皿为主，胎质较细，胎色浅灰，釉色淡青灰，时代为明末清初[2]。2017 年，考古工作者对开化龙坦窑址进行了考古发掘，获得了丰富的瓷器资料，除了之前调查发现的青花、白釉、青釉瓷以外，还发现有紫金釉、蓝釉瓷器，质量较高，青花纹样较多，并出土了"正德庚午年造"（1510）纪年文字的白釉花盆，但该窑址的发掘报告尚未正式刊布[3]。

2. 湖南、湖北地区

湖南、湖北地区发现有零星的明代青花瓷窑址，均属明代湖广布政司管辖，没有其他相关的窑业体系作为对比资料，造成研究资料比较零散。20 世纪 80 年代，考古工作者先后在湖南发现怀化龙井窑和益阳羊舞岭窑。前者位于梨子坡附近，瓷陶混烧窑址，窑炉前半部为阶级式，后半部为龙窑状，青花器形有碗、盏、盘、灯等，胎色洁白或白中泛灰，釉色白中微灰或白中泛黄，青花呈黑色、铁锈色，青花纹饰有花卉、灵芝、卷草、蝙蝠和吉语文字等[4]。后者窑场位于龙头嘴和碗盆山一带，青花瓷产品为碗、壶、罐等，胎色灰白或白色，釉色白中闪青或卵青色，青花纹饰有菊花、草叶、卷草和吉语文字，花纹简练，器物有早期青花特征，时代上限可达元代末期，明初以后延续生产[5]。近年来，考古工作者又对羊舞岭窑进行更加深入的调查，发现多处明代窑炉遗迹，产品仍为青花瓷，以碗为大宗，时代下限可至明代中晚期[6]。2009 年，考古工作者对醴陵沩山窑进行考古调查勘探，发现宋元、明清以及近现代不同时期的窑址 60 余处，改写了醴陵窑的烧造历史，明代窑址 4 处，其中皂荚坡窑址明末开始烧造，沿用至清代，窑炉为依山而建的阶级窑，器形有青花碗、盘、勺等，纹饰

[1] 宋子军、刘鼎：《松阳县的三处窑址》，《东方博物》2015 年第 1 期。
[2] 浙江省文物考古研究所、江山市博物馆：《江山碗窑窑址发掘报告》，浙江省文物考古研究所编：《浙江省文物考古研究所学刊》，长征出版社，1997 年，200~213 页。
[3] 谢西营：《开化县龙坦明代窑址》，中国考古学会编：《中国考古学年鉴 2018》，中国社会科学出版社，2020 年，247~248 页。
[4] 周世荣、冯玉辉、向开旺、张祖爱、唐先华：《湖南青瓷与青花古窑址调查报告》，《湖南考古辑刊》第 2 集，岳麓书社，1984 年。
[5] 益阳地区文物工作队、益阳县文化馆：《湖南益阳县羊午岭古窑址调查》，《考古》1983 年第 4 期；盛定国：《略谈湖南益阳发现的古瓷窑址》，《景德镇陶瓷》1984 年增刊（总 26 期）。
[6] 湖南省文物考古研究所、益阳市文物管理处：《湖南益阳羊舞岭窑址群调查报告》，《湖南考古辑刊》第 8 集，岳麓书社，2009 年。

有卷草、团菊、连枝花卉纹等[1]。

考古工作者还在湖北西部恩施周家河村多地发现了窑业遗存，均生产日用粗瓷，以青花瓷为主，还有青釉、酱釉、黄釉、青白釉。青花瓷器形有碗、碟、杯。胎色灰色，胎质粗糙，施白色化妆土，釉色泛青，施半釉，釉面有气泡和棕眼。青花纹饰有莲瓣、寿字、灵芝、石榴、梵文等，年代不晚于明代晚期，应为周边地区遗址出土粗瓷的产地之一[2]。

（二）工艺特点及产品特征

1. 浙江西部窑址产品

江山市的桐籽山窑址，松阳县的碗寮村窑址均使用明火叠烧方式烧造青花瓷器，未见有匣钵，只有浅碟式垫托、圆柱形支座等窑具作为间隔器。产品质量比较差，胎体厚重，胎色浅灰，釉层较薄，釉色青灰，釉面粗糙灰暗，内外壁均施半釉。青花发色呈青褐色，色泽灰暗，纹饰均以疏朗的花草、文字为主。

开化县龙坦村窑址产品质量略高，采用匣钵装烧，也采用多件叠烧以垫饼相隔的方式烧造碗、盘类器物，内底多刮釉一周，底足有火烧痕或粘砂。胎质洁白细腻，釉色纯正，但釉料多为当地取材，色较灰暗。青花纹样比较丰富，有花草树木、海水波浪、团花、鱼藻、莲荷、折枝花卉、蝴蝶纹及吉语文字，见有"白玉斋"款识。

2. 湖南、湖北窑址产品

湖南地区的青花瓷窑址产品质量略高。益阳羊舞岭窑址在宋元时期有生产青白瓷的传统，入明以后其青花产品胎质洁白，瓷化程度较强，釉面温润，唯青花色调不够鲜明，色彩晦暗。青花器形地域性很强，除以碗为大宗产品外，还有盏型壶这种异形器具，不见于其他窑址。装烧方式比较单纯，均为明火叠烧，未见有匣钵，碗类产品器形粗大，碗底厚重，多作大敞口或大撇口，腹壁较深而圈足较矮，圈足内壁向外斜削，器内一圈无釉。怀化龙井窑虽为瓷陶混烧窑址，但其窑炉内发现匣钵正烧技术，并且为一匣一器，也同时使用明火叠烧，将瓷器放置在固定的窑具上，以大套小进行叠烧。碗类产品内底多涩圈，涩圈内垫细砂，无窑具相隔，器底增厚，圈足较矮薄，可避免粘连，与益阳羊舞岭窑址体现了共同的产品特征。

[1] 李永锋：《醴陵沩山窑遗址考古调查取得重要收获》，《湖南省博物馆馆刊》第七辑，岳麓书社，2011年。

[2] 韦有明、朱姗姗：《恩施自治州周家河窑址考古调查及相关问题研究》，《中国国家博物馆馆刊》2018年第12期。

湖北恩施周家河窑址明代青花产品烧造工艺比较原始，产品特征呈现较强的独立性。青花瓷采用明火叠烧，将尺寸、形制相同的器物相互叠放，器物近底处和圈足旋削一周无釉，叠放至一定高度置于固定窑具上入窑烧造。碗类器物内底多刮釉一周形成涩圈，外底呈现裹足刮釉的特征，为提高釉面的白度，胎釉间均施白色化妆土，青花晕散严重。

<h2 style="text-align:center">第二节　青釉瓷器</h2>

一、浙江龙泉地区产品

（一）窑址考古资料

浙江龙泉地区明代瓷器面貌较为单纯，延续该地区宋元瓷窑烧造传统，仍然主要烧造青釉瓷器。明代窑址集中分布于浙江处州府所辖区域内，少部分窑址分布于温州府所辖区域内[1]。20世纪20年代，陈万里先生寓居浙江十年，亲身对龙泉各地的窑址进行调查，并对采集品进行整理和研究。他多次提到了龙泉明代窑址，如庆元竹口的"顾仕成"窑，龙泉北部的道泰窑，八都镇、溪口、孙坑等地的明代瓷窑[2]。20世纪80年代以来，考古工作者先后在龙泉地区进行大范围的考古调查和发掘，其中发现了不少明代窑业遗存，如安福村窑址，调查发现有宋、元、明时期的窑炉15座，其中Y32为明代窑炉，结构为依山而建的龙窑，采用匣钵多件叠烧的装烧方法，以垫饼或垫圈承托器底，器形有碗、盘、竹节形高足杯、瓶、炉等，纹饰采用印花、刻划花的方式，碗外壁见有刻划直线纹[3]；大白岸碗坂山窑址，调查发现有龙窑、作坊遗迹，其中Y1为明代窑炉，采用"M"形匣钵装烧，器形以碗、盘为主，纹饰采用内壁印花或单线刻划花的方式[4]；云和横山周窑址发掘了窑炉及作坊遗迹，其中甲Y1为明代龙窑窑炉，采用"M"形匣钵装烧，器形有碗、盘、高足杯、盏、香炉等，

---

[1]　[清]张廷玉等撰：《明史》，卷四十四，志第二十，中华书局，1974年，1114~1116页。

[2]　陈万里著：《瓷器与浙江》，中华书局，1946年，47~62页。

[3]　蒋忠义：《浙江龙泉县安福龙泉窑址发掘简报》，《考古》1981年第6期。

[4]　浙江省文物考古研究所编：《龙泉东区窑址发掘报告》，文物出版社，2005年；紧水滩工程考古队浙江组：《山头窑与大白岸——龙泉东区窑址发掘报告之一》，浙江省文物考古所编著《浙江省文物考古所学刊1981》，文物出版社，1981年，130~166页。

纹饰多为印花，多见动物和花卉题材[1]；住龙镇窑址是位于龙泉西北部一处孤立的明代青瓷窑址，窑炉结构为龙窑，采用匣钵多件叠烧，以圆饼状垫饼相隔，器形有碗、盏、盘、碟、缸、炉、瓶等，纹饰多见内底压印文字[2]。根据陈万里先生以及近年来的调查结果，龙泉地区的明代窑址远远不止这些，在孙坑、凤鸣、安仁、雁川、双平等地也都发现了明代青瓷窑业遗存[3]，甚至在温州永嘉地区也发现了相似风格的明代青釉窑址[4]。

目前已发掘明代窑址当以大窑枫洞岩窑址最为重要[5]，该窑明代产品器形丰富，纹饰题材和装饰方法也极富变化，不仅有"官样器"，还有确定的明代层位及多个明代窑炉。产品使用匣钵装烧，器形相当丰富，主要有碗（彩版一四，2）、盏、盅、盘、高足杯（彩版一四，1）、盆、碟、盏托、爵杯（彩版一七，3）、执壶（彩版一四，3、4）、罐等日用饮食器皿，还有印花福寿瓶（彩版一五，1）、三足炉（彩版一六，1）、方形炉、花盆（彩版一六，4）、镂空器座（彩版一七，1）、格盘、套瓶、砚台、砚滴（彩版一七，4）、卷缸、投壶、塑像（彩版一七，2）等陈设、娱乐器具，纹饰以刻划花、戳印、压印和剔地刻划为主，工艺较为复杂，纹饰题材也相当丰富，各种花卉、人物、文字题材层出不穷，还灵活运用开光、分区等纹饰布局，常常是内壁外壁布满纹饰。

（二）工艺特点及产品特征

浙江龙泉窑的明代窑址仍延续宋元以来的烧造传统，使用依山而建的龙窑进行烧造，都使用匣钵进行装烧，以保证青釉釉面的光洁和温润，形制以剖面"M"形的高筒形匣钵为主，装烧方法分为单件装烧和多件叠烧两种。明代龙泉窑青釉产品大多胎体厚重，釉层呈青绿、黄绿色、灰绿色，底足包釉或外底不施釉，叠烧器物内底无釉或者刮釉一周，装饰技法有刻划、戳印等，还见有镂空、剔地刻划。

1.匣钵单件装烧

匣钵单件装烧的器物造型、装饰都较为精细美观，主要是指龙泉地区

[1]浙江省文物考古研究所、云和县文物管理委员会：《云和县横山周窑址发掘简报》，《东方博物》2009年第4期。
[2]尹福生：《龙泉明代潘床口窑址的调查》，《东方博物》2008年第1期。
[3]林士荣主编：《龙泉县志》，汉语大词典出版社，1994年，299页。
[4]金祖明：《温州地区古窑址调查纪略》，《文物》1965年第11期。
[5]浙江省文物考古研究所、北京大学考古文博学院、龙泉青瓷博物馆编著：《龙泉大窑枫洞岩窑址》，文物出版社，2015年。

的中心窑场产品，窑址大多数分布于龙泉地区南部，目前刊布的资料以大窑枫洞岩窑址为主。

匣钵单件装烧器物以垫饼、垫圈、垫柱等间隔器承托器底，器物全器满釉，只有圈足或者底部无釉，也有的一圈无釉。碗、盘等圈足外底心多内凹，大型器物足壁较宽，足端较平，小型器物足壁较窄，足端裹釉稍圆。特别是大窑枫洞岩窑址所出圈足器外底刮釉一圈垫烧已成主流，器物刮釉部分较宽，刮釉部位相对距足壁较远，有的器物底心有点釉现象。折沿盘、折腹碟（彩版一九，4）、印花碗、竹节形高足杯都是匣钵单件装烧器物中比较典型的器形，而且口沿、腹部的变化很多，口沿做菱花口，腹部做八棱形等。炉的造型很多，鬲式炉、筒式炉、洗式炉最多见，还有簋式炉、鼎式炉等等，炉的三足常见三角形卷云足或兽形足（彩版一六），从明代墓葬出土瓷器来看，龙泉窑青釉各式炉的生产和使用贯穿于整个明代。

匣钵单件装烧器物还出现了整体模制印花器，也是全器满釉，足端无釉，有碟、瓶、筒式炉等器形，通体印花、合模而成，大窑枫洞岩窑址出土有整体模制印花的双耳瓶（彩版一五，2）、菱口碟[1]。明代魏源墓（1444）中还见有青釉堆塑烛台，也应该是整体模印成型，烛台须弥座上堆塑伏虎一只，其上堆塑缠枝蔓草，工艺复杂，纹饰生动（彩版二〇，2）[2]。

2. 匣钵单件装烧和多件叠烧并行

两种装烧方法同时使用或者以匣钵多件叠烧为主进行烧造的窑址主要分布在龙泉地区的东部，目前刊布资料以云和横山周、安福村、大白岸碗坂山窑址及温州地区窑场为主。青釉产品质量往往较差，胎色发白或偏浅灰色，釉色青绿、青黄、灰绿，有的还呈现较强的玻璃质感。叠烧器物的内底和外底往往刮釉露胎，内底有涩圈一周，也有刮釉成圆形涩胎。器形以碗、盘、高足杯、炉为主，多数为碗与碗、碗与高足杯相互叠烧，因叠烧造成器形多呈深圆瘦直的趋势发展。器物多素面，有的外壁多采用刻划纹饰，底多有戳印纹饰，出现各类文字款识，多寓意美好生活，带有朴素的民风。

明代墓葬中还大量出土印人物故事纹的龙泉青釉瓷器，常见于碗的内壁，采用分区布局或通景式布局，一般是三组或四组人物故事题材，旁边配以文字和诗句，故事题材各不相同（彩版一八，2）。如吉林扶余明代

[1] 浙江省文物考古研究所、北京大学考古文博学院、龙泉青瓷博物馆编著：《龙泉大窑枫洞岩窑址》，文物出版社，2015年，263～265、366～367页。
[2] 江西省博物馆：《江西玉山、临川和永修县明墓》，《考古》1973年第5期。

墓群出土的龙泉窑青釉碗[1]，可能均为龙泉地区东部窑场产品。

二、福建、广东、江西地区产品

（一）窑址考古资料

1. 广东地区

广东地区的明代窑址主要分布于广东布政司的潮州府、惠州府所辖区域内[2]。20 世纪 60 年代开始，广东惠州地区仿龙泉风格明代窑址就不断被发现，考古工作者在惠阳白马山发现三处窑址，未发现窑炉。产品均使用匣钵单件装烧，有仿龙泉青釉、黄釉、灰釉、白釉，主要有碗、碟、豆和杯等，多采用刻划花装饰，制作规整，厚薄均匀，主要用于外地销售[3]。随后，又在惠阳新庵三村发现了多处窑址，并对虾公塘、烂麻坑、埔顶山、三官肚山四处进行试掘，其中烂麻坑、三官肚均为馒头形窑炉，采用匣钵装烧，出土器物情况与白马山窑址面貌基本一致，有碗、杯、盘、盆等，纹饰多为刻划花[4]。

20 世纪 80 年代以来，考古工作者在广东大埔县也进行了多次调查，发现余里、板坑、屋背山等多地有明代窑址生产仿龙泉青釉或青釉产品，仿龙泉青釉产品使用匣钵装烧，青釉器则不用匣钵而明火叠烧，主要器形有碗、碟、杯、炉、罐、瓶、壶等，时代在明初至嘉靖时期[5]。2013 年，广东省文物考古研究所对大埔余里窑进行了科学考古发掘，成果颇丰，清理阶级式龙窑 4 座及多处作坊遗迹，产品为仿龙泉青釉，采用匣钵装烧，造型、装饰及工艺基本沿袭了龙泉青瓷传统，只是更加趋于实用简单。器形丰富，有碗（彩版六，2）、盘（彩版六，1）、碟、高足碗（彩版六，4）、小盖罐、筒式炉（彩版六，3）、烛台（彩版六，5）、瓶（彩版六，6）、砚台等，窑址文化堆积层次分明，窑址年代大致为明嘉靖早期[6]。

2. 闽西北、赣东地区

福建南平地处闽西北内陆，与江西省、浙江省相邻，其制瓷业颇受两

[1] 吉林省文物考古研究所编著：《扶余明墓——吉林扶余油田砖厂明代墓地发掘报告》，文物出版社，2011 年，58~59 页。

[2] [清] 张廷玉等撰：《明史》，卷四十五，志第二十一，中华书局，1974 年，1139~1143 页。

[3] 曾广亿：《广东惠阳白马山古瓷窑调查记》，《考古》1962 年第 8 期。

[4] 曾广亿：《广东惠阳新庵三村古瓷窑发掘简报》，《考古》1964 年第 4 期。

[5] 杨少祥：《广东大埔古瓷器生产初探》，《广东陶瓷》1985 年第 2 期。

[6] 刘成基：《广东大埔余里明代窑址 2013~2014 年发掘简报》，《文物》2019 年第 10 期。

地瓷器风格影响，建阳的象山窑址、碗窑窑址为明代窑址，生产仿龙泉青釉产品。器形以碗、盘、香炉为主，采用匣钵多件叠烧工艺，釉色青绿，产品质量较高[1]，其中碗窑见于嘉靖《建阳县志》的记载，产品中香炉、扦器等陈设供器占很大比重[2]。福建的崇安县、浦城县窑址也生产少量青釉，器形有三足炉、盆、花瓶等，胎体厚重粗糙，胎、釉均为青灰色，均为明火裸烧而成[3]，产量较小，只供满足当地所需。

江西东部的横峰县也发现了明代青瓷窑址，器形有碗、盘、碟、盅、高足杯、砚、炉等，大量瓷片、窑具堆积如山，分布于下窑口、上窑口、窑湾三个地区。生产规模之大而因窑制县，明代政府专设府判管理窑业生产。横峰窑始烧于元末明初或者更早，成化弘治为兴盛期，嘉靖末年衰落，明代中叶是其瓷器生产的鼎盛时期[4]。弋阳窑是横峰窑衰落后兴起，时代为明嘉靖到明末，生产淡青釉产品，器形、装饰与横峰窑基本相同，但烧造工艺更加简朴，不见大型匣钵，常见多只碗与高足杯叠烧[5]。赣东北的铅山县华家窑址据传为福建移民居此世代烧窑，产品民窑色彩浓厚，有黑釉、青釉、褐釉瓷器，规模较大，青釉产品器形有碗、菱口盘、高足杯、碟，胎体厚重，釉色青绿，使用匣钵装烧，多件器物覆叠烧，窑址自明代中晚期开始烧造，太平天国时期衰落[6]。

3.闽东南地区

闽东南发现的青釉瓷多数为青花窑址的伴烧产品，非窑址的主流产品，包括有华安县东溪封门坑窑址[7]、下洋坑窑址[8]、平和县洞口窑山、陂沟窑址[9]。其中封门坑窑址最具代表性，出土青釉器数量较多，釉色多呈青绿，釉面布满冰裂纹，器形有碟、盏托、炉、罐、水盂、小罐、碗

[1] 林忠干、王治平《福建建阳古瓷窑调查简报》，《考古》1984年第7期。

[2] 姚祖涛、赵洪章：《闽北古瓷窑址的发现和研究》，《福建文博》1990年第2期。

[3] 林登翔、许清泉等：《福建省最近发现的古代窑址》，《文物》1959年第6期。

[4] 陈柏泉：《横峰古窑址调查》，《文物工作资料》1965年第4期；李家和、陈定荣：《铅山、横峰的几处古瓷窑》，《江西历史文物》1982年第2期；黄国胜、吴稚航：《横峰窑小考》，《江西历史文物》1986年第2期。

[5] 陈柏泉：《江西横峰、弋阳窑址调查》，《文物》1973年第2期。

[6] 李家和、陈定荣：《铅山、横峰的几处古瓷窑》，《江西历史文物》1982年第2期；王立斌《铅山县发现古瓷窑址》，《江西历史文物》1983年第2期；王立斌：《江西铅山华家窑略考》，《南方文物》1998年第4期。

[7] 福建博物院、南靖县文物保护中心：《南靖县东溪窑封门坑窑址2015年发掘简报》，《福建文博》2015年第3期。

[8] 福建博物院、华安县博物馆：《华安东溪窑2007年发掘简报》，《福建文博》2016年第2期。

[9] 福建省博物馆：《平和五寨洞口窑址的发掘》，《福建文博》1998年增刊。

等，时代在明末至清代中期。其他窑址青釉器物多为扁式三足炉、筒式三足炉（彩版二三，4）、瓶等。

（二）工艺特点及产品特征

1.广东地区窑址产品

广东地区仿龙泉青釉产品胎色灰白或青灰，釉色纯正者青翠郁澈，还有呈墨绿、青灰、黄绿者，甚至釉薄处发灰白，釉面玻璃质感较强。多数器物采用匣钵单件装烧，也有匣钵多件叠烧的方式，匣钵以剖面"M"形的筒形匣钵为主。单件装烧器物全器满釉，仅足底露胎，个别足底有鸡心凸或泛火石红色，多件叠烧器物内底留有刮釉涩圈一周，总体来讲广东地区生产的仿龙泉青釉瓷器质量较高。

器形以碗、盘、碟为大宗，还有高足杯、灯盏、罐、筒式炉、烛台、双耳瓶等器形，多数仿烧龙泉窑青釉瓷器形，但如爵杯、镂空器座等较为复杂的器形则少见或简化。装饰技法也仿龙泉产品，但因工艺不同致使产品特征有所差异，以内底戳印纹饰和外壁刻划纹饰为主。碗盘类器物内底多戳印简化月华纹、海兽波涛纹、菊花纹、葵花纹、蕃莲纹、连珠纹、多瓣花纹等，文字有"福""寿""宁""安""诚""德""富""禄""然""信""用""玉"（彩版六，1）等，内壁多刻竖条纹，刀法很深，还偶见刻划开光花卉纹及龙纹等；外壁多细线划花，以菊瓣纹、雷纹、卷草纹、草叶纹、水波纹为多，还见有模印八卦纹，更接近龙泉东部窑场产品风格，与龙泉窑明代青釉器物相比整体装饰风格趋于简化。

2.闽西北、赣东地区窑址产品

两地区的窑业生产都与浙江龙泉窑有密切联系，生产规模都比较大，产品多为仿龙泉青釉产品，从器形和装饰都极尽仿制，但因原料及工艺等多方面原因亦呈现不同的产品特征。闽西北的建阳碗窑青釉胎色浅灰，质地坚硬，较厚重，釉色纯正者呈翠青色，还有青黄、暗绿、灰绿等，使用"M"形筒形凹底匣钵进行装烧。碗盘类器物多为叠烧而成，以托座相隔，器物内底有刮釉涩圈一周，最顶端器物满釉。装饰方法以戳印和刻划花为主，碗盘类多见内底印几何图案、花卉草叶、"福"字等，内壁刻划菊瓣纹、水波纹等；炉外壁见有模印乳钉八卦纹，刻划双线菱格草叶几何形图案等。因窑址乃调查资料，生产面貌无法全面揭示，但于当地明代嘉靖时期墓葬中也发现了同类产品，为窑址的具体年代提供依据[1]。

---

[1] 张文崟：《南平蛟湖明嘉靖墓清理简报》，《福建文博》1990 年第 2 期。

赣东的横峰窑生产青釉器胎体较厚，呈青灰色，胎质较粗，偶见气孔，釉色纯正者呈豆青、蟹壳青，也有青黄、茶叶末、鳝鱼黄等色，釉面有开片。盘碟多采用垫饼、垫环相隔进行叠烧，碗叠烧不使用垫具相隔，多为五或六件一起叠烧，因而内底多露胎或者素胎中心有凸起。纹饰多见器内底印折枝花卉，花间有文字"俞""吉""广信余吉"等文字，也有内壁印花瓣式开光，开光内印四季花卉。总体来说，赣东地区的青釉产品多为素面器，少数装饰印花纹样，装饰技法比较单一。

3. 闽东南地区窑址产品

该地区青釉因多为青花瓷窑址的伴烧产品，因此与窑址青花瓷呈现相同的工艺特征，胎呈灰白色，质地致密，器表多施淡绿色釉，也有的釉色偏灰偏黄，圈足或器物外底无釉，釉面多有开片。碗、盘类器物多素面，炉、瓶类器物多于器表压印、刻划、贴塑纹饰。

三、云南地区产品

（一）窑址考古资料

云南地区的青釉与青花瓷为窑址的共烧产品，而且从暴露出来的窑址堆积来看，青花瓷堆积压于青釉瓷堆积，说明青釉生产要早于青花瓷[1]，因此部分器物的时代也可能早到元代。目前云南地区所发现的窑址除了禄丰的白龙井窑以外，玉溪的瓦窑村、李忠碗窑、上浦贝窑址、建水的旧窑、高堆窑、洪家窑、碗窑村窑址，大理凤仪狮岗窑址，禄丰的罗川窑均发现青釉瓷产品，前文均已提及，此处不再赘述。

（二）工艺特点及产品特征

云南地区青釉瓷与其生产青花瓷工艺特点基本一致，胎色青灰，也有呈浅灰色，胎体质地较粗松。青釉发色较暗，青灰或者黄中闪绿，施釉不均匀，釉厚处呈深绿色，堆积如脂，薄处隐约可见胎骨，釉面多有细小开片。器表旋坯纹明显，用手触摸有粗糙感。器物采用支钉叠烧的方法，器内外底均留数量不等的支钉痕迹。器物内壁施满釉，外壁施釉仅至圈足外围或者施半釉，有聚釉现象，圈足内不施釉，一部分足底心有乳突点。

产品器形比较单一，以碗、盘、碟、钵为主。墓葬中还见有玉壶春瓶、

---

[1]葛季芳、李永衡：《云南玉溪古窑遗址调查》，《考古》1980年第3期。

小口瓶、长颈罐、大罐（彩版一三，1）等[1]。盘造型较丰富，有小足折腰盘，菱口折沿印花盘（彩版一三，3）及圆口盘（彩版一三，2）等。碗也有直口、侈口之分，直口碗是主流（彩版一三，4）。碟、杯等小件器物多为平底实足。玉壶春瓶多见贴塑"S"形双耳，还有的口部呈盘口状。长颈鼓腹罐造型具有地域特色，大罐作为火葬葬具使用，有的贴塑多道附加堆纹。器物多素面，装饰见有刻划花和印花，亦采用两种装饰技法于同一器，器物内底多压印花卉纹饰，内外壁多见刻划菊瓣、莲瓣纹。

第三节　白釉（含青白釉）瓷器

白釉（含青白釉）瓷器的烧造情况更为复杂，青白釉瓷器始烧于晚唐五代，经过数百年发展至明代，窑工对其烧造工艺已经掌握得娴熟自如，釉色控制也得心应手，烧制过程中对于釉料配方的掌控以及微量元素的控制均在毫厘之中，因此釉色的呈现也更加灵活。若青白之间稍微有所偏差，用肉眼直接观察容易出现辨别困难的情况，这类产品的釉色并非发色纯白而往往偏青或者偏灰，而且发掘者和调查者对釉色的认定标准把握不够统一，往往以白釉或青白釉混称，一定程度上造成二者的混淆。福建德化地区生产的乳白釉瓷器以及北方地区窑场生产的白釉粗瓷具有较强地域性，产品特征明显。除二者以外，各个地区的明代白釉、青白釉产品都存在这样的情况，因此本书将明代白釉、青白釉瓷器视为同类产品进行讨论。

一、福建德化地区产品

（一）窑址考古资料

泉州地区在明代属福建布政司泉州府，其下辖德化县[2]。德化窑的窑址调查工作起步较早，自中华人民共和国成立初期就已展开，为该地区

---

[1] 段绶：《大理发现一座明代火葬墓》，《云南文物》1992 年（第 34 期）；云南省文物考古研究所：《昆明岗头村明墓》，《云南文物》2001 年（第 54 期）；云南省文物考古研究所、大理市博物馆：《云南大理市凤仪镇大丰乐墓地的发掘》，《考古》2001 年第 12 期；云南省文物考古研究所、大理州文物管理所、大理市博物馆：《大理下关苗圃山墓地、窑址发掘报告》，云南省文物考古研究所：《云南考古报告集（之二）》，云南科技出版社，2006 年，202~234 页；昆明市博物馆、呈贡县文物管理所：《呈贡县吴家营乡七娘坟明墓抢救性考古发掘简报》，田怀清、黄德荣主编：《大理丛书·考古文物篇》（七），云南民族出版社，2009 年，3554~3564 页。

[2] [清]张廷玉等撰：《明史》，卷四十五，志第二十一，中华书局，1974 年，1129 页。

陶瓷研究打下了夯实的基础。20 世纪 50 年代，宋伯胤、陈万里等古陶瓷研究家先后对德化地区窑址进行了考察，对其白釉瓷器的烧造情况有了初步认识，其中奎斗宫、祖龙宫窑址为烧造白釉瓷器窑址，釉色呈象牙白，即为传世品"中国白"的产地，后所窑传说是明代制瓷名家何朝宗烧窑所在。采集器物的主要器形有平底大碗、敞口浅圈足小碗、敞口印花浅圈足小碗、敞口圈足小杯、贴花小杯、八棱四足杯、三足炉、圆盒、平底罐、瓶、羹匙、雕塑人物等[1]。1976 年，福建省博物馆对浔中屈（奎）斗宫窑址进行了考古发掘，出土了大量青白釉、乳浊白釉器物[2]。根据可供断代的出土物研究，屈斗宫窑址的停烧年代在元末至正时期[3]。乳白釉瓷器的出土也体现了明代猪油白的初期形态[4]，说明"中国白"釉色的出现并非一蹴而就，而是经过一段发展历程。

　　随后，对于德化地区的窑址调查不断开展和深入，通过大规模的文物普查，基本摸清了德化地区的窑址分布，多数窑址都跨历史朝代使用，延续性较强。德化的浔中镇、龙浔镇、三班镇、上涌镇、葛坑镇分布着大量明代窑址，以白釉产品为主，兼烧少量青花瓷器，器形丰富，有碗、盘、杯、碟、壶、盒、炉、瓶及文房摆件、各类瓷塑等，多采用堆贴装饰[5]。

　　2001 年，为了配合基建工程，由福建博物院组建的联合考古队对德化屈斗宫遗址内的甲杯山窑址进行了抢救性发掘，这也是德化地区明代窑址第一次科学考古发掘。发掘清理窑炉 3 座，Y3 为元代，Y1、Y2 为明代，窑炉结构为分室龙窑，填补了德化地区窑炉发展历史的空白[6]。明代器物大部分为白釉，器形十分丰富，有碗、盘、碟、盏、杯（彩版五，4）、洗、炉、瓶、罐、匙、灯、盒、砚、砚滴、执壶、水注、印模及瓷塑人物（彩版五，3）、动物等，杯和炉的造型变化最多，时代在明代晚期[7]。

----

[1] 宋伯胤：《华东文物工作队福建组调查晋江德化等处古窑址》，《文物参考资料》1954 年第 5 期；宋伯胤：《谈德化窑》，《文物参考资料》1955 年第 4 期；陈万里：《调查闽南古代窑址小记》，《文物》1957 年第 9 期。

[2] 福建省博物馆编：《德化窑》，文物出版社，1990 年，81~123 页。

[3] 曾凡：《关于德化屈斗宫窑的几个问题》，《文物》1979 年第 5 期。

[4] 梅华全：《德化窑考古发掘的新收获》，《福建文博》1979 年第 1 期。

[5] 陈建中、陈丽华、陈丽芳著：《中国德化瓷史》，上海交通大学出版社，2011 年，100~112 页；陈建中著：《德化窑（中）》，福建美术出版社，2005 年，18~19 页；陈建中、陈丽华著：《福建德化窑》，岭南美术出版社，2003 年，43~111 页；国家文物局主编：《中国文物地图集·福建分册（下）》，福建省地图出版社，2007 年，424 页。

[6] 栗建安：《德化甲杯山明代窑址的发掘与收获》，《福建文博》2004 年第 4 期。

[7] 福建博物院、德化县文管会、德化陶瓷博物馆：《德化明代甲杯山窑址发掘简报》，《福建文博》2006 年第 2 期。

（二）工艺特点及产品特征

明代德化地区生产的白釉器物胎色洁白，胎体较薄，透光度好，釉色乳白、象牙白最多，还有白、青白等，使用匣钵装烧，匣钵形制为直腹平底，大小不一，不同于福建地区流行的"M"形匣钵，大件器物匣钵单件装烧，小件器物多件间隔叠烧。匣钵内底铺一层稻谷壳的烧灰作为间隔器，防止瓷器与匣钵的粘连，也造成有些烧灰粘在器物底部。

小件的文房用品如水注、镇纸、印章及小件的瓷塑人物、动物、植物是明代德化地区白釉瓷器的代表性产品，多数为模制而成。碗、碟的内底和足底残留数量不等的泥点支钉痕，也有的足底一圈刮釉露胎，外壁多见模印纹样，多数为模印成型。盒的足底、足心均无釉露胎。杯的造型比较多变，外有不同的堆贴、堆塑纹样，如梅花杯、龙虎杯、犀角杯、瓜棱杯、爵杯等，底面有印章款。炉的造型也变化较多，见有鼎式炉、簋式炉、竹节筒式炉、模印八卦纹洗式炉等。瓷塑人物题材更加丰富，有观音（彩版五，1）、达摩、弥勒、文昌、财神、童子等，有的器物上还有纪年款识，如河南新乡市博物馆收藏的白釉观音坐像，内壁刻有"天启年""百〇"款[1]；大英博物馆收藏白釉财神像，背面刻有"万历庚戌年季春念六日壬寅未时"款[2]，为德化白釉瓷塑的断代提供了依据。

二、江西、浙江、广东及福建其他地区产品

（一）窑址考古资料

这几个地区放在一起探讨是因为其白釉生产明显划分为两种情况，一是白釉为青花瓷窑址的伴烧产品，以青花瓷为主要产品的窑址几乎都有生产少量白釉或青白釉产品；二是白釉或青白釉为地方性小规模窑址的产品之一，质量粗糙低下，但满足地方日常生活所需。

第一种情况所发现的窑址均在前文已提及，此处仅简单列举，如江西吉安临江窑址，福建安溪珠塔内窑，漳州华安县封门坑、下洋坑窑址，漳浦县坪水窑址，诏安县秀篆、朱厝窑址，平和县五寨巷口山、碗窑山、洞口窑山、洞口陂沟、大垅、二垅、官峰、南胜花仔楼窑址，南靖县梅林窑址，云霄县火田窑址，浙江开化龙坦窑址等。器形有碗、盘、大盘、折腰

---

[1] 张云英：《明天启年款白瓷观音》，《文物》1982 年第 12 期。
[2] ［英］霍吉淑：《谈明代德化窑瓷器》，《福建文博》2004 年第 4 期。

盘、碟、小口罐、大口罐、盖罐、炉、高足杯、盅、盒、圆形砚台、竹节筒式炉、灯盏等，多为素面，部分器物见有模印纹饰。

第二种情况所发现的窑址有前文提到的福建政和县、浦城县窑址，广东梅县寮背岭、鸭粤威，其中广东梅县二窑主要烧造青白釉、白釉，均为龙窑，采集的器物风格基本一致，时代相同，器形主要有碗、碟、罐、壶、高足杯等[1]。

（二）工艺特点及产品特征

青花瓷窑址伴烧的白釉产品工艺特点与青花瓷一致，装烧方法分为匣钵单件装烧和多件叠烧两种。碗、杯等器物多采用匣钵叠烧方法，内底多有涩圈一周。江西临江窑、福建诏安秀篆窑、安溪珠塔内窑、华安封门坑、下洋坑窑址生产白釉器质量略高，器物胎质坚致，洁白细腻，胎体较薄，釉色明亮莹润，有的白釉泛灰，微失透，还有的白釉略泛青。福建平和县诸窑址白釉产品略显粗糙，胎质灰白坚硬，质地紧密，略显粗松，釉色多灰白色，其中平和官峰窑址出土的白釉碗口沿做酱口[2]。

福建、广东地方性小窑生产的白釉、青白釉瓷器均为明火裸烧，采用仰式烧法，器底没有窑具间隔和承垫，废品率较高。胎体纯净细密，经过淘洗和提炼，釉色光亮润泽，有细小开片，青白釉泛绿或者泛黄绿色。

另外，文献中记载福建地区生产"漳窑"瓷器，是一种白釉米色器。根据多年的调查，目前在漳州华安县、南靖县交界的下东溪头及后坑寮、下虾形、松柏下、扫帚石、东坑庵、封门坑、寨仔山等处窑址以及平和县的窑址发现了类似产品，但产量不大，器物胎色呈浅黄色或黄褐色，胎体不够洁白，较粗松，有肉眼可见气孔和颗粒。釉色白中泛黄或呈米黄色，色泽滋润明亮，釉面普遍有细小开片，形成纵横交错的浅细片纹装饰。装烧工艺以匣钵、垫圈方式为主，支钉为辅[3]。传世器物种类更多，以陈设器皿为主，如三足炉、弦纹炉、罐、盒、瓶、盆、觚、砚台、烛台、笔架、瓷塑佛像等，也见有少量的花口盘、杯、碗、钵等，器物足底均满釉，只足端或外底无釉露胎，外壁多见模印几何纹或旋纹，还有堆贴、刻花、镂雕等装饰方法[4]。

---

[1] 曾广亿：《梅县古窑址调查纪要》，《文博通讯》（广东）第3期，1978年。

[2] 平和县博物馆：《平和官峰窑址调查报告》，《福建文博》1998年增刊。

[3] 吴其生著：《福建漳窑》，岭南美术出版社，2002年，9~31页。

[4] 陈邵龙：《福建省博物馆收藏的漳瓷》，《福建文博》2001年第1期；许绍文：《漳窑瓷器赏析》，《福建文博》2011年第4期。

三、北方地区产品

（一）窑址发现情况

北方有烧造白釉瓷器的传统，但是发展至明代，北方的白釉已经无法与南方质地白腻的白釉相媲美，逐渐衰微。明代北方地区多个窑场都有零星的白釉生产，但相关内容刊布较少，在北方的窑址调查资料中有只言片语的提及，如山西平定县牵牛镇发现的明清窑址生产白釉、黑釉粗瓷[1]；山东淄博颜神镇（今博山）附近窑场随着本地白釉石的发现，明末白釉生产渐盛[2]。从制瓷工艺的角度来说，生产白地黑花的窑址应该同样会有白釉产品伴烧，因此北方白釉产品的产地大致应与白地黑花产地相同。

2002~2004 年，陕西考古工作者在陈炉镇的庙底下、马家科发现大量的明代窑业遗存，其中包括有白釉瓷器，器形比较单一，主要有碗（彩版三〇，5）、盘、碟和高足杯[3]。

（二）工艺特点及产品特征

以陕西立地坡耀州窑遗址所出明代白釉遗物为例，可对其工艺特点窥见一二。白釉瓷胎色多呈土黄色，质地较粗，可见细小黑褐色斑点杂质，少部分胎色灰白较细，釉下施一层白色化妆土，内外施白色透明釉，釉色白中泛灰、白中闪青或积釉处泛黄，施釉多不及底或施半釉。不使用匣钵装烧，器表有粘窑渣现象。碗、盘内底多刮釉涩圈，小器外底心有乳突。碟的内底和足底留有支烧点痕迹。

河南开封、江苏徐州明代遗址中还见有北方窑场生产的白釉圆形单耳杯（彩版二五，4）、执壶、筒式弦纹三足炉（彩版二七，4）、高圈足兽耳簋式炉（彩版二五，3）、三足鼎式炉（彩版二七，3）等，丰富了北方白釉瓷器造型[4]。明代遗址和墓葬中出土的北方白釉产品还展现

---

[1] 冯小琦：《山西地区古代瓷窑研究》，故宫博物院编：《故宫博物院藏中国古代窑址标本·山西、甘肃、内蒙古》，故宫出版社，2013 年，352 页。

[2] 山东省陶瓷公司编：《淄博陶瓷工业大事记》，1993 年，10 页。

[3] 耀州窑博物馆、陕西省考古研究所、铜川市考古研究所编著：《立地坡·上店耀州窑址》，三秦出版社，2004 年。

[4] 河南省文物考古研究院、开封市文物考古研究所：《开封御龙湾小区明代建筑遗址的发掘》，《华夏考古》2019 年第 2 期；徐州博物馆：《徐州市时尚大道明代遗址调查发掘简报》，《华夏考古》2014 年第 3 期。

了更丰富的装饰工艺，常见白釉罐器表施白釉，内壁施黑釉，呈现强烈的色彩对比，河南地区比较多见，如南阳陈沂墓[1]、武略将军墓[2]及开封周王府官署遗址[3]出土；陕西西安明代窖藏出土的白釉剔花罐，装饰工艺技法相当复杂，先施黑褐色釉，刻划纹样，再将纹样轮廓外部分剔除掉，剔除部分施白釉，产生黑白对比的立体感，纹样为白色，布局繁缛，口部为方折云雷纹，肩部为变体莲瓣纹，腹部为对称两开光，分别为仕女花卉和人物松树，间以云朵、鱼纹，下腹部为火球云朵，近足是一周蕉叶纹[4]。

第四节　白地黑花瓷器

白地黑花瓷器是宋元磁州窑所生产的代表性器物，其用含铁的彩料釉下绘画，再于上罩一层透明釉入窑烧造，形成白地黑花的装饰效果，也可以说是白釉器物的衍生品种，因其在北方地区流布范围广，影响力较大，故而单列一节。

（一）窑址考古资料

白地黑花瓷器发展至明代已经成为北方地区最常见的瓷器品种，其产地和流布的区域也主要在广袤的北方大地，长江以南的明代墓葬和遗址偶有所见。明代北方地区的窑址常常是综合性窑场，多个品种如白地黑花、黑釉、白釉等同时烧造，白地黑花瓷器是对制瓷工艺技术要求最高的品种。从目前刊布的资料来看，河北彭城、河南禹州、陕西铜川应为这类瓷器的主要产地。

明清两代的河北彭城窑业生产相当繁盛，产量很大，清康熙年间的《磁州志》中"官磹厂"提到："彭城厂，在滏源里，明制于此设官窑四十余座，岁造磁磹，堆集官厂，舟运入京，纳于光禄寺。"[5]磁州在明代属于河南彰德府所辖[6]，地处于现今山西、河北、河南三地交界处。至今，彭城已成为北方重要的瓷业中心，有着"南有景德，北有

[1]南阳市文物考古研究所编著：《南阳明墓》，大象出版社，2010年，70页。

[2]张方：《南阳明代武略将军墓出土瓷器》，《华夏考古》1998年第4期。

[3]开封市文物考古研究所：《河南开封新街口明周王府官署遗址发掘简报》，《文物》2017年第3期。

[4]王长启、陈安利、李军辉：《西安城内出土一批明代窖藏文物》，《文博》1992年第1期。

[5]［清］蒋擢修：《磁州志》，卷五"营建"，清康熙四十二年刻本。

[6]［清］张廷玉等撰：《明史》，卷四十二，志第十八，中华书局，1974年，991~992页。

彭城"的说法，城区内还保存着明代、晚清和民国时期的馒头窑数十座。1999 年，为配合彭城滏西路扩建工程，考古工作者对彭城窑遗址进行了发掘，揭示了元至清末民国初期彭城窑产品的基本面貌，其中明代层位出土有白地黑花碗、盘等残片，内底描绘人物、鱼藻、花卉等，但该遗址的整理工作尚未完成[1]。北京邮电局工地的明代遗存中发现有白地黑花"福"字、婴戏纹、人物纹碗底残片，还有白地黑花褐彩人物纹、仕女纹、花卉纹碗底残片，应该均为彭城窑产品，同出的还有明代景德镇青花瓷器[2]。

2013 年，考古工作者配合禹州市的地产项目进行抢救性发掘，发现了分布密集的明代窑炉，产品以白地黑花的罐、坛为主，还见有白地黑花点彩碗等，其中部分器物内底部有草书"忍""张""清""用""酒""福""风花雪月"等字样[3]；2014 年，对宝丰清凉寺遗址东南的发掘中也发现少量元明时期的白地黑花盆、碗、器盖，绘有人物和文字[4]；在近年来郑州、许昌、禹州、安阳等地旧城改造过程中，揭露了不少明代遗存，出土的瓷器有白地黑花、白地黑花褐彩、白地黑花红绿彩、孔雀蓝釉黑花等品种，器形有大罐、四系罐、梅瓶、盘、碗、高足杯、盆、炉、鼠柄执壶、人物俑插台、如意形枕等，绘画纹饰有开光人物、仕女、人物故事、婴戏、仙鹤、莲瓣、瑞兔、星斗、花鸟等，绘画技法娴熟流畅[5]；禹县神垕镇窑址附近也发现有窑业堆积遗迹，见有白地黑花罐、高足杯、碗及匣钵残片[6]。目前河南地区所发现的明代窑址分布地区所属为明代开封府及彰德府[7]，与现今河北彭城窑业生产关系相当密切。

2002-2004 年，考古工作者在陕西铜川立地坡耀州窑遗址的店上、七亩地、马家科等地也发现了明代白地黑花遗物，器形有碗、碟、盆等，纹

[1] 马忠理：《磁州窑考古发掘及分期概述》，中国古陶瓷学会编：《中国古陶瓷研究》第十一辑，紫禁城出版社，2005 年，214~243 页；郭学雷著：《明代磁州窑瓷器》，文物出版社，2005 年，28 页。

[2] 毕克官著：《中国民窑瓷绘艺术》，外文出版社，1991 年，154~159 页；郭学雷著：《明代磁州窑瓷器》，文物出版社，2005 年，19~29 页。

[3] 孙新民：《2010 年 ~2016 年河南陶瓷考古的新进展》，《中原文物》2017 年第 3 期。

[4] 河南省文物考古研究院、宝丰县文物管理局：《宝丰清凉寺汝窑遗址 2014 年发掘简报》，《华夏考古》2019 年第 1 期。

[5] 郭学雷著：《明代磁州窑瓷器》，文物出版社，2005 年，43~105 页；上官弘文：《许昌地区出土的明代磁州窑类型瓷器》，《收藏家》2008 年第 3 期。

[6] 郭学雷著：《明代磁州窑瓷器》，文物出版社，2005 年，62~63 页。

[7] ［清］张廷玉等撰：《明史》，卷四十二，志第十八，中华书局，1974 年，978~992 页。

饰以花草纹为主，呈现简化和写意的风格[1]。

除此以外，北方的山西霍州窑[2]、山东淄博窑[3]乃至宁夏下河沿窑也都发现了白地黑花产品，其中宁夏下河沿窑产品主要为民间生活用瓷，器形有碗、盘、双耳罐、桶式瓶、玩具等，品种有黑釉、褐釉、茶叶末釉、白釉及白地黑花，采用涩圈叠烧、沙圈叠烧、对口烧、套烧等方式。该窑大约创烧于元代晚期，兴盛于明代[4]。

山西地区还有一处明代瓷窑至今尚未发现具体窑址，但是在传世文物的铭文中有所体现，如天津文物公司收藏的一件白地黑花酒坛，肩部书写两圈行书文字"山西潞安府壶关县程村匠人马做造大样酒坛戊子年造"，铭文不仅记录了烧造地点"壶关县"还记录了制瓷工匠的名字。根据潞安府的时代，"戊子年造"当为明万历十六年（1588）[5]。类似造型的酒坛在其他文物收藏单位也有保存，主题纹饰均为花叶纹，肩部题铭内容多与饮酒相关，有的还有干支纪年、工匠及产地。近年来，考古工作者在山西程村调查发现了一处窑址，主要生产白地黑花器物，器形有坛、碗、盆，纹样有文字、植物、双鱼等，胎体厚重，质较粗糙，胎上施白色化妆土[6]。

从目前的考古及传世器物资料来看，明代河北彭城和河南禹州地区的白地黑花瓷器比较发达，继承了宋元以来较发达制瓷工艺，而且在白地黑花工艺的基础上还衍生出更复杂的装饰工艺，如白地黑花褐彩、白地黑花红绿彩及孔雀蓝釉黑花等。

（二）工艺特点及产品特征

因多数窑址未经科学的考古发掘，故明代白地黑花瓷器的器形等时代特征等均以明代墓葬、遗址出土器物为基础。除个别品种以外，北方各地所生产的白地黑花瓷器的工艺风格有着相似的特点。

明代白地黑花器物的胎质与北方所生产的其他品种器物基本一致，胎色多呈土黄色，较粗松，质地较坚硬者多呈灰黄色或浅灰色，胎釉间施白

---

[1] 耀州窑博物馆、陕西省考古研究所、铜川市考古研究所编著：《立地坡·上店耀州窑址》，三秦出版社，2004 年，300 页。

[2] 冯小琦：《山西地区古代瓷窑研究》，故宫博物院编：《故宫博物院藏中国古代窑址标本·山西、甘肃、内蒙古》，故宫出版社，2013 年，350 页。

[3] 贾振国：《淄博古代瓷窑综述》，于炳文主编：《跋涉集——北京大学历史系考古专业七五届毕业生论文集》，北京图书馆出版社，1998 年，274 页。

[4] 张燕：《宁夏下河沿窑考察》，《文物春秋》2007 年第 1 期。

[5] 张秉午、邢捷：《天津市文物公司购进一件明代磁州窑系大酒坛》，《文物》1982 年第 9 期。

[6] 赵凡奇：《"潞安府"坛初探》，《文物世界》2017 年第 2 期。

色化妆土，并于化妆土上绘画纹饰，罩透明白釉，釉色白中泛灰或泛黄，有细小气泡。器物大多内外满釉，仅底足露胎。碗、碟、盘也有采用叠烧方法，内底刮涩圈一周或内外底留有数量不等的支钉痕迹。罐内多施黑釉（彩版二四）。盆属多见器形，符合北方地区民风和生活习惯。瓶有玉壶春瓶（彩版二六，2）、四系瓶、梅瓶（彩版二六，1）等。缸、坛等体形硕大的器物也比较多见，缸多数是大口，坛则有大口、小口之分，均由腹上部最宽处向下逐渐内收，小平底（彩版二七，1）。俑类瓷塑用圆雕的手法捏制而成，多作为蜡台或插台使用，顶部有一小孔，如河北宦官何公墓（1438）所出土的白地黑花人物俑烛台[1]（彩版二五，2）。

釉下绘画工艺已经相当成熟，多见草叶、花卉、梅花点彩、人物故事、婴戏、瑞兔、仙鹤、凤纹（彩版二五，1）等图案，还多采用开光、分区等方式进行纹饰布局。釉下绘画的呈色技术也掌握得炉火纯青，彰显色彩的冲击力和粗犷民风，以白地黑花为多，开始出现白地褐花，如洛阳明代院落遗址出土的白地褐花碗，外壁绘画通景婴戏、树木、流云、栏杆，内底仙鹤纹，周围环绕草叶纹[2]，绘画技法细腻流畅，水平堪比景德镇青花瓷器。

白地黑花褐彩是以黑彩勾画轮廓、褐彩填充的彩绘瓷器品种。黑彩为釉下彩。褐彩一为釉上彩，多用作点彩，点缀黑彩的主题纹饰，多见于彭城窑产品；二同样为釉下彩，多用平涂的方式填彩，再以黑彩勾勒边框，多见于禹州窑产品，如彭尚贤墓出土的白地黑花褐彩盘，内底黑色折枝菊花纹，以褐彩装点填充花叶[3]（彩版二七，2）。孔雀蓝釉黑花瓷器则是低温釉瓷器上进行釉下绘画，对于胎釉结合紧密度的要求更高，多见梅瓶（彩版二八，1）、大盆、炉（彩版二八，2）、长颈瓶等器形，纹饰多见开光人物故事、缠枝花卉、缠枝卷草等。

第五节　黑釉（含酱釉）瓷器

一、北方地区产品

元代以后黑釉成为北方窑场生产的主流品种，百姓生活中所用的黑釉粗瓷对制瓷原料要求不高，甚至采用边角料就能烧制物美价廉的黑釉产品，

---

[1]河北省文物研究所编著：《河北考古重要发现（1949~2009）》，科学出版社，2009年，343~345页。
[2]洛阳市文物考古研究院：《洛阳老城南关明代院落遗址发掘简报》，《洛阳考古》2017年第1期。
[3]南召县博物馆：《河南南召县云阳镇明代纪年墓》，《华夏考古》2013年第4期。

这种情况一直延续至明清两代乃至民国时期。

明代的黑釉类瓷器生产除了纯黑色以外，还有酱色、茶叶末色。这三种釉色是在相同的烧造工艺基础上，通过对釉料配方的调整以及烧造温度的变化进行控制而造成釉色的差异，具有相同的呈色机理，而且很多调查资料也没有将瓷器品种区分得如此精细，因此本书将三者统一作为一个瓷器品种进行讨论。

（一）窑址考古资料

明代北方的黑釉瓷器产地的分布区域相当广袤，但因质量较低往往被学界所忽略。除了文献和调查资料中简单提及以外，北方地区大部分明代窑址还没有发表正式的发掘资料，这也给研究工作的开展带来了一定难度。从文献资料和窑址调查资料来看，在河北、山东、陕西、河南等地均分布有烧造黑釉瓷器的明代窑址。因黑釉瓷器烧造工艺更简单，所需制瓷原料也更容易获得，质量要求不高，其烧造范围应该更大，产量也更高。

山东的淄博窑在明代主要生产黑釉产品。根据考古工作者的调查，淄博的福山、八陡、北岭、山头、务店、窑广等处窑址产品以黑釉为主，酱釉次之，器形有碗、碟、瓶、罐、缸、瓮等，多为素面[1]。根据《大明一统志》中"兖州府·土产"所载："黑瓷器，峄县（枣庄古称）出。"[2]枣庄的明代窑业遗存分布于中陈郝村、齐村附近，考古工作者采集到的遗物以黑釉、酱釉为主，器形有碗、钵、灯、罐、盆等[3]。另外，在泰安的中淳于村的古窑址调查中也发现了明清的黑釉残片[4]。

2014年，考古工作者在河南宝丰清凉寺汝窑遗址的发掘中发现了Y23、Y24、Y25 三座元末至明代中期的窑炉遗迹，出土了大量瓷器标本，产品有黑釉、酱黄釉、白地黑花等品种的生活用器，其中黑釉瓷数量最多，器形有碗、盘、罐、盏、灯、盆等[5]。

[1] 张光明：《谈淄博陶瓷的起源与发展》，淄博市博物馆编：《文物考古与齐文化研究》，山东大学出版社，1996年，564页；高岩：《"淄博窑"的前世今生》，《陶瓷科学与艺术》2018年第6期。

[2] ［明］李贤等修纂：《大明一统志》，卷二十三，影印版，三秦出版社，1990年，370页。

[3] 枣庄市文物管理站：《山东枣庄古窑址调查》，文物编辑委员会编：《中国古代窑址调查发掘报告集》，文物出版社，1984年，382~382页；枣庄市博物馆：《枣庄文物志》（初稿），18~19页。

[4] 山东大学历史系考古专业：《山东泰安县中淳于古代瓷窑遗址调查》，《考古》1986年第1期。

[5] 河南省文物考古研究院、宝丰县文物管理局：《宝丰清凉寺汝窑遗址2014年发掘简报》，《华夏考古》2019年第1期。

    2002-2004 年，陕西考古工作者在陈炉镇的立地坡、上店等地进行科学的考古发掘，其中明代窑业遗存以黑釉、酱釉、茶叶末釉产品数量最多，还有的为上白釉下黑釉的复合釉（彩版三〇，4），有碗（彩版三〇，6）、盏、钵、盘、碟、瓶、灯（彩版三〇，2）、四系罐、双系罐、盆、高足杯（彩版三〇，3）、盒、砚台（彩版三〇，1）、埙等生活气息浓重的器具，是研究北方明代瓷器最重要的窑址资料[1]。近年来，考古工作者还在陕西澄城县尧头、宝鸡麟游发现了生产黑釉粗瓷的明代窑址，器形以碗、缸、钵、瓮为主[2]。

（二）工艺特点及产品特征

    明代北方黑釉瓷器在北方的明墓、遗址中也有不少出土，虽然产地分布区域较大，但有着共同的工艺特点和产品特征。胎色多为土黄色或土红色，质地坚硬较粗，有的略泛浅灰色，质地较细密，胎内可见细小颗粒杂质。釉色黑亮或黑褐色，酱釉呈酱褐、酱黑色，有的器物黑釉呈失透状，口沿、胎釉结合处、垂釉处往往呈酱褐色，釉面还见有酱色结晶斑，个别器物釉面有气泡和粘砂，有流釉现象，外壁多施釉不及底。茶叶末釉色不够纯正，呈黑褐、墨绿、茶褐、褐绿、茶黄、黄绿等色调，釉面多棕眼和气孔以及结晶斑，器表多粘有窑渣。多数器物不使用匣钵装烧，以支垫器具相隔明火烧造。

    碗、盏等多内外施半釉，盘、碟等多内满釉，外施半釉，也有的因采用砂圈叠烧，内底心涩圈无釉。碗底圈足多挖足过肩，外底有鸡心状凸起，还见有拍印文字、图案或符号。灯盏造型很多，陕西立地坡窑址烧造带凹槽灯盏（彩版三〇，2），河南宝丰清凉寺窑址生产带灯柱灯盏和带柄灯盏，山东的明墓常见带耳灯盏，耳有舌形、锯齿形、圆形等[3]。臼作为日常生活中所用的研磨器皿在陕西耀州窑、河南宝丰清凉寺窑址中也有发现，质地相当粗糙，器内无釉，有的器物甚至使用更加原始的制瓷工艺，器表留有泥条盘筑而成的凸弦纹[4]。罐有双系罐（彩版三一，2~4）、四

---

[1] 耀州窑博物馆、陕西省考古研究所、铜川市考古研究所编著：《立地坡·上店耀州窑址》，三秦出版社，2004 年。

[2] 杜文、禚振西：《新发现的陕西澄城窑及其烧瓷产品》，《文博》2006 年第 2 期；禚振西、杜文：《宝鸡麟游窑考察记笔》，《文博》2006 年第 1 期。

[3] 临淄区文物管理局：《淄博市临淄区车站村明代墓发掘简报》，《海岱考古》第十二辑，科学出版社，2019 年。

[4] 河南省文物考古研究院、开封市文物考古研究所：《开封御龙湾小区明代建筑遗址的发掘》，《华夏考古》2019 年第 2 期。

系罐、单耳罐，单耳罐仅在甘肃、吉林等偏远地区偶见[1]。瓶有梅瓶（彩版三二，1）、四系瓶、玉壶春瓶、叠口瓶、大口瓶等造型。壶不多见，仅在山东、山西明墓见有双耳壶、带流壶等造型[2]。

河南禹州地区还出土有黑釉细线划花器物，有胫部较细的"鸡腿罐"造型，在黑色的釉面划以阴纹纤细线条，露出胎骨，对比鲜明，装饰性很强[3]。

二、福建地区产品

酱釉瓷器是明代福建地区窑址的重要品种，但产量较小，前文提及的青花瓷窑址如华安县下洋坑，平和县五寨垅仔山、巷口山、洞口窑山、洞口陂沟，南胜花仔楼窑址均有烧造，器形有碟、盅、高足杯、罐、双耳瓶、扁式炉等。福建晋江地区的明代墓葬中还见有酱釉盖罐、双耳瓶、狮形座灯等，可能为晋江磁灶窑产品[4]。

器物胎色灰白，质地较紧密，外壁多为酱褐色釉，内壁除施酱釉外，还有素胎或者施白釉、青灰釉等。盅、高足杯等器物多为内白外酱釉，酱釉上常见以白釉绘画兰草、花果纹饰。多数器物内外满釉，仅足底露胎粘砂，炉为内壁素胎无釉，外壁施釉不及底。

三、云南地区产品

云南玉溪地区窑址也生产少量酱釉瓷器，云南明代墓葬也随葬当地酱釉产品[5]，器形有碗、钵、杯、盏、长颈鼓腹罐、矮颈鼓腹罐、四系罐、双口罐、贴塑罐、瓿、三足炉、圈足筒式炉、执壶、长颈瓶等，其中贴塑罐、双口罐、长颈鼓腹罐等器形具有地方特色，不见于其他地区。从传世

［1］白银市博物馆、靖远县博物馆：《甘肃靖远县东湾镇杨稍沟村明代家族墓清理简报》，《文博》2018年第6期；吉林省文物考古研究所编著：《扶余明墓——吉林扶余油田砖厂明代墓地发掘报告》，文物出版社，2011年，68~69页。

［2］临淄区文物管理局：《淄博市临淄区车站村明代墓发掘简报》，《海岱考古》第十二辑，科学出版社，2019年；马升、王万辉：《襄汾丁村明代墓葬发掘简报》，《文物世界》1996年第1期。

［3］郭学雷著：《明代磁州窑瓷器》，文物出版社，2005年，80~85页。

［4］泉州市博物馆、晋江市博物馆：《晋江市紫帽镇铁灶山明墓清理简报》，《福建文博》2007年第1期。

［5］云南省文物考古研究所、红河州文物管理所、蒙自县文物管理所：《蒙自瓦渣地墓地发掘报告》，云南省文物考古研究所编：《云南考古报告集（之二）》，云南科技出版社，2006年，235~268页；张新宁：《建水苏家坡古墓地鸡石高速公路段发掘》，《云南文物》2002年第2期；陈泰敏、王国辉：《玉溪小矣资墓葬出土民窑瓷器》，《云南文物》2000年（第51期）；徐惠萍：《禄丰碧城出土一批陶瓷器》，中国古陶瓷学会编：《中国古陶瓷研究》第十三辑，紫禁城出版社，2007年，127~132页。

品来看，酱釉瓷器质量颇高，一般为土黄胎，釉色暗哑，釉层较薄，釉面光润，有施釉不匀的现象，呈现黄色釉斑，全器满釉，施釉不及足底或者施半釉，有的底部留有支烧痕迹[1]。

第六节　釉上彩绘瓷器品种

釉上彩绘瓷器对器物胎釉的致密度、洁白度都有很高的要求，因此烧造釉上彩绘瓷器的地区往往具有较为深厚的瓷业背景或者较好的制瓷原料及工艺水平。明代景德镇以外的釉上彩绘瓷器产地主要集中于福建地区。

一、釉上红绿彩

釉上红绿彩是在烧成的白釉瓷器上，以彩料进行绘画，入窑二次低温烧制而成，彩料以红、绿二色为主，点缀黄、紫、黑等色，甚至结合釉下青花作为蓝色，形成釉上、釉下相结合的彩绘，称为青花五彩。白釉瓷器质量的提高，釉面洁白程度越高，越有利于釉上彩绘绚丽色彩的呈现，釉上红绿彩因其强烈的颜色对比更加深受民间喜爱。

（一）窑址考古资料

釉上红绿彩瓷器的产地主要在福建地区，有前文提及的安溪珠塔内窑，平和官峰窑址、碗窑山窑址、南胜花仔楼窑址，云霄火田窑址。器形以大盘、碗、杯、瓶、罐为多，彩绘以红、绿二色为主，还有黄、褐等色。

北方的明代墓葬中也有釉上红绿彩瓷碗的出土[2]，不排除在宋金时期北方所生产的釉上红绿彩工艺影响下，明代仍有延续烧造。河南禹州、许昌、郑州、安阳等地旧城改造中也出土了红绿彩瓷器残片，国内外文物收藏单位也有少量收藏，装饰风格比较接近，红绿彩多结合黑彩、褐彩装饰[3]。因资料刊布较少，本书不做深入探讨。

（二）工艺特点和产品特征

福建地区窑场生产的釉上红绿彩大多胎体较厚，制作稍显粗糙，胎质

---

[1]云南省博物馆编：《云南省博物馆馆藏精品全集·瓷器》，下册，云南人民出版社，2012年，114、162、198、221页。

[2]中国社会科学院考古研究所安阳工作队：《河南安阳市明代墓葬发掘简报》，《考古》2016年第5期。

[3]郭学雷著：《明代磁州窑瓷器》，文物出版社，2005年，55~62页、100~101页。

坚硬者色较白或灰白，釉色白中闪青，胎质疏松者胎釉均呈米黄色，烧结程度不足，彩绘易脱落。底足多露胎，烧结后有火石红和粘砂现象，多采用福建地区多见的"M"形匣钵单件装烧。碗挖足较深，足墙较直，外底有微微突起。大盘圈足内无釉或局部涂釉，圈足底多粘砂。彩绘图案有凤凰花卉、开光花草杂宝、莲塘水禽、洞石花卉、山水楼阁、狮子戏球及婴戏、戏曲故事、折枝花果等。

二、釉上三彩

明代釉上三彩是在素胎瓷器上施色釉进行烧造，素胎上还常常配以刻划纹饰或进行堆塑，色釉并非仅有三色，主要以黄、绿、紫为主，还有蓝、褐等色，不见红色，因此俗称"素三彩"。

（一）窑址考古资料

除景德镇以外，福建也是明代釉上三彩的产地之一，而且是设窑专烧此种器物，如南胜田坑窑址[1]。根据考古工作者的调查和发掘，田坑窑主要产品为各类盒（彩版四，3、4）、小口罐、碟、方形碟、盘、碗、钵、瓜棱罐、瓶、盏、杯、笔架、墨架、佛像等，同时伴烧少量青花瓷，其中釉上三彩盖盒与日本 16 世纪晚期至 17 世纪初遗址所出器物相似。

（二）工艺特点和产品特征

窑址发掘器物以半成品为主，多素胎，胎质灰白、灰黄、青灰色均有，釉色泛青白、青黄、青灰，多使用模印、刻划两种装饰手段。器物均采用匣钵装烧，大件器物为单件装烧，小件器物多件叠烧。田坑窑址的釉上三彩器物均采用二次烧造，第一次烧素胎和色釉，第二次烧造釉上三彩，故而窑址中的残废半成品较多。盒的造型繁多，见有扁圆形、龟形、鸭形、鸟形、蛙形、瓜形、竹节形、荷花形、松果形、螺旋形、帽形、罐形、花口盒等。盒内壁施釉，外壁多素胎，有刻划、模印纹饰，多见折枝牡丹、折枝梅花、游鱼水藻、龙纹、螃蟹、莲花莲瓣、雉鸡花草、寿桃喜鹊、祥云瑞兽等等，部分装饰釉上三彩，以紫色为地，黄、绿彩点缀花叶或者以绿色为地，黄、紫、褐色点缀花叶。

---

[1] 平和县博物馆、福建省博物馆：《福建平和县田坑素三彩窑址调查》，《福建文博》1997 年第 1 期；福建省博物馆：《福建平和县南胜田坑窑址发掘报告》，《福建文博》1998 年第 1 期。

第七节　小结

一、青花瓷器

　　青花瓷器是明代景德镇地区窑场的代表性产品，可以说是明代最畅销的瓷器品种，因此也成为各地竞相仿烧的瓷器品种，但因不同地区的制瓷原料、工艺有所差别，也就形成了不同产品特征的青花瓷器。

　　景德镇以外的青花瓷产地主要在福建、广东、云南、四川、江西、浙江、湖南、湖北，其中福建、广东两地青花瓷窑址分布最为密集，福建泉州的安溪县，漳州的漳浦县、华安县、南靖县、平和县、漳平县，与漳州接壤的广东汕头、潮州、揭阳等地都密集分布着大量明代青花窑址，靠近内陆的福建西北部的南平、三明两地也有零星的窑址发现。云南的青花瓷窑址分布于玉溪、建水、禄丰、大理等地，其中玉溪、建水的窑址数量相对较多，规模较大。四川的青花瓷窑址分布于川西南的凉山地区，毗邻云南中北部。江西景德镇以外的青花瓷窑址数量也不少，南部赣州的赣县、安远县、寻乌县、全南县，东部上饶的铅山县，抚州的广昌县，中部吉安、萍乡等地均有青花瓷窑址。浙江的明代青花瓷窑址分布于其西部衢州的江山市、开化县，丽水的松阳县等地，几处窑址地理位置比较接近，与江西东部的景德镇、上饶相邻。湖南、湖北两地有一些零散的烧造点，如湖南北部的益阳、东部的醴陵、西部的怀化，湖北西部的恩施等地均发现有烧造青花瓷的窑址。

　　福建泉州、漳州地区以及广东潮汕一带窑场是明代景德镇以外青花瓷的最主要产区，其产品多数用于外销，产量很大，器形和纹样都竭尽全力对同时期景德镇青花进行模仿，但是由于其产品具有追求产量的商品属性以及烧制工艺的差别，这一区域所产青花瓷的绘画技法、成型工艺等较之景德镇产品略显粗糙。胎、釉多呈灰白色，青花发色不够明艳，呈现蓝黑、灰蓝等色调，少数精品青花色泽饱满明丽。青花绘画技法流畅奔放，不注重细节的表现。多数瓷器采用匣钵叠烧工艺，但仍不可避免器物表面和底足粘砂的情况。多件器物的叠烧可以大幅提升产量，但也造成多数瓷器内底有涩圈一周，有的甚至影响了内底青花纹样的完整性。广东潮汕地区及与之相邻的福建南部窑场所产青花瓷胎、釉质量略高，更加细腻洁白，质量高于福建中部泉州及南部漳州平和一带窑场产品，可能与当地制瓷原料质量较好有关。

云南、川西南窑场生产的青花瓷从烧造工艺、纹饰特点上来看，关系相当密切，呈现相同的地域特色[1]，胎釉特征与其他地区迥然不同。胎色青灰，胎体厚重，釉色青灰或者青黄，胎釉杂质淘洗不够细腻。青花纹饰绘画技法粗放，多见缠枝花卉、流云、鱼纹、狮子绣球等题材，也有较为复杂的人物故事图案，仍能窥见内地风格的影响。青花烧造工艺多采用明火叠烧的方式，以支钉相隔，因此器物的内底、外底常常留有数量不等且粗大的支钉痕，这也成为云南、川西南地区青花瓷器的重要工艺特征之一。

江西景德镇以外的青花瓷窑址集中于东部、南部、中部地区，其中南部赣州地区、东部上饶、抚州地区的窑场明显与福建南部漳州地区、北部南平地区的窑场关系密切。南部赣州地区青花瓷窑场均未使用匣钵而采用明火叠烧，这种方式与南平地区发现的明代青花瓷窑址工艺相同，而且产品更加丰富，既生产青花瓷也生产白釉、青釉瓷，产品均为绘画潦草、造型粗犷，带有朴实民风的民间日用器皿，其中位于赣江上游的赣县窑址产品，更是凭借发达的水路交通跻身于海外贸易环境中，瓷器可远销至日本。东部窑场也强烈受到福建地区窑场的影响，广昌县窑场所使用的窑炉并非江西景德镇所流行的葫芦形窑，而是福建漳州地区多见的阶级窑。总体来说，江西南部和东部的窑场与福建窑场渊源颇深，但产品呈现较强的地方特色，胎体较厚重，胎色灰白，釉面有乳浊感，青花发色较暗，流行使用"福寿""福喜"等淳朴的吉祥用语。江西中部窑场沿袭自身的制瓷传统，拥有比较先进的制瓷工艺，入明以后转换品种而开始生产青花瓷，器物胎质白腻，釉面莹润，青花发色纯正，质量较高。

浙江西部窑场生产的青花瓷与江西东部、南部窑场产品特征较为相似，器物胎体厚重，胎色浅灰，釉料乃当地原料，色调灰暗，青花亦色泽暗淡，青花纹饰简单随意，以花草和吉语文字为主。

湖南、湖北也零星见有青花瓷生产，产品的器形和工艺具有显著的地域特色，质地粗糙，质量较低，还出现瓷陶混烧以及胎釉间施白色化妆土的情况，烧造工艺比较原始，青花纹饰随意潦草。

明代青花瓷器产地仍以长江以南的南方地区为主，这些地区的制瓷原料基本均为就地取材，由于制瓷原料的优劣不等、制瓷工艺的各不相同以及产品属性的差异等原因，造成了产品面貌的千差万别，从而形成了不同的生产区域。每个生产区域的青花瓷产品大多具有相似的产品面貌和生产

---

[1] 何霞：《四川会理古陶瓷窑口归属的分析》，《艺术理论》2008 年第 8 期。

工艺，但是由于制瓷工艺具有传播性及各自不同的瓷业传统，产地之间存在着相应的技术交流，如江西南部、东部、中部的窑场就因各自不同的瓷业传统而出现多种烧造工艺，南部和东部窑场制瓷工艺与福建西北部窑场比较接近，中部窑场则更接近于景德镇地区。因此，明代景德镇以外的青花瓷器表现出强烈的地域性特点，按照产品特征和烧造工艺大致可以总结为五个区域：1.福建泉州、漳州地区以及广东潮汕地区生产区域，明代属福建泉州府、漳州府以及广东潮州府、惠州府，以安溪窑为代表的泉州地区窑场，以漳州窑为代表的闽南、粤东北地区窑场，这些窑场多数采用多室阶级窑窑炉进行烧造，均使用"M"形匣钵装烧，青花仿烧景德镇产品，但质地、工艺较之略显粗糙，部分精品可以乱真。2.云南、川西南地区生产区域，明代属云南布政司及四川行都指挥司，以玉溪窑为代表，青花烧造工艺粗犷，胎釉淘洗不净，杂质较多，产品特征明显。3.浙、赣、闽交界生产区域，明代亦分属不同行政区划，因地理位置接近而使产品之间有所关联，相互影响。以江山窑为代表的浙江西部窑场，以广昌窑为代表的江西东部窑场等等，多见明火裸烧，青花绘画简单随意。4.江西南部赣州窑生产区域、中部吉州窑生产区域，明代属江西赣州府和吉安府，均是宋元瓷业生产的延续，入明以后均改烧青花瓷器，兼烧其他单色釉品种，特别是吉州窑烧造体系下的临江窑青花瓷与景德镇所生产的不分伯仲。5.湖南、湖北生产区域，明代属湖广布政司，烧造工艺比较原始，明火叠烧，还见有使用白色化妆土修饰胎体，器形粗大厚重，青花发色晦暗、绘画简单。

二、青釉瓷器

青釉瓷器是历史最为悠久的瓷器品种。明代青釉瓷器的产地有浙江、福建、广东、江西、云南。浙江龙泉地区是青釉瓷的最主要产地，窑址分布较为密集，大窑、安福、大白岸、云和、住龙、庆元、孙坑等地均发现有明代窑业遗存。广东的青釉瓷窑址主要分布于惠州的惠阳，梅州的大埔县等地。福建的青釉瓷窑址主要分布于南平的建阳，漳州的华安县、平和县等地。江西的青釉瓷窑址主要分布于上饶的横峰县。云南的青釉瓷与青花瓷共烧，窑址亦相同，分布于玉溪、建水、大理等地。

浙江龙泉地区无疑是明代青釉瓷器的生产重镇，其所生产的青釉产品工艺特点突出，对其他地区的青釉瓷器影响深远。根据烧造工艺及产品特征的差别，明代龙泉地区青釉瓷器粗细有别。精细产品多分布于龙泉地区南部窑场，器物一般施满釉，釉色青翠欲滴者居多，釉层较厚，少数呈青黄色，多采用匣钵单件装烧，工艺复杂，这类青釉其他地区很难仿烧成功；较粗的产品多分布于龙泉地区的东部窑场，匣钵单件装烧和多件叠烧并行，器形单调，釉色泛青绿或者青黄，少数呈灰绿，色调不够稳定，釉层较薄，叠烧产品内底多有涩胎。明代龙泉地区青釉产品造型多变，除了常见的饮食器具碗、盘、碟外，南部的大窑枫洞岩窑址还发现有爵杯、执壶、盏托等造型更加复杂的饮食器具，以及大量的陈设器具和娱乐器具，如炉、瓶、烛台、砚滴、投壶等，种类之繁多是景德镇以外其他窑场产品无法匹敌的。装饰工艺也极其丰富，以刻划花和戳印为主，南部的大窑枫洞岩窑址还流行剔地刻花及整体模印的装饰技法，给单调的青釉瓷以更多细节上的变化。

广东地区的青釉窑场产品分为两类：一类为仿龙泉青釉，主要用于外销，但只仿其形未见其神，带有一定的地域特色，更接近于龙泉东部窑场产品。多采用匣钵装烧，器形趋于实用，釉色泛青绿、青黄，釉层普遍较薄呈现玻璃质感，流行细线刻划花的装饰工艺；另一类为青灰釉，采用明火叠烧方式，质量较差。

福建北部南平、江西东部上饶两地因武夷山脉分隔，但窑业生产却关系紧密，青釉瓷窑场产品也与广东地区相同，分为两类：一类为仿龙泉青釉，如福建建阳窑址，江西横峰、弋阳窑址，两地与龙泉地区地理位置接近，其烧造的青釉产品仿龙泉风格比较成功，既有釉色发色纯正的翠青釉，也有豆青、青黄釉产品，器形以碗、盘、碟等日用饮食器具为主。根据横峰窑址所在地的明代县志记载，元末该地区就有江浙处州人移居以陶冶为生，窑工的直接迁移也将龙泉窑的烧瓷技术带入当地，产品面貌自然十分接近；另一类为青灰、青褐釉粗瓷，如福建浦城窑址及江西华家窑址，产品厚重粗糙。

福建南部漳州地区窑场生产的青釉瓷主要是青花瓷窑址的伴烧产品，产品工艺特点与青花瓷相同，釉色青绿淡雅，釉面多开片。

云南的玉溪、建水、大理等地窑场烧造仿龙泉风格的青釉瓷器，主要仿器形和内底戳印的装饰工艺，因地区差异呈现了不同的产品特征。胎、釉与当地所产青花瓷相同，胎色青灰，釉色青黄，杂质较多，器物的内底、外底留有多个支烧痕迹。墓葬中出土的部分器形呈现强烈的地域特色，如贴塑附加堆纹、作为火葬葬具使用的大罐，长颈鼓腹罐，盘口玉壶春瓶等。

明代青釉瓷器以浙江龙泉地区窑场为中心和重点，其产品风格向外辐射，影响周边的福建北部、江西东部窑场，更因在海外畅销的原因引起广东中东部窑场的竞相仿烧，影响力甚至渗透至西南边陲的云南玉溪窑、建水窑。因烧造工艺、制瓷原料等因素所限，这些地区的仿龙泉青釉产品大多无法与龙泉窑青釉媲美。明代青釉按照产品特征和烧造工艺也可以分为五个生产区域：1.浙江龙泉窑生产区域，明代属浙江处州府，青釉瓷器胎体厚重，色灰白，釉色青绿肥厚，部分青中泛黄，既生产"官器"也大量烧造民用瓷器，精品采用裹足支烧一匣一器的方法，其余多数采用叠烧方法。2.广东地区仿龙泉青釉生产区域，明代属广东潮州府及惠州府，以惠阳窑、大埔窑为代表，釉面玻璃质感强，对细线刻划花工艺和釉色模仿较成功。3.闽北、赣东地区仿龙泉青釉生产区域，明代分属福建延平府及江西广信府，以建阳窑、横峰窑为代表，器形及戳印花工艺上的模仿比较成功，但瓷胎更加粗糙，釉面更稀薄，横峰窑更因窑工的直接迁移导致产品面貌更加接近龙泉窑东部窑场产品。4.云南地区仿龙泉生产区域，明代属云南的云南府、大理府、临安府等地，以玉溪窑为代表，受自身制瓷工艺水平所限，釉面更加粗糙，戳印纹样更加粗犷。5.福建淡青釉生产区域，明代属漳州府，以漳州窑为代表的闽南地区窑场，为该地区青花瓷窑场的伴烧品种，数量不多。

三、白釉瓷器（含青白釉）

明代白釉（含青白釉）的生产区域相当大，南北方各成体系[1]，主要有福建、广东、江西、浙江、河北、陕西、山西等地。福建泉州的德化县境内密集分布着大量白釉窑址，工艺特点及产品特征突出。福建其他地区、广东、浙江、江西等地的青花瓷窑场或多或少会伴烧白釉瓷，也有个别窑场只烧造单一的白釉（含青白釉）产品，如广东梅县窑址，工艺特点与产品风格也与附近窑场所产青花瓷基本相同。河北彭城、陕西陈炉、山东淄博、山西平定等地窑场也生产白釉粗瓷，产品质量较差，普遍使用化妆土修饰胎体，不使用匣钵装烧，器表会粘有窑渣。

福建德化窑生产的白釉瓷器是一种以乳浊质感为特点的单一白釉器，明清两代是其发展的鼎盛时期，与宋元时期该地区所生产的青白釉产品一脉相承。明代白釉瓷器多呈乳白、象牙白色，瓷器成型工艺以模制为主，小件的文房用品及瓷塑较多，使用支钉垫烧，器物底部常有泥点支钉痕。胎釉特征及产品造型风格极具地域特色，不见于其他地区。德化窑是明代白釉瓷器最负盛名的产地，也代表了明代白釉瓷器的巅峰水平。

明代南北方的白釉瓷器很明显呈现了两极分化的趋势，大致分为三个

---

[1] 本书所指南北方是以传统的地理分界线淮河至秦岭一线为界，秦淮以北为北方地区、以南为南方地区。

主要生产区域：1. 福建德化地区生产区域，专烧乳白釉瓷器，工艺水平达到了白釉器生产的高峰。2. 南方生产区域，呈现遍地开花的局面，主要有福建、广东、浙江、江西等地，白釉多为青花瓷窑场的伴烧产品。3. 北方生产区域，主要有河北、河南、山东等地，白釉产品工艺落后，产量萎缩，质量低下。

四、白地黑花瓷器

白地黑花瓷器是北方各个窑场生产的釉下彩绘瓷器品种，宋元时期就已经广泛流行，明代各地延续烧造，并且发展出新的工艺元素。白地黑花瓷器的生产区域主要在北方，河北彭城，河南禹州、宝丰、许昌，陕西铜川，山西霍县，山东淄博，宁夏中卫等地均有发现。

这些地区的窑址多数未经过系统的考古发掘，因此各个窑场的工艺特点和产品面貌尚不十分清晰。从已刊布的窑址资料以及窑址周边的明代墓葬、遗址资料来看，河北彭城以及河南禹州窑场的白地黑花瓷器生产比较发达，两地窑场产品也有一定的共性，可能与二者在明代均属于同一行政区划且地理位置接近有关，窑业活动的联系比较密切。产品胎色均泛土黄，胎釉间施白色化妆土，釉色白中泛灰，并非使用单一的黑彩装饰，还见有褐彩以及黑彩、褐彩结合的方式，绘画技法也比较复杂，平涂、点彩、勾边相互结合，使得纹饰呈现多个层次，满足更多题材的绘画要求。

陕西铜川、宁夏中卫、山东淄博等地的白地黑花瓷器胎釉间同样使用白色化妆土，绘画工艺则显得相对单调，大多是单一的黑彩，绘画工艺以一笔点画为主，多见草叶纹样。其中陕西铜川和宁夏中卫窑址属于明代同一行政区划内，可能导致其产品的绘画风格相互影响。

明代白地黑花瓷器与宋代磁州窑系所生产的该类器物一脉相承，因不同地区的制瓷传统各不相同，致使明代各地窑场生产的白地黑花瓷器也有细微的风格差异，河北、河南等地窑场在明代属于相同行政区域且宋元时期就是白地黑花瓷器重要产区，产品种类丰富，工艺水平较高，产量较大，因此明代延续了这种传统瓷器品种的同时也注入新的活力，装饰技法更加丰富；陕西铜川窑场在宋代是北方青釉瓷的主要产区，元明以后逐渐接受白地黑花瓷器风格而转变烧造品种，其产品以这类器物传统装饰风格为主，创新较少。

五、黑釉瓷器（含酱釉、茶叶末釉）

黑釉（含酱釉、茶叶末釉）是一种以铁元素为着色剂的单色釉瓷器品种，明代黑釉瓷器生产区域相当广泛，也是南北方各呈体系，主要有河北、山东、陕西、河南、陕西、福建、云南等地，大致以南北方划分：1.北方黑釉生产区域，产量最大，分布最广，河北彭城、山东淄博、枣庄、陕西铜川、澄城、宝鸡、河南汝州、禹州、山西介休、霍州等地均发现有烧造黑釉瓷（含酱釉、茶叶末釉）明代窑业遗存。北方黑釉粗瓷对胎、釉所需的原材料以及烧造工艺均要求较低，因此北方这些窑场产品具有雷同的工艺特点，如胎色多泛土黄，淘洗不细多有杂质，釉面光亮但釉层不够均匀，有气泡和杂质；采用叠烧工艺，器物内底多数留有涩圈一周。2.南方酱釉生产区域，零星见于福建东南的华安、平和、南胜、晋江以及云南玉溪等地，胎釉特征、器物造型与当地所产其他品种瓷器比较接近。其中福建平和窑场的酱釉器物采用内白釉外酱釉的形式，酱釉上还以白彩绘画纹样，形成鲜明的对比和色差；云南玉溪窑场生产的酱釉瓷器，器形带有浓厚的地域特色，长颈鼓腹罐、长颈鼓腹平底瓶、双口罐等都几乎不见于内地窑场产品。

六、 釉上彩绘瓷器

釉上彩绘、釉上三彩瓷器的产地在福建东南部安溪、平和、南胜等地。釉上彩绘乃二次入窑低温烧成，胎质多成米黄色，釉上彩绘以红、绿二色为主，还有黄、褐色，彩绘易脱落。釉上三彩乃素胎上施多色釉烧造而成，以黄、绿、紫为主，常常以一种色釉为地，其他色釉结合釉下刻划或模印纹样进行点缀，形成缤纷交融的艺术特色，产品大量外销至日本。

综上所述，明代景德镇以外瓷器包括有青花、青釉、白釉（含青白釉）、白地黑花、黑釉（含酱釉、茶叶末釉）瓷器、釉上红绿彩、釉上三彩等，瓷器品种丰富，产地分布较广。为了更好地开展相关研究，现将瓷器品种、产量都比较丰富的地区归纳为四个地区，并且每个地区的产品也并非单一品种，部分瓷器品种已经彰显出较强的产品特色，成为当地的代表性瓷器产品。

1.北方地区。窑场集中于河北彭城，河南禹州、宝丰，陕西铜川、山东淄博等地，各个窑场生产的瓷器可以统称为"磁州窑类型"瓷器，有白地黑花、黑釉（含酱釉、茶叶末釉）、白釉等品种。产品的胎釉特征、造型工艺十分接近，虽然窑址发掘资料相对较少，但有较多墓葬和遗址资料作为补充。

2.浙江地区。窑场集中于南部龙泉地区及西部衢州地区，前者生产青釉，后者以生产青花为主，偶见其他品种。龙泉窑青釉瓷器是明代景德镇以外瓷器重要的一支，产品影响力大，内涵丰富。而衢州地区生产青花瓷器由于多数为零散的调查和发掘资料，无法形成较为独立的生产体系，不便进行更加深入的研究。

3.福建、广东、江西地区。窑场集中于福建中部的泉州地区、南部的漳州地区及北部南平地区，广东东部潮州、汕头、梅州地区及中部惠州地区，江西东北、中南部地区，多数窑场同时生产青花、青釉、白釉（含青白釉）等产品，福建地区窑场还生产釉上红绿彩、釉上三彩等品种。其中福建德化地区生产的乳白釉瓷器，福建北部、江西东部、广东中东部地区生产的仿龙泉青釉瓷器产品特点突出。

4.云南地区。窑场分布于玉溪、禄丰、建水、大理等地，主要生产青花、青釉，玉溪窑还生产少量酱釉瓷器。产品大量用于当地火葬习俗之中，具有很强的地域风格。

第三章 明代景德镇以外瓷器的考古类型学研究

明代景德镇以外瓷器的产地分布比较广泛，但各个地区的生产规模、产品内涵、产品属性等等均各不相同，由于资料刊布不够均衡给系统的类型学研究带来了相应的困难，因此本章的考古类型学研究着眼于典型地区和窑场，选取代表性的器形进行类型学划分，并进行分期研究，探索各个地区器形、产品风格演变的内在规律。

第一节 北方地区"磁州窑类型"黑釉瓷器考古类型学研究

"磁州窑类型"是一个广义的概念，囊括北方地区窑场生产的多个陶瓷器品种，且并非同一产地，这样定义的一种重要原因是目前公开发表的明代窑址资料同明墓及明代遗址出土物、国内外文物收藏单位的传世文物尚无法完全一一对应，只能笼统地以"磁州窑类型"进行概括。这种说法业已被古陶瓷学界所使用，大英博物馆霍吉淑将"磁州窑类型"概括为"包括一系列烧制于北方的炻胎器，主要烧制地点包括河北、河南、山西、陕西、山东和安徽。……大英博物馆收藏的磁州窑类型器向我们展示了一系列各有千秋的陶瓷装饰技法，主要包括白釉釉下褐彩、绿釉釉下黑彩、白釉釉下刻划花和于化妆土上彩绘、绞胎等"[1]。郭学雷先生则将一些典型品种，如化妆白瓷、剔刻花、白地黑花、红绿彩及孔雀蓝釉等统称为磁州窑类型瓷器[2]。故此，明代"磁州窑类型"瓷器包括白地黑花、白地黑花褐彩、孔雀蓝釉黑花、白釉、黑釉、酱釉等品种的陶瓷器，产地各不相同。

明代"磁州窑类型"黑釉、酱釉、茶叶末釉瓷器均属于以氧化铁为呈色剂在还原焰气氛下烧制的发色机理，其釉色及釉面状况的掌控也在毫厘

[1]［英］霍吉淑著：《大英博物馆藏中国明代陶瓷》，下册，第十四章，故宫出版社，2014年，502页。
[2] 郭学雷著：《明代磁州窑瓷器》，文物出版社，2005年，10页。

之中。北方的明代窑址大多数都是黑釉、酱釉、茶叶末釉三类器物同时烧造，而且器物的造型、风格、功能具有同一性，故将三者一并阐述。黑釉（含酱釉、茶叶末釉）瓷器是北方地区"磁州窑类型"烧造数量最多的瓷器品种，其烧造工艺相对简易，烧制成本也较低，使用人群基数大，广泛受到各个阶层的喜爱。因此，本节以北方明代窑场生产数量最多的黑釉瓷器（含酱釉、茶叶末釉）为代表来探讨器物的发展演变。

因窑址资料刊布较少，故下文以河南地区窑场及陕西地区窑场为代表，选取考古资料多且特征明显、发展序列相对清晰的器物进行类型学划分。

一、河南地区窑场——以禹州窑为代表

河南地区坐拥雄厚的制瓷工艺和烧造传统，不仅文献资料中多次提到明代瓷器，而且近年来的城市建设中也出土了不少的瓷器遗物。从传世器物及相关考古资料来看，其明代瓷器产地分布较广，产品流布范围较大，品种丰富，有白地黑花、白地褐花、孔雀蓝釉、孔雀蓝釉黑花、黑釉、白釉等，但因多数瓷器品种的出土数量相对较少，无法支撑类型学研究，故仅以黑釉瓷器（含酱釉、茶叶末釉）的典型器形为代表进行类型学分析。

1. 碗

按照口部不同造型分为二型。

A 型：直口。

标本：河南宝丰清凉寺汝窑遗址出土，口微敞，斜弧腹，圈足较高，挖足过肩。内底涩圈，通体有轮旋纹。胎色粉红，内外施黄釉。口径16.5、足径5.7、高7.1厘米[1]（图3.1，1）。

河南开封明代建筑遗址出土造型接近的黑釉碗，唯有腹部略深[2]（图3.1，2）。

B 型：大敞口。

标本：河南荥阳周懿王墓（1485）出土，圆唇，斜弧腹，内底较平，圈足。内壁及唇施白釉，外壁施酱色釉，底无釉。口径16.7、底径7.3、

———————
[1]河南省文物考古研究院、宝丰县文物管理局：《宝丰清凉寺汝窑遗址2014年发掘简报》，《华夏考古》2019年第1期。
[2]河南省文物考古研究院、开封市文物考古研究所：《开封御龙湾小区明代建筑遗址的发掘》，《华夏考古》2019年第2期。

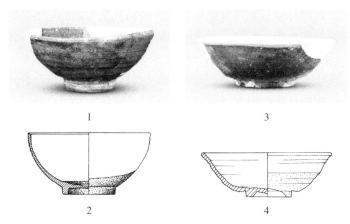

图 3.1　河南地区窑场黑釉（酱釉、茶叶末釉）碗

1. A 型，河南宝丰清凉寺汝窑遗址出土　2. A 型，河南开封明代建筑遗址出土　3. B 型，河南荥阳周懿王墓（1485）出土　4. B 型，河南开封县牛头山 M1 出土

高 5.5 厘米[1]（图 3.1，3）。

河南开封县牛头山 M1 也出土该型酱釉碗，但碗内壁和外壁上部施白釉，仅于外壁中下部施黑褐色酱釉，施釉不均，局部有流釉现象[2]（图 3.1，4）。

2. 罐

按照有无双系分为二型。

A 型：无系。根据颈部不同造型分为二亚型。

Aa 型：矮颈。

标本：河南南阳柴昇墓（1523）出土，口稍侈，鼓腹，平底。外施黄褐色釉，釉色光亮，外施釉不及底。口径 7.6、腹径 13.8、底径 7.8、高 13.6 厘米[3]（图 3.2，1；彩版三二，2）。

南阳刘文辉墓（1549）出土造型接近的矮颈罐，唯有外腹中部素胎无釉，饰数周细弦纹及 6~8 条一组的竖刻划纹，将细弦纹分成数组[4]（图 3.2，2；彩版三二，3）。

Ab 型：长颈。

---

[1] 河南省文物考古研究院、荥阳市文物保护管理中心：《河南荥阳明代周懿王墓发掘简报》，《华夏考古》2019 年第 2 期。

[2] 洛阳市文物考古研究院：《洛阳老城南关明代院落遗址发掘简报》，《洛阳考古》2017 年第 1 期。

[3] 南阳市文物考古研究所编著：《南阳明墓》，大象出版社，2010 年，25 页。

[4] 南阳市文物考古研究所编著：《南阳明墓》，大象出版社，2010 年，58 页。

图 3.2　河南地区窑场 A 型黑釉（酱釉、茶叶末釉）罐

1. Aa 型，河南南阳柴昇墓（1523）出土　2. Aa 型，河南南阳刘文辉墓（1549）出土　3. Ab 型，
河南南阳柴肱墓（1555）出土

标本：河南南阳柴肱墓（1555）出土，口微内敛，圆唇微外卷，圈足微外撇。内外均施黑釉，釉色光亮，口沿上部及圈足未施釉。口径 8、腹径 11、底径 5.6、高 13 厘米[1]（图 3.2，3；彩版三一，1）。

B 型：双系。按照颈部、肩部不同造型分为二亚型。

Ba 型：颈、肩部分界不明显。按照腹部不同造型分为二式。

Ⅰ式：腹部圆弧。

标本：河南南阳倪深墓（1538）出土，上部施酱釉，底部露胎。口径 10.8、腹径 14、底径 7.5、高 13.2 厘米[2]（图 3.3，1）。

Ⅱ式：腹部长圆弧。

标本：河南宝丰廖旗营墓地李古器墓（1564）出土，口微敛，圆唇。黑褐色釉，内部满釉，外部仅底部未施釉。口径 8、足径 6.4、高 15.2 厘米[3]（图 3.3，2）。

Ⅲ式：腹部呈筒形。器身修长，颈、腹部几乎连为一体。

标本：河南南阳陈谔墓（1616）出土，颈部略长，腹部较直。内外施酱色釉，外部施釉未到底。口径 6.1、腹径 7.6、底径 4.5、高 12.2 厘米[4]（图 3.3，5）。

---

[1] 南阳市文物考古研究所编著：《南阳明墓》，大象出版社，2010 年，36 页。

[2] 南阳市文物考古研究所编著：《南阳明墓》，大象出版社，2010 年，11 页。

[3] 郑州大学历史学院、河南省文物局南水北调文物保护办公室、宝丰县文物管理局：《河南宝丰廖旗营墓地明代家族墓发掘简报》，《文物》2017 年第 4 期。

[4] 南阳市文物考古研究所编著：《南阳明墓》，大象出版社，2010 年，77 页。

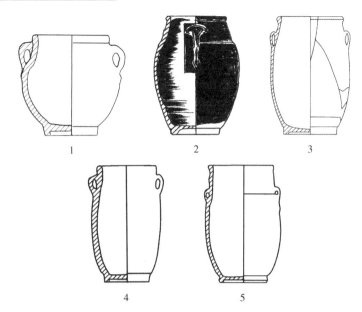

图 3.3　河南地区窑场 Ba 型黑釉（酱釉、茶叶末釉）罐

1. Ba 型 I 式，河南南阳倪深墓（1538）出土　2. Ba 型 II 式，河南宝丰廖旗营墓地李古器墓（1564）
出土　3. Ba 型 III 式，河南南阳赵铸墓（1576）出土　4. Ba 型 III 式，河南南阳陈志墓（1591）
出土　5. Ba 型 III 式，河南南阳陈湄墓（1616）出土

河南南阳赵铸墓（1576）[1]、陈志墓（1591）[2]也都出土造型、尺
寸几乎一致的双系罐（图 3.3，3、4）。

Bb 型：颈、肩部分界明显。按照腹部不同造型分为二式。

I 式：腹部圆弧，略呈筒形。

标本：河南南阳刘濬墓（1511）出土，腹部较直。灰白胎，较硬。内、
外施酱色釉，外部施釉未到底。口径 8.2、腹径 10.2、底径 6.3、高 15.1
厘米[3]（图 3.4，1）。

河南南阳柴朏墓（1530）[4]、赵世德墓（1595）[5]也出土造型基本
一致的双系罐，唯柴朏墓所出内外施黄褐色釉，釉面光亮有黑釉斑（图 3.4，
2、3；彩版三一，3、2）。

II 式：腹部长圆，呈筒形。整器修长。

---

[1] 南阳市文物考古研究所编著：《南阳明墓》，大象出版社，2010 年，118 页。
[2] 南阳市文物考古研究所编著：《南阳明墓》，大象出版社，2010 年，74 页。
[3] 南阳市文物考古研究所编著：《南阳明墓》，大象出版社，2010 年，52 页。
[4] 南阳市文物考古研究所编著：《南阳明墓》，大象出版社，2010 年，25 页。
[5] 南阳市文物考古研究所编著：《南阳明墓》，大象出版社，2010 年，106~110 页。

图 3.4　河南地区窑场 Bb 型黑釉（酱釉、茶叶末釉）罐

1. Bb 型 I 式，河南南阳刘溶墓（1511）出土　2. Bb 型 I 式，河南南阳柴胐墓（1530）出土
3. Bb 型 I 式，河南南阳赵世德墓（1595）出土　4. Bb 型 II 式，河南洛阳徐道墓（1614）出土

标本：河南洛阳徐道墓（1614）出土，腹部较直。器内施棕褐色釉，外施黑釉，底足无釉。口径 5.7、底径 4.6、高 11 厘米[1]（图 3.4，4；彩版三一，4）。

二、陕西地区窑场——以陈炉窑为代表

明代陈炉窑产品主要有黑釉、酱釉、茶叶末釉、白地黑花、白釉等品种，尤以匀净亮丽黑釉（含酱釉）最具特色，胎质坚硬，釉层匀净，质量较高，产量最大，故选取黑釉瓷器的典型器形进行类型学分析。

1. 碗

按照口部不同造型分为二型。

A 型：直口。根据腹部、圈足不同造型分为三式。

I 式：斜弧腹，圈足较浅。

标本：陕西铜川洪武十六年墓（1383）出土，圆唇，内底较圆弧，腹下近足处斜削一周，足底较平，足心略凸。全器施黑釉，外壁施半釉，有流釉现象。胎色浅灰白，夹有黑色杂质，质地坚硬。口径 16.5、足径 6.2、通高 6 厘米[2]（图 3.5，1）。

该造型黑釉碗在陕西立地坡窑址也有不少出土[3]。

[1] 洛阳市文物工作队：《洛阳两座明代官吏墓的发掘》，《中国国家博物馆馆刊》2012 年第 4 期。
[2] 张汉文、陈晓捷：《从纪年墓出土瓷器谈明清陈炉窑瓷器的鉴定》，《收藏界》2008 年第 10 期。
[3] 陕西省考古研究所、铜川市考古研究所编著：《立地坡·上店耀州窑址》，三秦出版社，2004 年，158~160 页。

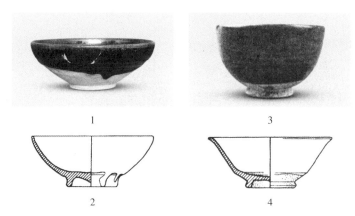

图 3.5　陕西地区窑场黑釉（酱釉、茶叶末釉）碗

1. A 型 Ⅰ 式，陕西铜川洪武十六年墓（1383）出土　2. A 型 Ⅱ 式，陕西延安甘泉明墓 M3（1496）
　 出土　3. A 型 Ⅲ 式，陕西彬县纪泰墓（1630）出土　4. B 型，陕西立地坡窑址出土

　　Ⅱ式：斜弧腹，圈足较高。

　　标本：陕西延安甘泉明墓 M3（1496）出土，圆唇，内底刮出涩圈。内外壁均施黑釉，有流釉现象。口径 16.5、底径 7、高 6.9 厘米[1]（图 3.5，2）。

　　该造型黑釉碗在陕西立地坡窑址也有不少出土[2]。

　　Ⅲ式：斜直腹，圈足。

　　标本：陕西彬县纪泰墓（1630）出土，腹部较深。胎色灰白，夹有黑色杂质，内外均施黄褐色釉，施釉不及底。口径 14.9、底径 6.3、高 9.6 厘米[3]（图 3.5，3）。

　　B 型：侈口。

　　标本：陕西立地坡窑址出土，圆唇，内底刮釉一周，斜弧腹，腹壁较直，圈足略呈台形，挖足过肩，底心有乳凸。胎色土黄泛灰，夹有褐点杂质，二次施釉，黑褐色釉，口沿处施釉较薄。口径 14.5、底径 6、高 5.8 厘米[4]（图 3.5，4）。

［1］陕西省考古研究所、延安地区文管会、甘泉县文管所：《西延铁路甘泉段明清墓清理简报》，《考古与文物》1995 年第 3 期。

［2］陕西省考古研究所、铜川市考古研究所编著：《立地坡·上店耀州窑址》，三秦出版社，2004 年，160~161 页。

［3］刘卫鹏：《陕西彬县东关村明代石室壁画墓的发掘》，《苏州文博论丛》2010 年总第 1 辑，文物出版社，2010 年。

［4］陕西省考古研究所、铜川市考古研究所编著：《立地坡·上店耀州窑址》，三秦出版社，2004 年，165 页。

图 3.6　陕西地区窑场黑釉（酱釉、茶叶末釉）矮颈罐

1. Ⅰ式，陕西铜川洪武十六年墓（1383）出土　2. Ⅱ式，陕西铜川成敬墓（1454）出土　3. Ⅲ
式，陕西铜川未来城明墓（1498）出土　4. Ⅲ式，西安市明代窖藏出土

该窑址也出土有腹部斜弧的侈口碗[1]。

2. 矮颈罐

按照腹部的不同造型分为三式。

Ⅰ式：最大径在腹中部。

标本：陕西铜川洪武十六年墓（1383）出土，唇口，溜肩，圈足，足
心略凸。内外施黑釉，外壁施釉不及底。胎色浅灰，质地坚硬，有细小颗
粒，釉色漆黑明亮。口径 9、足径 6.8、高 12.7 厘米[2]（图 3.6，1）。

Ⅱ式：最大径在腹中部偏上。

标本：陕西铜川成敬墓（1454）出土，子母口，直口微敛，方唇，
溜肩，鼓腹，圈足，足跟粘砂。口外露胎，器内外壁施黑釉，釉色黑亮。

［1］陕西省考古研究所、铜川市考古研究所编著：《立地坡·上店耀州窑址》，三秦出版社，2004 年，
　　164~167 页。

［2］张汉文、陈晓捷：《从纪年墓出土瓷器谈明清陈炉窑瓷器的鉴定》，《收藏界》2008 年第 10 期。

口径 8、底径 6.7、高 12.7 厘米[1]（图 3.6，2）。

Ⅲ式：最大径在腹上部。

标本：陕西铜川未来城明墓（1498）出土，盖罐，盖尖唇直口，宽斜沿，圆柱形纽。罐圆唇，圆肩，鼓腹较深，腹下斜收，圈足外侧斜削一周。胎色浅土黄，胎质坚硬。罐内外施黑釉，足心施釉，口沿及足底刮釉，盖内露胎。盖口径 8.8、直径 12.9、高 4.3 厘米，罐口径 11.9、底径 12.8、高 26 厘米，通高 29 厘米[2]（图 3.6，3；彩版三二，4）。

西安城内明代窖藏也出土有造型相似的罐，但无盖，釉色呈茶叶末色[3]（图 3.6，4）。

3. 缸

按照腹部的不同造型分为二式。

Ⅰ式：腹最大径在腹上部。

标本：陕西西安上洛县主墓出土（1471），直口微敛，圆唇外卷，腹微鼓，弧收平底。外施酱褐釉。口径 36、底径 19.2、高 46.8 厘米[4]（图 3.7，1）。

此种造型还见有白地黑花器物，黑彩绘画黑色花瓣、变体莲纹、涡纹和花叶纹[5]（彩版二七，1），还有的器物绘画龙、云纹图案[6]。

Ⅱ式：腹最大径在腹中部。

标本：陕西西安朱敬鏽墓出土（1623），圆方唇，敛口，弧腹，平底

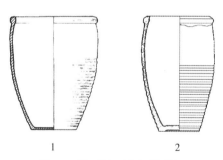

1   2

图 3.7　陕西地区窑场黑釉缸

1. Ⅰ式，陕西西安上洛县主墓（1471）出土　2. Ⅱ式，陕西西安朱敬鏽墓（1623）出土

[1]铜川市考古研究所：《陕西铜川明内官监太监成敬墓发掘简报》，《考古与文物》2017 年第 5 期。
[2]铜川市考古研究所：《陕西铜川新区未来城明墓发掘简报》，《考古与文物》2016 年第 2 期。
[3]王长启、陈安利、李军辉：《西安城内出土一批明代窖藏文物》，《文博》1992 年第 1 期。
[4]陕西省考古研究院：《西安南郊明上洛县主墓发掘简报》，《考古与文物》2009 年第 4 期。
[5]西安市文物保护考古所：《西安财政管理干部培训中心明墓发掘简报》，《文博》2002 年第 6 期。
[6]西安市文物保护考古所：《西安南郊皇室明宗室汧阳端爵王朱公鏥墓清理简报》，《考古与文物》2001 年第 6 期。

微凹。口沿无釉，其他部分皆施黑釉，釉色偏黄。腹至底有数道弦纹，整器显瘦高。口径 28.5、底径 16.5、高 45 厘米[1]（图 3.7，2）。

三、明代"磁州窑类型"黑釉瓷器分期研究

按照类型学分析及其他考古资料情况，包括明代纪年墓葬及窑址资料，可以将明代"磁州窑类型"瓷器初步分为三期。

第一期：洪武元年至天顺八年（1368~1464），14 世纪下半叶至 15 世纪上半叶。

这一期"磁州窑类型"瓷器实际的生产区域较大，河北、河南、陕西、山东均有窑业生产，其中河南、陕西诸窑场以黑釉、酱釉、茶叶末釉器物为主，偶见白地黑花和白釉器物。代表器形河南地区窑场有 A 型碗；陕西地区窑场有 A 型 I 式、B 型碗，I 式、II 式矮颈罐。

第一期瓷器品种比较单纯，器形较简单，主要为碗、罐等。陕西地区流行直口弧腹碗，罐的腹部比较浑圆，最大径在腹中部。河南地区窑场 A 型、B 型黑釉碗的腹部呈现逐渐加深趋势。

第二期：成化元年至嘉靖四十五年（1465~1566），15 世纪下半叶至 16 世纪上半叶。

这一期是明代"磁州窑类型"器物的发展和转型时期，多个陶瓷品种同时存在，器形种类最丰富和全面，但又孕育着变化和生机。河南地区瓷器生产异军突起，产品种类丰富，生产黑釉、酱釉、白地黑花、白地褐花、孔雀蓝釉黑花瓷器。代表器形河南地区窑场主要有 A 型、B 型碗，A 型、Ba 型 I 式、Ba 型 II 式、Bb 型 I 式罐；陕西地区窑场主要有 A 型 II 式、B 型碗，III 式罐，I 式缸。

第二期瓷器品种丰富，器形也有所增多，河南地区窑场 B 型碗大量流行，腹部近底处逐渐向内折收；长直颈圆腹罐、双系罐开始占据主流，双系罐腹部曲线渐趋平缓。陕西地区的直口碗还在流行的同时，敞口碗、侈口碗也开始出现；矮颈罐的腹部最大径在上移；缸是明代北方地区重要的随葬品，这一期大量出土，形制大致相同，整体趋势是器身更加瘦长。

第三期：隆庆元年至崇祯十七年（1567~1644），16 世纪下半叶至 17 世纪上半叶。

---

[1] 陕西省考古研究所、西北大学文博学院：《西安明代秦藩辅国将军朱秉橘家族墓》，《文物》2007 年第 2 期。

这一期是对上一期的巩固和持续，瓷器品种比较稳定，河南地区窑场生产的孔雀蓝釉黑花瓷器得到了空前发展，其他地区窑场的黑釉、白釉继续烧造。代表器形河南地区窑场有 A 型、B 型碗，Ba 型Ⅲ式、Bb 型Ⅱ式罐；陕西地区窑场的代表器形有 A 型Ⅲ式、B 型碗，Ⅱ式缸。

第三期器物造型趋于稳定，河南地区窑场多见敞口折腹碗，渐趋直腹深腹。罐以圆长腹罐、双系筒腹罐最为常见，矮颈鼓腹罐较少见，其中双系筒腹罐造型发展的整体趋势是时代越晚颈部越长，器身越直且瘦长。陕西地区矮颈罐的腹部最大径位于颈肩交接处，所有器物向瘦长方向发展。

白地黑花器物此时迎来新器形——酒坛，而且一直流行至清代，这类器物纹饰繁缛，肩部多题写铭文，包括寓意美好的诗文及器物的制作时间、工匠、地点等，腹部绘草叶纹样，因此器物时代、功用较为明确。根据学者的研究，这类酒坛时代最早的为嘉靖癸巳（1533）[1]，万历时期的器物传世最多，至康熙、雍正、乾隆时期仍有生产，产地多指向于山西壶关一带。

"磁州窑类型"瓷器代表着充满活力的民窑生产体系，在广袤的北方地区拥有较强的影响力。明代是"磁州窑类型"瓷器风格转型的重要时期，随着明代政治经济的稳定和发展，产品风格逐步呈现了多元化发展，最先体现在器物造型上的变化。随着制瓷工艺的不断提高以及青花瓷器的繁盛和压倒式发展，北方的"磁州窑类型"白地黑花瓷器也开始借鉴青花瓷绘画工艺以寻求装饰技法的突破。

第二节　浙江地区青釉瓷器考古类型学研究

浙江地区青釉瓷器主要指龙泉窑青釉产品，其窑址多数分布于龙泉市所辖区域。龙泉窑青釉瓷器的考古资料丰富，产品风格自成脉络。龙泉窑自五代开始就烧造青釉瓷器，其早期产品风格受到越窑、瓯窑的影响。南宋以后逐渐形成厚胎厚釉的产品特征。明代，浙江龙泉地区诸窑址仍主要烧造青釉瓷器，其产品在明代瓷器中的地位不容小视，影响力不亚于景德镇青花瓷，产量较大，类型丰富，流布范围广，部分器物造型具有比较明显演变规律。

---

[1] 郝良真：《磁州窑白地黑绘花酒坛及相关问题探析》，《文物春秋》2002 年第 5 期。

一、典型器形

1. 碗

按照口部的不同造型分为二型。

A 型：侈口。按照唇部不同造型分为二亚型。

Aa 型：尖唇。按照腹部不同造型分二式。

Ⅰ式：弧腹。

标本：江苏苏州刘德贞墓（1370）出土，腹部较浅，圆唇，圈足。胎体厚重，釉泛黄，外壁施釉不及底，釉面斑驳，多已剥落。口径 16.8、底径 5.6、高 5.9 厘米[1]（图 3.8，1）。

江苏南京薛显墓（1387）也出土造型一致的青釉碗，釉层也已大部剥落[2]（图 3.8，2）。河北乐亭前炕各庄 M7（图 3.8，3）、江苏淮安河下遗址[3] 还出土该造型的花口碗，唯纹饰有所不同，采用刻划、模印等装饰技法。

Ⅱ式：斜弧腹。

标本：江西金溪秀谷刘徽士墓（1454）出土，圆唇，腹部较深，圈足略高。内底划八思巴文字，内底及外壁均有凹弦纹。灰白色胎，通体施豆青色釉，釉面有开片。口径 14、足径 5.8、高 6.7 厘米。另一件口径 14.5、足径 5.5、高 7 厘米[4]（图 3.8，4）。

江苏淮安吴信墓（1461）[5]、四川成都太监张公墓（1538）[6] 也出土有造型相似的青釉碗（图 3.8，5、6）。

Ab 型：圆唇。按照腹部不同造型分为二式。

Ⅰ式：弧腹。

标本：江苏南京郢国夫人樊氏墓（1408）出土，腹部较浅，圈足。通体施青釉，有开片，足底无釉。口径 16、底径 7、高 7.5 厘米[7]（图 3.8，

---

[1] 苏州市考古研究所：《江苏苏州吴山岭明刘德贞墓发掘简报》，《东南文化》2016 年第 6 期。

[2] 南京市博物馆：《南京市两座明墓的清理简报》，《华夏考古》2001 年第 2 期。

[3] 南京博物院、淮安市楚州博物馆：《江苏淮安楚州区河下遗址龙泉窑瓷片堆积坑发掘简报》，《东南文化》2010 年第 2 期；河北省文物研究所、唐山市文物管理处、乐亭县文物保护管理所：《乐亭县前炕各庄墓群发掘报告》，《文物春秋》2007 年第 1 期。

[4] 江西省文物考古研究所、金溪县文物管理所：《江西金溪秀谷明代纪年墓发掘简报》，《文物》2017 年第 12 期。

[5] 淮安市博物馆：《淮安楚州翔宇花园明清墓葬群发掘简报》，《东南文化》2012 年第 1 期。

[6] 成都文物考古研究所：《成都市武侯区"沙竹苑"明代太监墓发掘简报》，《成都考古发现》2007，科学出版社，2009 年。

[7] 南京市博物馆、雨花台区文化局：《南京南郊明郢国夫人樊氏墓》，南京市博物馆编：《南京文物考古新发现》，江苏人民出版社，2006 年，145 页。

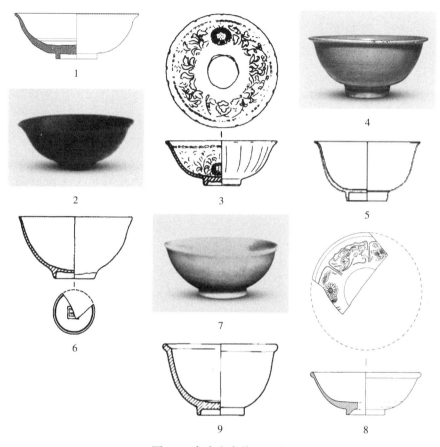

图 3.8　龙泉窑青釉 A 型碗

1. Aa 型 I 式，江苏苏州刘德贞墓（1370）出土　2. Aa 型 I 式，江苏南京薛显墓（1387）出土
3. Aa 型 I 式，河北乐亭前炕各庄 M7 出土　4. Aa 型 II 式，江西金溪秀谷刘微士墓（1454）出土
5. Aa 型 II 式，江苏淮安吴信墓（1461）出土　6. Aa 型 II 式，四川成都太监张公墓（1538）出土
7. Ab 型 I 式，江苏南京郢国夫人樊氏墓（1408）出土　8. Ab 型 I 式，四川成都下东大街遗址
出土　9. Ab 型 II 式，江西临川艾妙音墓（1509）出土

7；彩版一八，1）。

　　江苏泰州觉正寺明墓[1]、四川成都下东大街遗址[2]均出土造型一致
的青釉碗，其中成都下东大街遗址所出内壁分区模印花卉纹样（图3.8，8）。
大窑枫洞岩窑址也出土不少此型碗，碗底多戳印各式花卉、十字宝杵、双

---

[1]泰州市博物馆：《江苏泰州明代墓葬清理简报》，《东南文化》2007 年第 3 期。
[2]成都市文物考古研究所：《成都下东大街遗址明代早期遗存发掘简报》，《文物》2011 年第 7 期。

鱼、（福）鹿、飞马等纹样，外壁多刻划莲瓣纹[1]。

Ⅱ式：斜弧腹。

标本：江西临川艾妙音墓（1509）出土，腹部较深，腹壁上部较直，近底部内弧收，内底较平坦，足端平。内、外腹壁刻划莲瓣纹。通体施青釉，外底刮釉，中心有釉斑，无釉处泛火石红，釉层较厚，有疏朗开片。口径 14.8、底径 6、高 8.5 厘米[2]（图 3.8，9）。

大窑枫洞岩窑址亦出土大量此造型碗，内底多见戳印花卉、文字、杂宝纹样，内外壁流行刻划纹样[3]。

B 型：敞口。按照腹部的不同造型分二式。

Ⅰ式：弧腹。

标本：江苏南京尹西村明墓出土，腹部较浅，圈足较小，器底较厚。外壁印莲瓣纹，内壁饰满鱼鳞纹，内底部饰花草图案。通体施青釉。口径 24.9、底径 7.8、高 11、壁厚 0.5~1.6 厘米[4]（图 3.9，1）。

江苏淮安河下遗址也出土该造型碗，刻划纹饰有所不同，内壁为花卉纹，底心双圈内刻葡萄纹，外壁口沿饰卷草纹，腹部刻花卉纹[5]（图 3.9，2）。

Ⅱ式：斜弧腹。

标本：江苏淮安王镇墓（1505）出土，腹部较深，圜底，圈足。内、外壁口沿处有一周回纹，内壁饰四组人物图案并有"孔子忆颜回""韩信武之才""李白功书卷""贞子破棋开"题名，人物形象与题名相对应。碗内底为菱花形开光内印梅鹿"宁"字纹。胎略显厚重，通体施青釉，有开片。口径 17、底径 7、高 9 厘米。另一件外壁为莲瓣纹，口径 14、底径 6、高 8 厘米[6]（图 3.9，3；彩版一八，2）。

这种圈足较高、腹部较深的龙泉青釉印花碗在江苏淮安吴信墓（1461）[7]、湖北京山[8]、吉林扶余[9]的明代墓葬中也有不少出土，

---

[1] 浙江省文物考古研究所、北京大学考古文博学院、龙泉青瓷博物馆编著：《龙泉大窑枫洞岩窑址》，文物出版社，2015 年，49~62 页。

[2] 徐培根、程晓辉、张蔓：《江西临川明代纪年墓清理简报》，《南方文物》2009 年第 3 期。

[3] 浙江省文物考古研究所、北京大学考古文博学院、龙泉青瓷博物馆编著：《龙泉大窑枫洞岩窑址》，文物出版社，2015 年，62~68 页。

[4] 南京市博物馆：《南京尹西村明墓》，《江汉考古》1989 年第 2 期。

[5] 南京博物院、淮安市楚州博物馆：《江苏淮安楚州区河下遗址龙泉窑瓷片堆积坑发掘简报》，《东南文化》2010 年第 2 期。

[6] 江苏省淮安县博物馆：《淮安县明代王镇夫妇合葬墓清理简报》，《文物》1987 年第 3 期。

[7] 淮安市博物馆：《淮安楚州翔宇花园明清墓葬群发掘简报》，《东南文化》2012 年第 1 期。

[8] 京山县博物馆：《京山孙桥明墓清理简报》，《江汉考古》1989 年第 3 期。

[9] 吉林省文物考古研究所编著：《扶余明墓——吉林扶余油田砖厂明代墓地发掘报告》，文物出版社，2011 年，58~59 页。

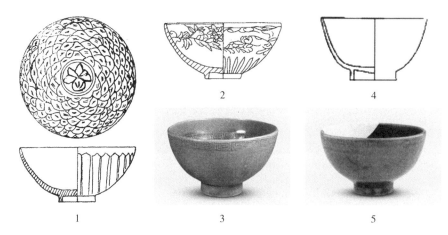

图 3.9　龙泉窑青釉 B 型碗

1. B 型 I 式, 江苏南京尹西村明墓出土　2. B 型 I 式, 江苏淮安河下遗址出土　3. B 型 II 式, 江苏淮安王镇墓（1503）出土　4. B 型 II 式, 江苏淮安吴信墓（1461）出土　5. B 型 II 式, 吉林扶余油田砖厂 XM22 出土

内壁印花多为压印的人物故事, 内外口沿处压印回纹一周（图 3.9, 4、5）。龙泉东区碗坂山窑址也出土此造型碗, 唯不见人物故事纹样[1]。大窑枫洞岩窑址还见有此造型花口碗, 分区刻划花卉纹样[2]。

2. 盘

明代龙泉窑青釉瓷器比较常见的器形, 按照口部的不同造型分为二型。

A 型: 敞口。

标本: 江苏南京叶氏墓（1418）出土, 圆唇、弧腹、大圈足, 足端宽平。裹足支烧, 外底有一周无釉, 呈火石红色, 足心施釉。内底印金刚杵纹。灰色胎, 质地坚致, 青釉肥厚润泽。口径 29.4、足径 21、高 4.8 厘米[3]（图 3.10, 1; 彩版一九, 1）。

江西明益庄王朱厚烨继妃万氏墓（1590）[4]、南京尹西村明墓[5]（图 3.10, 3）也出土造型相似的青釉盘, 万氏墓所出尺寸更大, 釉面质量较差（图 3.10, 2; 彩版一九, 3）。大窑枫洞岩窑址大量出土该型青釉盘,

---

[1] 浙江省文物考古研究所编:《龙泉东区窑址发掘报告》, 文物出版社, 2005 年, 221~222 页。

[2] 浙江省文物考古研究所、北京大学考古文博学院、龙泉青瓷博物馆编著:《龙泉大窑枫洞岩窑址》, 文物出版社, 2015 年, 89 页。

[3] 南京市文物保管委员会:《南京中华门外明墓清理简报》,《考古》1962 年第 9 期。

[4] 江西省博物馆、南城县博物馆、新建县博物馆、南昌市博物馆编:《江西明代藩王墓》, 文物出版社, 2010 年, 119~120 页。

[5] 南京市博物馆:《南京尹西村明墓》,《江汉考古》1989 年第 2 期。

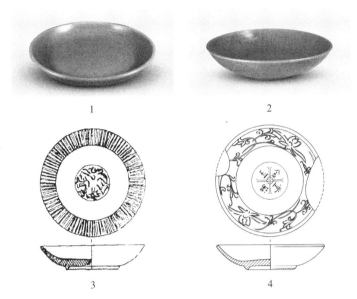

图 3.10　龙泉窑青釉 A 型盘
1. A 型，江苏南京叶氏墓（1418）出土　2. A 型，江西明益庄王朱厚烨继妃万氏墓（1590）出土
3. A 型，江苏南京尹西村明墓出土（明初）　4. A 型，大窑枫洞岩窑址出土

装饰纹样相当丰富，流行内外壁刻划纹饰，多见缠枝花卉、卷叶、菊瓣纹样，内底以刻划、戳印为主，多见各类花卉、方格叠钱、十字宝杵、文字等[1]（图 3.10，4）。

B 型：折沿。

标本：江苏南京尹西村 M3 出土，花口，方唇，斜弧腹，圈足。胎体厚重，通体施青釉，底无釉。口径 23.3、底径 9.2、通高 5.7 厘米[2]（图 3.11，1）。

江西益定王朱由木墓（1634）出土龙泉盘造型相似，尺寸较大，呈凹折沿，内壁、内底有印花图案[3]（图 3.11，4）。四川成都下东大街遗址[4]、东华门蜀王府遗址[5]、江苏徐州富庶街明代遗址[6]、贵州玉屏

［1］浙江省文物考古研究所、北京大学考古文博学院、龙泉青瓷博物馆编著：《龙泉大窑枫洞岩窑址》，文物出版社，2015 年，211~226 页。

［2］南京市博物馆：《南京尹西村明墓》，《江汉考古》1989 年第 2 期。

［3］江西省文物工作队：《江西南城明益定王朱由木墓发掘简报》，《文物》1983 年第 2 期。

［4］成都市文物考古研究所：《成都下东大街遗址明代早期遗存发掘简报》，《文物》2011 年第 7 期。

［5］成都文物考古研究院：《四川成都东华门明蜀王府宫城苑囿建筑群发掘简报》，《文物》2020 年第 3 期。

［6］徐州博物馆：《徐州富庶街明代遗址的发掘》，《考古学报》2004 年第 3 期。

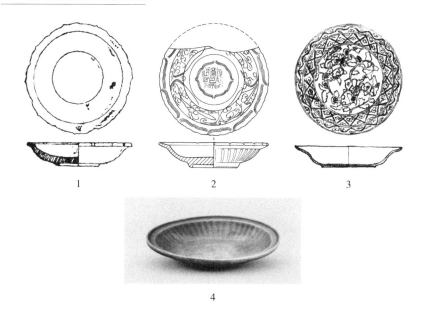

1

2

3

4

图 3.11 龙泉窑青釉 B 型盘

1. B 型，江苏南京尹西村明墓出土（明初） 2. B 型，大窑枫洞岩窑址出土 3. B 型，贵州玉
屏广嗣宫遗址出土 4. B 型，江西益定王朱由木墓（1634）出土

广嗣宫遗址[1]（图 3.11，3）、河南洛阳明代院落遗址[2]也都出土造型
接近的折沿大盘，折沿分平折、花口平折、凹折。

大窑枫洞岩窑址出土该型盘展现了更多样的装饰风格，内外壁及折沿
上多见刻划缠枝卷草、菱形曲线纹样或者内壁刻划莲瓣、菊瓣纹样，内底
也多见刻划及印花装饰，见有各类花卉、双鱼、双凤、十字宝杵、四鹅水
草、杂宝、飞马过海、方格叠钱、米格等，纹饰繁缛富丽[3]（图 3.11，2）。

3. 罐

按照口部、颈部不同造型分为二型。

A 型：大口，矮颈。按照腹部的不同造型分为三式。

Ⅰ式：圆鼓腹，下腹弧收。

标本：江苏南京徐膺绪墓（1416）出土，平口，荷叶形盖，矮圈足。
釉色翠绿。口径 5、底径 5、通高 6.7 厘米[4]（图 3.12，1；彩版二三，1）。

[1] 吴钦湘、吴帆：《贵州玉屏出土明代大瓷盘》，《文物》1988 年第 12 期。

[2] 洛阳市文物考古研究院：《洛阳老城南关明代院落遗址发掘简报》，《洛阳考古》2017 年第 1 期。

[3] 浙江省文物考古研究所、北京大学考古文博学院、龙泉青瓷博物馆编著：《龙泉大窑枫洞岩
窑址》，文物出版社，2015 年，115~201 页。

[4] 南京市博物馆：《明中山王徐达家族墓》，《文物》1993 年第 2 期。

南京弘觉寺塔基（1442）[1]（图 3.12，2；彩版二三，2）、大窑枫洞岩窑址[2]也出土相似造型，只是盖面无纽微凸，平沿，通体有刻划花卉、花叶及莲瓣纹。

Ⅱ式：鼓腹，下腹曲收。

标本：四川成都沙竹苑太监张公墓（1538）出土，直口微敛，腹部饰纵向棱纹。口径 25.2、底径 18.2、高 25.6 厘米[3]（图 3.12，3）。

江苏泰州高港明墓[4]、大窑枫洞岩窑址[5]都出土该造型青釉罐，而且更富于装饰，既有刻划花也有剔刻花，腹部主题纹饰多见缠枝花卉或者开光折枝花果、文字等，胫部为各式莲瓣纹。

Ⅲ式：鼓腹，下腹斜直内收。

标本：浙江黄岩王俯翠墓（1561）出土，莲苞纽斗笠形盖，直颈溜肩，胫部稍外撇，圈足。盖内、口沿、底足无釉，呈火石红色，底足内有旋削纹和凸起。肩部划如意云纹，腹部缠枝花，胫部变形莲瓣，均以双弦纹相隔。通体施豆青釉，釉面玻璃质感强，有开片。口径 8.4、底径 8.4、通高 17.2 厘米[6]（图 3.12，4；彩版二三，3）。

浙江金华范继文墓（1604）出土造型相似青釉罐，尺寸较小，素面无纹，釉面有开片[7]（图 3.12，5）。

B 型：小口，束颈。

标本：浙江黄岩方山下村出土，圆唇外撇，鼓腹，平底内凹。肩部划弦纹一道。通体施青绿釉，布满开片，底露胎，呈火石红。口径 3.1、腹径 6.8、底径 3.9、高 6.7 厘米[8]（图 3.13，6）。

该型罐流行于明代晚期，故出土数量相对较少。

4.瓶

按照颈部不同造型分为二型。

---

［1］蔡述传：《南京牛首山弘觉寺内发现文物》，《文物参考资料》1956 年第 11 期；张柏主编：《中国出土瓷器全集，江苏、上海》，科学出版社，2008 年，图版 197。

［2］浙江省文物考古研究所、北京大学考古文博学院、龙泉青瓷博物馆编著：《龙泉大窑枫洞岩窑址》，文物出版社，2015 年，296~299 页。

［3］成都文物考古研究所：《成都市武侯区"沙竹苑"明代太监墓发掘简报》，《成都考古发现》2007，科学出版社，2009 年。

［4］泰州市博物馆：《江苏泰州明代墓葬清理简报》，《东南文化》2007 年第 3 期。

［5］浙江省文物考古研究所、北京大学考古文博学院、龙泉青瓷博物馆编著：《龙泉大窑枫洞岩窑址》，文物出版社，2015 年，299~306 页。

［6］陈顺利、王中河：《黄岩出土明代庆元窑青瓷盖罐》，《文物》1986 年第 8 期。

［7］蒋金治、徐卫：《金华明代范氏墓发掘简报》，《东方博物》2013 年第 3 期。

［8］杨松涛：《黄岩馆藏出土明代瓷器》，《东方博物》2014 年第 1 期。

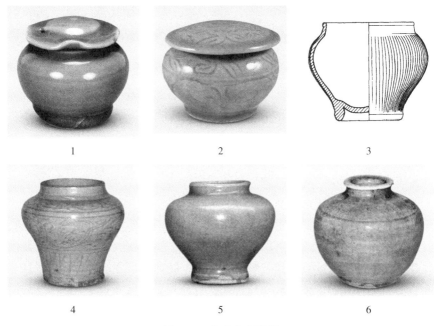

图 3.12　龙泉窑青釉罐

1. A 型 I 式，江苏南京徐膺绪墓（1414）出土　2. A 型 I 式，江苏南京弘觉寺塔基（1442）出土
3. A 型 II 式，四川成都沙竹苑太监张公墓（1538）出土　4. A 型 III 式，浙江黄岩王俯翠墓（1561）
出土　5. A 型 III 式，浙江金华范继文墓（1604）出土　6. B 型，浙江黄岩方山下村出土

　　A 型：长颈。按照腹部不同造型分为二亚型。

　　Aa 型：圆鼓腹下垂，即玉壶春瓶。按照口部不同造型分为二式。

　　I 式：撇口。

　　标本：江苏南京张云墓（1395）出土，矮圈足微外撇，外底有突起。
通体满施青釉，圈足底部露胎，釉层厚润，有开片。口径 7.2、底径 8.2、
高 26 厘米[1]（图 3.13，1）。

　　安徽合肥陈闻墓（1414）[2]、江苏南京叶氏墓（1418）[3]也出土
有造型相同的龙泉青釉瓶，陈闻墓所出通体刻划纹饰（图 3.13，2；彩版
二一，2）。

　　II 式：直口。

　　标本：浙江黄岩方山下村出土，圈足。通体施青黄色釉，布满开片，

[1]南京市博物馆、雨花台区文化局：《江苏南京市唐家凹明代张云墓》，《考古》1999 年第 10 期。
[2]安徽省博物馆：《合肥清理一座明墓》，《文物资料丛刊》（1978 年）2 期。
[3]南京市文物保管委员会：《南京中华门外明墓清理简报》，《考古》1962 年第 9 期。

图 3.13　龙泉窑青釉 A 型瓶

1. Aa 型 I 式，江苏南京张云墓（1395）出土　2. Aa 型 I 式，安徽合肥陈闻墓（1414）出土

3. Aa 型 II 式，浙江黄岩方山下村出土　4. Ab 型，河南南阳武略将军墓（1594）出土

底部无釉。口径 2.2、腹径 6.2、底径 4、高 10.2 厘米[1]（图 3.13，3）。

该造型亦流行于明代晚期，出土数量相对较少。

Ab 型：鼓腹，最大径在腹上部，腹下内收。即凤尾尊式瓶。

标本：河南南阳武略将军墓（1594）出土，粗长束颈，沿边微下卷，双轮状圈足。纹饰阴阳结合，口沿外饰弦纹，颈部刻蕉叶纹，肩部刻团云纹，腹部刻缠枝牡丹花纹，胫部刻柳叶纹。白胎，通体施豆青色釉，足底露胎，釉厚质润，有疏朗开片。口径 14.5、腹径 16.4、高 30 厘米[2]（图 3.13，4）。

大窑枫洞岩窑址出土了该型青釉瓶，大多数为残件，残存颈部或者腹部，多为满施刻划纹样，腹部以缠枝花卉为主，颈部有蕉叶和凸弦纹[3]。

B 型：短颈，小口。即梅瓶。按照腹部的不同造型分为二式。

I 式：弧腹，腹部最大径在腹上部，腹下内收。

标本：江苏南京于氏墓（1388）出土，翻唇，丰肩，直颈较短，底部略外撇，圈足。通体施青釉，釉层厚润，修足露胎。口径 5.3、底径 11.1、高 30.7 厘米[4]（图 3.14，1；彩版二一，1）。

[1] 杨松涛：《黄岩馆藏出土明代瓷器》，《东方博物》2014 年第 1 期。

[2] 张方：《南阳明代武略将军墓出土瓷器》，《华夏考古》1998 年第 4 期。

[3] 浙江省文物考古研究所、北京大学考古文博学院、龙泉青瓷博物馆编著：《龙泉大窑枫洞岩窑址》，文物出版社，2015 年，366~369 页。

[4] 南京市博物馆、雨花台区文化局：《江苏南京市戚家山明墓发掘简报》，《考古》1999 年第 10 期。

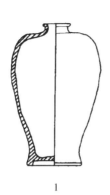

1   2

图 3.14 龙泉窑青釉 B 型瓶

1. B 型 I 式，江苏南京于氏墓（1388）出土   2. B 型 II 式，江苏南京锦衣卫丁固宗墓（1495）

出土

II 式：鼓腹，腹部最大径在腹中部，腹下急内收。

标本：江苏南京锦衣卫丁固宗墓（1495）出土，直颈较高，丰肩，腹部近圆形，近底部内收。颈部饰波纹，肩部饰缠枝莲纹，腹部四面饰变体莲花、芙蓉、牡丹、菊花，胫部饰直棱纹。胎质细腻，青釉匀净。口径 5.2、底径 9.2、高 28.8 厘米[1]（图 3.14，2）。

B 型瓶在大窑枫洞岩窑址也有出土，均乃残片无法复原，但可见各种造型完整的梅瓶盖[2]。

5. 双耳瓶

明代龙泉窑青釉瓷器代表性器形，按照耳部不同造型分为二型。

A 型：双耳衔环。

标本：北京太监刘通墓（1435）出土，长颈，溜肩，垂腹，圈足，双兽耳。腹部凸雕双龙及双凤纹，圈足回纹一周。胎体厚重，釉色淡青，釉层厚润。口径 4.7、底径 4.7、高 16 厘米[3]（图 3.15，1；彩版二二，1）。

山东鲁荒王妃戈氏墓（1440）[4]、江西永修魏源墓（1444）[5]（图

[1] 南京市文管会：《南京郊区出土明青瓷花瓶》，《文物资料丛刊》（1987 年）10 期。

[2] 浙江省文物考古研究所、北京大学考古文博学院、龙泉青瓷博物馆编著：《龙泉大窑枫洞岩窑址》，文物出版社，2015 年，358~359 页。

[3] 闫娟：《由明代太监刘通墓葬出土文物论及明早期宦官政治现象》，《首都博物馆论丛》总 26辑，北京燕山出版社，2012 年。

[4] 山东博物馆、山东省文物考古研究所编著：《鲁荒王墓（上）》，文物出版社，2014 年，188~191 页。

[5] 江西省博物馆：《江西玉山、临川和永修县明墓》，《考古》1973 年第 5 期。

1　　　　　　　　　　2　　　　　　　　　　3

图 3.15　龙泉窑青釉双耳瓶

1. A 型，北京太监刘通墓（1435）出土　2. A 型，江西永修魏源墓（1444）出土　3. B 型，四
川成都红牌楼明墓群 M3 出土

3.15，2；彩版二〇，1）、江西金溪刘徽士墓（1454）[1]、四川东华门
蜀王府遗址[2]、江苏南京尹西村明墓[3]、江苏淮安河下遗址[4]及大窑
枫洞岩窑址[5]（彩版一五，1）也都出土了这种双耳衔环瓶，既有青釉素
面也有通体印花装饰，口部有菱花形、方形、椭圆形盘口、圆角长方形盘
等变化，主题纹饰以"福""寿"文字最多见。

　　B 型：双耳无衔环。

　　标本：四川成都红牌楼明墓群 M3，平唇，直口，细颈，双象耳，底
部略内凹。口、颈、肩、足有数道弦纹。口径 11.8、底径 11、高 33.2 厘
米[6]（图 3.15，3，彩版二二，2）。

　　该型多流行于明代晚期，目前出土数量较少。

　　6. 执壶

　　明代龙泉窑青釉瓷器代表性器形，基本造型为腹部一侧有执柄，对称

［1］江西省文物考古研究所、金溪县文物管理所：《江西金溪秀谷明代纪年墓发掘简报》，《文物》
　　2017 年第 12 期。
［2］成都文物考古研究院：《四川成都东华门明蜀王府宫城苑囿建筑群发掘简报》，《文物》2020
　　年第 3 期。
［3］南京市博物馆：《南京尹西村明墓》，《江汉考古》1989 年第 2 期。
［4］南京博物院、淮安市楚州博物馆：《江苏淮安楚州区河下遗址龙泉窑瓷片堆积坑发掘简报》，
　　《东南文化》2010 年第 2 期。
［5］浙江省文物考古研究所、北京大学考古文博学院、龙泉青瓷博物馆编著：《龙泉大窑枫洞岩
　　窑址》，文物出版社，2015 年，360～365 页。
［6］成都市文物考古研究所：《成都市红牌楼明蜀太监墓群发掘简报》，《成都考古发现》2003，
　　科学出版社，2005 年。

图 3.16　龙泉窑青釉执壶

1. A 型 I 式，江苏南京叶氏墓（1418）出土　2. A 型 II 式，大窑枫洞岩窑址出土　3. A 型 II 式，
大窑枫洞岩窑址出土　4. B 型，江苏江阴夏颧墓（1411）出土

一侧为流，多为圈足。按口部不同造型分为二型。

A 型：侈口翻沿。按照腹部不同造型分为二式。

I 式：腹部最大径在腹下部。

标本：江苏南京叶氏墓（1418）出土，侈口，长束颈，溜肩，口、圈足呈四瓣海棠式，流细长，扁条形把手，长流与颈肩以云纹相连。腹部为桃形开光，内印缠枝牡丹纹，外绕缠枝花叶，胫部如意云纹，圈足卷草纹。胎质坚致，釉色青翠润泽，足沿无釉。口长 8.5、口宽 7.8、足长 8.8、足宽 7.9、高 24 厘米[1]（图 3.16，1）。该型出土数量较少。

II 式：腹部最大径在腹中部。

标本：大窑枫洞岩窑址出土，矮直颈、弧肩、圆腹，圈足微外斜，外底无釉。曲长流带连，把端呈叶形。器表满饰纹样，沿面和颈部刻划四叶

———————————

[1] 南京市文物保管委员会：《南京中华门外明墓清理简报》，《考古》1962 年第 9 期。

纹，肩部剔刻大莲瓣纹，腹部以菱形线条分为四部分，内剔刻四叶纹和"金玉满堂"字样，下刻划蕉叶纹，圈足外壁刻划折线纹。胎色灰白，胎壁较厚，釉层较薄，釉色青绿。口径 9、足径 8.8、高 18 厘米[1]（图 3.16，2，彩版一四，3）。

大窑枫洞岩窑址出土的这种造型执壶，还见有刻划纹样，常常是腹壁满饰花卉、莲瓣、蕉叶及几何纹样[2]（图 3.16，3）。

B 型：微侈口。

标本：江苏江阴夏颧墓（1411）出土，侈口，短束颈，圈足。瓜棱形腹，宽带形柄，上有数道竖弦纹。通体施青釉，釉面滋润亮泽，足端一周无釉，呈火石红。口径 7.2、底径 7.3、高 13.5 厘米[3]（图 3.16，4）。

江苏南京叶氏墓（1418）[4]、江苏淮安楚州区河下遗址[5]也出土有此造型执壶，多为素面器物。

二、明代浙江地区龙泉窑青釉瓷器分期研究

按照典型器形的类型学分析以及其他考古资料，包括纪年墓葬和窑址出土瓷器，可以将龙泉窑青釉瓷器大致分为三期。

第一期：洪武元年至天顺八年（1368~1464），14 世纪下半叶至 15 世纪上半叶。

这一期的代表器形有 Aa 型 I 式、Ab 型 I 式、B 型 I 式碗，A 型、B 型盘，A 型 I 式罐，Aa 型 I 式、B 型 I 式瓶，A 型双耳瓶，A 型 I 式、B 型执壶。器物的种类及工艺明显承袭了元龙泉青釉瓷器风格，有小口瓶、玉壶春瓶、执壶、盖罐、碗、盘等。A 型双耳瓶、B 型执壶是明代新出现的器形，风格转变萌芽初现。碗、盘等圈足器外底心多内凹，大型器物足壁较宽，足端较平，小型器物足壁较窄，足端裹釉稍圆。大多采用刮釉托烧的方式烧造，在圈足外有一周涩胎刮釉，叠烧器物内底有圆形涩胎。器物造型厚重，胎色灰白，釉层较厚，釉色以竹青、深青绿为主。器物多数有装饰，也有不少是素面，纹样采用模印、刻划，内底有印花装饰，内外

[1] 浙江省文物考古研究所、北京大学考古文博学院、龙泉青瓷博物馆编著：《龙泉大窑枫洞岩窑址》，文物出版社，2015 年，289~293 页。

[2] 浙江省文物考古研究所、北京大学考古文博学院、龙泉青瓷博物馆编著：《龙泉大窑枫洞岩窑址》，文物出版社，2015 年，284~291 页。

[3] 江阴县文化馆：《江阴县出土的明代医疗器械》，《文物》1977 年第 2 期。

[4] 南京市文物保管委员会：《南京中华门外明墓清理简报》，《考古》1962 年第 9 期。

[5] 南京博物院、淮安市楚州博物馆：《江苏淮安楚州区河下遗址龙泉窑瓷片堆积坑发掘简报》，《东南文化》2010 年第 2 期。

壁多见刻划花，剔地刻划装饰也开始出现，多见于大型器物外壁。

窑址发掘情况也为我们提供了更多分期资料，最为重要的当为龙泉大窑枫洞岩窑址的发掘。这次发掘有较为明确的明初地层及"永乐九年""永乐辛卯"的纪年器物[1]，无论是在器形还是装饰上都是对纪年器物的有力补充，主要有刻花花卉纹罐、八卦纹三足鼓钉洗式炉、筒式炉、印花飞马海涛纹盘、砚、灯、烛台、人物塑像等[2]。

第二期，成化元年至正德十六年（1465~1521），15 世纪下半叶至 16 世纪上半叶。

这一期龙泉窑青釉瓷器逐渐形成了新的特点，开始转变装饰风格，开创了明代龙泉窑青釉瓷器的新局面。代表器形有 Aa 型 II 式、Ab 型 II 式、B 型 II 式碗，A、B 型盘，A 型 II 式罐，B 型 II 式瓶，A 型双耳瓶，A 型 II 式执壶。器物造型向深圆瘦长发展，腹部加深，腹壁趋直，呈口小腹深状，器壁越来越厚，显得笨重。装饰纹样较为繁缛，刻划花装饰运用侧刀的方式，使得花纹有深有浅，模印纹样有主次之分，多布满全器。纹饰题材更加活泼生动，戳印文字开始增多，流行人物故事、八仙、福寿等吉祥寓意浓重的纹样，碗口沿内外多见回纹带饰。胎色灰白，釉层较厚，釉色灰绿或深黄褐色，浑浊较暗，粗制的垫饼、垫圈承托器底，所以圈足与器底无釉（或一圈无釉），碗、盘等圈足器底有点釉现象。

大窑枫洞岩窑址发现了确定的明代地层堆积，厚度达 6.5 米，有更丰富的器形和装饰。明代中期地层出土有"福如东海"铭刻花开光花果纹罐、刻划菱锦纹折沿盘、"顾氏"铭钵、"清香美酒"铭执壶、三足鼓钉洗式炉、模印如意云纹爵杯、砚滴、狮子状烛台等。装饰方法除刻划花、戳印外，剔地刻花、雕塑、镂空等均比较流行，戳印纹饰更加丰富。出现整体模制印花器，器物制作合范成型，器形有折腹盘、碟、玉壶春瓶、盖罐、福寿瓶、鱼耳瓶、方瓶、爵杯、筒式炉等，纹饰有人物、花卉等[3]。

第三期，嘉靖元年至崇祯十七年（1522~1644），16 世纪前半叶至 17 世纪前半叶。

这一期龙泉窑青釉瓷主要是对明代生产工艺的继承，创新较少，质量

[1] 沈岳明：《中国青瓷史上最后一个亮点——大窑枫洞岩明代龙泉窑址考古新发现》，《紫禁城》 2007 年第 5 期。

[2] 浙江省文物考古研究所、北京大学考古文博学院、龙泉青瓷博物馆编：《龙泉大窑枫洞岩窑址出土瓷器》，文物出版社，2009 年，150~186 页。

[3] 浙江省文物考古研究所、北京大学考古文博学院、龙泉青瓷博物馆编：《龙泉大窑枫洞岩窑址出土瓷器》，文物出版社，2009 年，188~230 页。

下降。代表器形有 Aa 型Ⅱ式碗，A 型、B 型盘，A 型Ⅲ式、B 型罐，Aa 型Ⅱ式瓶，B 型双耳瓶。由于尚未有相对应的经过科学发掘的窑址资料，我们并不能全面揭示龙泉窑青釉瓷器的产品面貌。器形种类在减少，产品质量有所下降，胎体厚重，釉层变薄，青釉发色不够纯正，出现泛灰泛黄的情况，釉面的玻璃质感强，以素面为主。装饰技法采用釉下刻划的工艺，布满全器，并以弦纹划分不同的纹饰带。

这一时期龙泉窑的生产中心应该开始转移，龙泉南区大窑一带窑业生产逐渐衰落，庆元县的青瓷生产开始发达起来，其产品主要特征为釉层薄、釉面布满开片，与明代晚期墓葬所出器物特点一致[1]。

明代龙泉窑青釉瓷器的发展分别体现了继承与发展、新生与活力、延续和停滞，虽然良好的制瓷传统一直在发挥着作用，它一度利用复杂的装饰追赶景德镇青花瓷的步伐，运用犀利的刀法突出花纹，但单一的青釉已经无法满足当时的社会审美，龙泉窑青釉瓷器逐渐显现颓势。

第三节　云南地区青花瓷器考古类型学研究

云南地区瓷器在中国古陶瓷发展史上占据了一席之地，其特殊的地理位置及多民族共存的文化背景造就了云南瓷器独立又独特的发展特点，它接受了来自中原的制瓷工艺及装饰风格，又表现出了浓浓的地域特色。明王朝对云南地区的治理推动了这一地区政治、经济的全面腾飞，也给本已萌发生机的云南青花瓷器提供了发展契机。从大量的考古资料来看，明代是云南地区瓷器发展的重要时期，青花瓷是其最主要也最具代表性的瓷器品种，呈现了对内地青花瓷文化吸收和消融的过程，体现出产品风格转变和发展。

一、典型器形

1. 大罐

器物高度在 25 厘米左右及以上，作为火葬葬具使用，用来盛放骨殖。按照有无堆塑分为二型。

A 型：无堆塑纹饰。按照腹部不同造型分为三式。

Ⅰ式：圆鼓腹，最大腹径在上部，胫部较短。

标本：蒙自瓦渣地墓地 HM24 出土，整器矮胖。直口，圆唇略外卷，

---

[1] 刘净贤：《从方志、宗谱管窥明晚期至清早期龙泉窑》，《华夏考古》2018 年第 5 期。

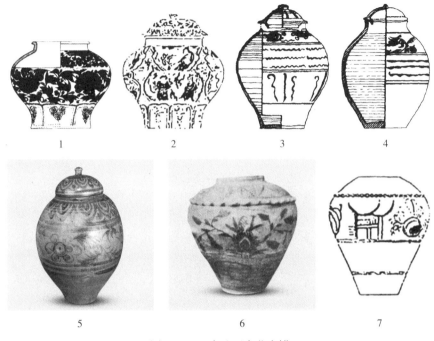

图 3.17　云南地区青花大罐

1. A 型 I 式，蒙自瓦渣地墓地 HM24 出土　2. A 型 I 式，禄丰黑井后山火葬墓（1429）出土
3. A 型 II 式，泸西和尚塔墓群 M35 出土　4. A 型 III 式，泸西和尚塔墓群 M72 出土　5. A 型 III 式，
大理凤仪大丰乐墓地 HZM224 出土　6. B 型，禄丰黑井 1973 年出土　7. B 型，禄丰黑井后山
火葬墓群出土

广肩，平底。胎色浅灰，略显粗松，施釉不及底，青花呈色蓝黑。纹饰绘制工整精细，布局繁密，肩部饰四凤穿莲，腹部饰缠枝牡丹，胫部饰变形仰莲内套如意云纹。口径 16.4、腹径 28、底径 16.8、高 24.3 厘米[1]（图 3.17，1；彩版一〇，1）。

禄丰黑井后山火葬墓也出土造型相近的青花罐，同出有"宣德四年"（1429）墓砖[2]（图 3.17，2）。

II 式：圆弧腹，最大腹径在中部偏上，胫部变长。

标本：泸西和尚塔墓群 M35 出土，整器拉长。鼓肩，平底。青花纹饰疏朗，盖饰菊花纹，罐肩部饰团菊纹，腹部饰水波纹，胫部饰疏朗莲瓣

---

[1] 云南省文物考古研究所、红河州文物管理所、蒙自县文物管理所：《蒙自瓦渣地墓地发掘报告》，云南省文物考古研究所编：《云南考古报告集（之二）》，云南科技出版社，2006 年，235~268 页。

[2] 楚雄州博物馆：《禄丰黑井火葬墓清理简报》，《云南文物》1999 年第 1 期。

纹。口径 12.8、通高 33.2 厘米[1]（图 3.17，3）。

蒙自瓦渣地墓地出土大量此造型青花罐，腹部均为折枝花卉，胫部为拉长的变形莲瓣，肩部饰鱼藻、花草或者狮子绣球纹[2]。

Ⅲ式：弧腹，腹部最大径在中部。

标本：大理凤仪大丰乐墓地 HZM224 出土，盖带圆形柱状纽，弧顶，微敛口，罐子母口，腹部较深，矮圈足。盖面弦纹间饰覆莲纹，肩部饰覆莲纹，腹部饰水草莲花纹，以带状弦纹相隔。盖口径 13.6、高 7.6 厘米，罐口径 10.4、底径 10.4、高 32 厘米[3]（图 3.17，5；彩版八，1）。

这种造型的青花罐还见于泸西和尚塔墓群 M72，腹部饰多道水波纹[4]（图 3.18，4）；大理苗圃山也出土类似青花大罐，唯青花纹样绘画简易疏朗[5]。

B 型：肩部一圈有附加堆纹。

标本：禄丰黑井 1973 年出土，敛口，鼓腹，平底。釉层极薄，呈灰白色，有开片。肩部绘蕉叶，贴塑水波形堆纹，腹部绘折枝花，间以水波、圆点纹。高 30 厘米[6]（图 3.17，6）。

这种造型还见于禄丰黑井后山火葬墓群[7]、黑井石龙火葬墓[8]，前者所出罐身绘柳枝庭阁，纹饰题材相对少见（图 3.17，7）。

2. 罐

器物高度 10~20 厘米，大多为随葬品，造型各异，出土数量不多，但时代集中且具有较强地方性。按照腹部不同造型分为三型。

A 型：鼓腹，腹最大径在上部。

[1] 云南省文物考古研究所、红河州文物管理所、泸西县文化馆：《云南泸西县和尚塔火葬墓的清理》，《考古》2001 年第 12 期。

[2] 云南省文物考古研究所、红河州文物管理所、蒙自县文物管理所：《蒙自瓦渣地墓地发掘报告》，云南省文物考古研究所编：《云南考古报告集（之二）》，云南科技出版社，2006 年，235~268 页。

[3] 云南省文物考古研究所、大理市博物馆：《云南大理市凤仪镇大丰乐墓地的发掘》，《考古》2001 年第 12 期。

[4] 云南省文物考古研究所、红河州文物管理所、泸西县文化馆：《云南泸西县和尚塔火葬墓的清理》，《考古》2001 年第 12 期。

[5] 云南省文物考古研究所、大理州文物管理所、大理市博物馆：《大理下关苗圃山墓地、窑址发掘报告》，云南省文物考古研究所编：《云南考古报告集（之二）》，云南科技出版社，2006 年，202~234 页。

[6] 葛季芳：《禄丰火葬墓及其青花瓷器》，《文物》1984 年第 8 期。

[7] 楚雄州博物馆：《禄丰黑井火葬墓清理简报》，《云南文物》1999 年第 1 期。

[8] 徐惠萍：《禄丰县黑井石龙火葬墓清理简报》，《云南文物》1997 年第 1 期（第 44 期）。

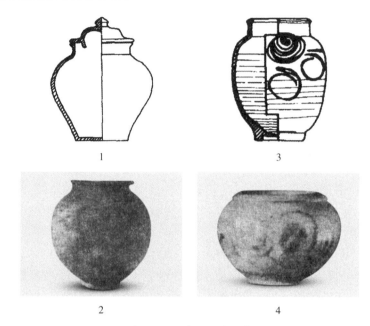

图 3.18　云南地区青花罐

1. A 型，玉溪小矣资墓葬出土　2. B 型 I 式，大理苍山玉局峰明墓（嘉靖年间）出土　3. B 型 II 式，大理苗圃山墓地 M9 出土　4. C 型，大理苍山玉局峰明墓（嘉靖年间）出土

标本：玉溪小矣资墓葬出土，侈口，短颈，平底。盖塔形纽，子口，罐唇口。胎体青灰，釉色青中微泛黄，施釉不及底。盖饰青花圆点及弦纹，肩部饰变形莲瓣，腹部饰简易牡丹、荷叶，胫部饰卷云。盖口径 5.2、高 3.4 厘米，罐口径 9.1、底径 8.2、高 15 厘米[1]（图 3.18，1）。

B 型：深弧腹，腹最大径在中部。按照腹部的不同造型分为二式。

I 式：圆鼓腹。

标本：大理苍山明代石室墓出土，侈口，唇外卷，溜肩，小圈足。釉质较差。口有不规则花卉纹。口径 13.8、底径 5.1、高 20.7 厘米[2]（图 3.18，2）。

II 式：圆弧腹。

标本：大理苗圃山墓地 M9 出土，尖唇，溜肩，圈足。釉色发灰，施釉不及底，青花色偏黄。肩腹部饰青花枝叶纹。口径 4.8、底径 7.2、高

---

[1] 陈泰敏、王国辉：《云南玉溪新出土青花瓷器考述》，中国古陶瓷研究会编：《中国古陶瓷研究》，第六辑，紫禁城出版社，2000 年，262~268 页。

[2] 大理市博物馆：《云南大理市苍山玉局峰发现一座明代石室墓》，《考古》1991 年第 6 期。

18.4 厘米[1]（图 3.18，3）。

C 型：球形腹，腹最大径在中部。

标本：大理苍山明代石室墓出土，侈口叠唇，腹较浅，平底。外壁釉不及底，内壁仅口缘施釉。口沿下至腹部有青花纵尖叶形纹 16 条及青花花朵[2]（图 3.18，4）。

3. 玉壶春瓶

云南地区的青花玉壶春瓶均为土葬墓或者火葬墓的随葬品，不作为葬具使用，时代较为明确。窑址发掘仅在建水碗窑村的湖广窑、高堆窑发现了少量玉壶春瓶残片。根据底部不同造型分为三型。

A 型：平底。按照底部不同造型分为二式。

Ⅰ 式：假圈足。

标本：个旧小满坡墓地 M54 出土，卷沿，长颈，溜肩，圆鼓腹，整器分段拼接而成。胎体厚重，釉色青中发黄，不够纯净，施釉不及底。青花黑色，色泽较淡。颈、肩部饰竖平行线、弦纹，腹部饰水波纹、弦纹。口径 5.6、底径 7.7、高 26 厘米[3]（图 3.19，1）。

Ⅱ 式：平底出台。

剑川中科山墓地 M65 出土，口残，颈部饰蕉叶纹，肩部饰带状三角，腹部饰花卉、草叶纹。最大腹径 8、底径 6、高 15.5 厘米[4]（图 3.19，2）。

B 型：圈足。按照腹部的不同造型分为二个亚型。

Ba 型：椭圆腹或扁圆腹。按照最大腹径位置分为二式。

Ⅰ 式：最大径在腹中部。

标本：个旧石榴坝 M57 出土，口沿残，沿略外卷，圈足外撇。灰白胎，青釉泛黄，施釉不及底。青花呈蓝黑色，颈部饰蕉叶纹，肩、腹部饰草叶纹和波浪纹。口径 7.2、底径 7.2、高 26.4 厘米[5]（图 3.19，3）。

个旧小满坡墓地所出此类玉壶春瓶腹部多见装饰鱼藻纹，胫部多装饰

[1] 云南省文物考古研究所、大理州文物管理所、大理市博物馆：《大理下关苗圃山墓地、窑址发掘报告》，云南省文物考古研究所编：《云南考古报告集（之二）》，云南科技出版社，2006 年，202~234 页。

[2] 大理市博物馆：《云南大理市苍山玉局峰发现一座明代石室墓》，《考古》1991 年第 6 期。

[3] 云南省文物考古研究所、红河州文物管理所、个旧市博物馆：《个旧王林寨小满坡墓地发掘报告》，云南省文物考古研究所编：《云南考古报告集（之二）》，云南科技出版社，2006 年，159~192 页。

[4] 大理州文物管理所、剑川民族博物馆：《剑川中科山墓地探掘报告》，田怀清、黄德荣主编：《大理丛书·考古与文物篇》（七），云南民族出版社，2009 年，3154~3238 页。

[5] 云南省文物考古研究所、红河州文物管理所、个旧市文物管理所：《云南个旧市石榴坝墓地第二次发掘报告》，《南方民族考古》，第十六辑，科学出版社，2018 年。

图 3.19 云南地区青花玉壶春瓶

1. A 型 I 式，个旧小满坡墓地 M54 出土 2. A 型 II 式，剑川中科山墓地 M65 出土 3. Ba 型 I 式，个旧石榴坝 M57 出土 4. Ba 型 II 式，个旧小满坡墓地 M26 出土 5. Bb 型，禄丰黑井 1973 年出土 6. C 型，禄丰碧城出土

螺旋状纹样，似为莲瓣纹的早期形态[1]。

  II 式：最大径在腹下部。

  标本：个旧小满坡墓地 M26 出土，平沿，垂腹，圈足外卷，拼接痕不明显。釉层肥厚亮泽，青中略泛黄，较纯净。青花蓝黑，色泽艳丽。颈上部饰蕉叶，中部绘雷纹一周，下部至肩部饰倒置蕉叶，肩下部饰雷纹、火珠纹、云纹。腹部绘以云纹为主，另有树木、花卉、日月等风景画面，胫部饰莲瓣纹。口径 7.7、底径 8.7、高 27.8 厘米[2]（图 3.19，4）。

[1] 云南省文物考古研究所、红河州文物管理所、个旧市博物馆：《个旧王林寨小满坡墓地发掘报告》，云南省文物考古研究所编：《云南考古报告集（之二）》，云南科技出版社，2006 年，159~192 页。

[2] 云南省文物考古研究所、红河州文物管理所、个旧市博物馆：《个旧王林寨小满坡墓地发掘报告》，云南省文物考古研究所编：《云南考古报告集（之二）》，云南科技出版社，2006 年，159~192 页。

玉溪小矣资墓葬出土了不少此造型玉壶春瓶，主要装饰双鱼水草、荷叶竹石、如意开光花鸟、缠枝牡丹纹等[1]；大理大丰乐墓地还见有该造型玉壶春瓶做成盘口[2]，带有明显的地域性。

Bb 型：球形腹。

标本：禄丰黑井 1973 年出土，胎质灰白，釉色青中闪黄。颈上部饰蕉叶纹、下部绘四组折枝花果，颈腹间以水波纹，腹上部为鱼藻纹，胫部变形莲瓣纹。口径 6.6、底径 7.8、高 24.4 厘米[3]（图 3.19，5）。

玉溪小矣资墓葬[4]、个旧小满坡墓群[5]也出土有该造型玉壶春瓶，腹上部主题纹饰有所变化，见有狮子滚绣球，湖边怪石、竹丛、荷叶图案等。

C 型：圆盘足。

禄丰碧城出土，卷唇，双戟形耳。胎质厚重紧密，色灰白，其上施灰白色化妆土，釉色青中泛白，青花呈深蓝色。颈部饰蕉叶纹，肩部饰覆莲纹，腹上部饰缠枝莲纹，胫部饰变形莲瓣纹内套如意云纹。口径 4.4、底径 7.6、高 20.6 厘米[6]（图 3.19，6）。

该造型玉壶春瓶出土数量较少。

4. 长颈撇口瓶

这类青花瓷瓶在云南地区的火葬墓、土葬墓中均有发现，当地称为"风水瓶"。火葬墓出土于葬具两侧，土葬墓中也大多成对出土。按照耳部不同造型分为二型。

A 型：颈部双耳。

标本：蒙自瓦渣地墓地 TM22 出土，花唇盘口，衔环桥耳，圆肩，鼓腹，喇叭形平底，口内侧有 5 个支烧痕。釉色透明泛青，施釉不及底，青花呈色蓝黑。口部饰回纹，颈部饰折枝花卉，肩部饰垂莲纹，耳及环外侧饰点

---

[1] 陈泰敏、王国辉：《云南玉溪新出土青花瓷器考述》，中国古陶瓷研究会编：《中国古陶瓷研究》，第六辑，紫禁城出版社，2000 年，262~268 页。

[2] 云南省文物考古研究所、大理市博物馆：《云南大理市凤仪镇大丰乐墓地的发掘》，《考古》2001 年第 12 期。

[3] 杨静荣：《元代玉溪窑青花鱼藻纹玉壶春瓶》，《文物》1980 年第 4 期。本文认为此件玉溪窑玉壶春瓶时代当为明代。

[4] 陈泰敏、王国辉：《云南玉溪新出土青花瓷器考述》，中国古陶瓷研究会编：《中国古陶瓷研究》第六辑，紫禁城出版社，2000 年，262~268 页。

[5] 云南省文物考古研究所、红河州文物管理所、个旧市博物馆：《个旧王林寨小满坡墓地发掘报告》，云南省文物考古研究所编：《云南考古报告集（之二）》，云南科技出版社，2006 年，159~192 页。

[6] 徐惠萍：《禄丰碧城出土一批陶瓷器》，中国古陶瓷学会编：《中国古陶瓷研究》第十三辑，紫禁城出版社，2007 年，127~132 页。

1   2   3

图 3.20　云南地区青花长颈撇口瓶

1. A 型，蒙自瓦渣地墓地 TM22 出土　2. A 型，大丰乐墓地 HZM367 出土　3. B 型，禄丰黑井 1973 年出土

纹，腹部饰云凤纹，胫部饰仰莲纹。口径 9.2、底径 9.6、高 23 厘米[1]（图 3.20，1）。

大丰乐墓地 HZM367 也出土造型相似的长颈撇口瓶[2]（图 3.20，2）。

B 型：颈部无耳。

标本：禄丰黑井 1973 年出土，侈口，直颈，鼓腹，圈足。胎色灰白，釉色白中闪青，青花呈色浓黑。颈部饰蕉叶纹，肩部饰垂莲纹，腹上部绘花卉，胫部饰变形莲瓣。口径 6.2、底径 6.5、高 18 厘米[3]（图 3.20，3）。

5. 碗

云南地区的青花碗出土数量最多，不仅在墓葬中出土，在窑址中也大量发现，基本上墓葬出土的青花碗都可以在玉溪窑、建水窑、禄丰窑等窑址找到造型、纹饰一样的器物，为系统地研究云南青花瓷提供有力依据。云南地区青花碗与景德镇青花瓷从造型和纹样上有关联又有差别，地方特色较为明显。按照口部不同造型分为二型。

A 型：直口。

标本：蒙自瓦渣地 TM17 出土，矮圈足，施釉不及底，釉色透明泛青。内口沿饰单弦纹，其下对称饰团花三朵，腹部间饰圆圈纹，碗心饰折枝花

---

[1] 云南省文物考古研究所、红河州文物管理所、蒙自县文物管理所：《蒙自瓦渣地墓地发掘报告》，云南省文物考古研究所编：《云南考古报告集（之二）》，云南科技出版社，2006 年，235~268 页。

[2] 云南省文物考古研究所、大理市博物馆：《云南大理市凤仪镇大丰乐墓地的发掘》，《考古》2001 年第 12 期。

[3] 葛季芳：《禄丰火葬墓及其青花瓷器》，《文物》1984 年第 8 期。

图 3.21　云南地区青花碗

1. A 型，蒙自瓦渣地 TM17 出土　2. A 型，泸西和尚塔墓群出土　3. A 型，个旧小满坡墓地出土
4. B 型，泸西和尚塔墓群 M171 出土

卉纹，其周饰双弦纹，残留 4 个支烧痕，外壁通体饰龟背纹。口径 11、
足径 4.8、高 5 厘米[1]（图 3.21，1）。

　　这种造型是云南地区比较流行的碗型，个旧小满坡墓地[2]（图 3.21，
3）、泸西和尚塔火葬墓群[3]（图 3.21，2）均有出土，青花纹样组合还
见有内底心绘折枝简笔牡丹花一朵、绽放的菊花一朵或者行书"元"字，

---

[1] 云南省文物考古研究所、红河州文物管理所、蒙自县文物管理所：《蒙自瓦渣地墓地发掘报告》，
　　云南省文物考古研究所编：《云南考古报告集（之二）》，云南科技出版社，2006 年，235~268 页。
[2] 云南省文物考古研究所、红河州文物管理所、个旧市博物馆：《个旧王林寨小满坡墓地发掘报告》，
　　云南省文物考古研究所编：《云南考古报告集（之二）》，云南科技出版社，2006 年，159~192 页。
[3] 云南省文物考古研究所、红河州文物管理所、泸西县文化馆：《云南泸西县和尚塔火葬墓的
　　清理》，《考古》2001 年第 12 期。

外壁口沿为弦纹或方格加圆点纹带一周，下部为竖条纹样；内底心绘十字宝杵，外壁绘外壁饰云、树、草叶、房屋等组成的风景画。

B 型：侈口。

标本：泸西和尚塔墓群 M171 出土，斜弧腹，圈足。内饰水草纹和鱼藻纹，外壁上部饰缠枝花卉纹，下部饰勾连纹。口径 20.8、高 9.2 厘米[1]（图 3.21，4）。

B 型碗相对于 A 型碗在云南地区出土数量略少。

6. 盘

云南地区出土的青花盘情况较为统一，作为葬具的盖以及随葬品使用，造型和纹饰具有地方特色。玉溪窑、建水窑、禄丰窑等窑址都有所发现，与墓葬出土器物的造型、纹样基本一致。按照口部不同造型分为三型。

A 型：侈口。

标本：蒙自瓦渣地墓地 HM23 出土，盘心残留 5 支烧痕。青花呈色蓝黑。内底饰"元"字，周围饰青花白地几何纹样，口径 17.2、足径 7.6、高 3.9 厘米[2]（图 3.22，1）。

该型青花盘纹饰绘画相对疏朗，个旧小满坡墓地[3]、泸西和尚塔火葬墓群[4]也出土造型一致的侈口盘，内底多见折枝花卉或者团花纹样，内壁点缀团花或素面，口沿处见有回纹。

B 型：敞口、折沿。

标本：玉溪瓦窑村窑址出土，内底有 5 个支烧痕。内底饰单鱼、水藻、蕉叶、卷云等，口沿内侧及外壁皆饰卷云纹。体形较大，口径 30、足径 12、高 7.2 厘米[5]（图 3.22，2）。

该型为云南地区最多见的青花盘造型，青花纹样绘画相对繁密，盘沿、

---

[1] 云南省文物考古研究所、红河州文物管理所、泸西县文化馆：《云南泸西县和尚塔火葬墓的清理》，《考古》2001 年第 12 期。

[2] 云南省文物考古研究所、红河州文物管理所、蒙自县文物管理所：《蒙自瓦渣地墓地发掘报告》，云南省文物考古研究所编：《云南考古报告集（之二）》，云南科技出版社，2006 年，235~268 页。

[3] 云南省文物考古研究所、红河州文物管理所、个旧市博物馆：《个旧王林寨小满坡墓地发掘报告》，云南省文物考古研究所编：《云南考古报告集（之二）》，云南科技出版社，2006 年，159~192 页。

[4] 云南省文物考古研究所、红河州文物管理所、泸西县文化馆：《云南泸西县和尚塔火葬墓的清理》，《考古》2001 年第 12 期。

[5] 云南省文物考古研究所、玉溪市红塔区文物管理所：《玉溪窑综合勘查报告》，《文物》2001 年第 4 期。

图 3.22　云南地区青花盘

1. A 型，蒙自瓦渣地墓地 HM23 出土　2. B 型，玉溪瓦窑村窑址出土　3. B 型，蒙自瓦渣地
HM51 出土　4. C 型，蒙自瓦渣地墓地 HM35 出土

内底、内壁均绘画纹样，个旧小满坡墓地[1]、泸西和尚塔火葬墓群[2]、
蒙自瓦渣地墓地[3]（图 3.22，3）、玉溪小矣资墓地[4]均有出土，口沿
亦见有花口，内底常见鱼藻、折枝花、团花，内壁多见水草、草叶，口沿
多见流云、网格等纹样。

　　C 型：敞口微敛。

［1］云南省文物考古研究所、红河州文物管理所、个旧市博物馆：《个旧王林寨小满坡墓地发掘报告》，
　　云南省文物考古研究所编：《云南考古报告集（之二）》，云南科技出版社，2006 年，159~192 页。
［2］云南省文物考古研究所、红河州文物管理所、泸西县文化馆：《云南泸西县和尚塔火葬墓的
　　清理》，《考古》2001 年第 12 期。
［3］云南省文物考古研究所、红河州文物管理所、蒙自县文物管理所：《蒙自瓦渣地墓地发掘报告》，
　　云南省文物考古研究所编：《云南考古报告集（之二）》，云南科技出版社，2006 年，235~268 页。
［4］陈泰敏、王国辉：《云南玉溪新出土青花瓷器考述》，中国古陶瓷研究会编：《中国古陶瓷
　　研究》第六辑，紫禁城出版社，2000 年，262~268 页。

标本：蒙自瓦渣地墓地 HM35 出土，盘心残留 5 个支烧痕，青花呈色蓝黑。内壁饰折枝菊花纹，外壁饰卷草纹。口径 19.2、足径 8.8、高 4.6 厘米[1]（图 3.22，4）。

该造型青花盘出土数量相对较少。

二、明代云南地区青花瓷器分期研究

通过对云南地区明代窑址、墓葬等考古资料以及出土器物的类型学梳理，可以明显看出云南地区瓷器生产具有地方性、不平衡的发展特点。从全国范围来看，云南青花的辐射面主要局限于本土，地域性很强，但是其又明显受到内地景德镇青花风格的影响。从云南地区来看，其区域内的瓷器生产水平发展不够平衡，元末明初云南地区就已经开始烧造青花瓷器，但集中流行于滇中南部地区，滇西北的大理白族地区及云南其他地区仅有零星的发现，未形成一定规模。随着明王朝对云南地区的管理逐渐渗透深入，"军屯""民屯""商屯"制度的逐步建立，大量的中原移民进入云南地区。在政治、文化双重背景影响下，云南地区的葬俗在发生转变，一方面土葬墓开始逐渐盛行，另一方面墓葬中随葬品的数量和种类开始增多，瓷器也成为重要的随葬品类。此时云南地区瓷器生产呈现了多元的发展态势，并且逐渐开始摒弃内地瓷器风格的影响，走向独立发展的道路，形成了独具特色的地方风格。

从目前云南地区窑址考古资料来看，多数地区为窑址调查资料，没有科学的层位关系，云南地区的纪年墓资料也相对较少，这些客观条件都对云南地区瓷器分期研究造成一定的困难。但随着科学考古发掘的不断开展，大规模、层位关系复杂的墓群被披露，其地层叠压关系与器物型式组合变化相互印证，为更加细致的墓群分期提供了条件。大理大丰乐墓地和个旧小满坡墓地所做的墓群分期最为详细，为墓葬出土瓷器的分期提供了相对可靠依据。根据地层和墓葬、墓葬和墓葬的叠压和打破关系，大丰乐墓群分为六期，其中四期约当明代初期，五期约当明代早期偏晚至中期，六期约当明晚期[2]。根据墓葬的层位关系及随葬品形制及组合方式，个旧小满坡墓地分为四期，第一期约为洪武中期，第二期约为洪武晚期至永乐、洪熙年间，第三期约为宣德至天顺年间，第四期

---

[1] 云南省文物考古研究所、红河州文物管理所、蒙自县文物管理所：《蒙自瓦渣地墓地发掘报告》，云南省文物考古研究所编：《云南考古报告集（之二）》，云南科技出版社，2006 年，235~268 页。

[2] 闵锐、刘旭、段进明编著：《大理大丰乐》，云南科技出版社，2002 年，34~40 页。

约为成化、弘治年间[1]。

根据纪年墓资料、大规模墓群的分期结论，以纪年墓出土器物为基础，通过火葬墓葬具、随葬品、土葬墓的随葬品与其他墓群的器物进行排比，初步将云南地区青花瓷器分为三期。

第一期：明洪武至宣德时期，即 14 世纪中叶至 15 世纪上半叶。

元代晚期，云南地区已经开始进行瓷器生产，根据禄丰地区火葬墓的多次发掘，大量元代墓志的出土已经证明这一事实。明代初期，云南地区的瓷器生产仍在延续，生产中心以玉溪窑、建水窑为主。

这一期云南地区仍主要流行火葬墓，已经开始出现土葬墓，以昆明虹山明墓、禄丰火葬墓群 1973 年和 1997 年发掘、个旧小满坡墓地第一期和第二期为代表。代表器形有 A 型 I 式、A 型 II 式大罐，A 型 I 式、Ba 型 I 式、Bb 型玉壶春瓶。

禄丰黑井火葬墓群 1973 年发掘所出青花狮子绣球纹大罐（宣光九年，1379）[2]、1997 年发掘所出青花人物纹大罐（宣德四年，1429）[3]与蒙自瓦渣地 HM24 所用大罐形制较为接近，器形整体显矮胖。纹样题材较多，肩部见有如意头间以卷云纹、如意头间以折枝花卉、缠枝花卉、狮子绣球、凤穿牡丹等；腹部见有缠枝牡丹、人物故事等，肩腹之间有一组纹饰，多为缠枝花叶、水波、三角形斜线纹等，但胫部均饰仰莲瓣纹，瓣内为如意云纹，纹饰布局繁缛。纹饰和造型风格与景德镇"至正型"青花比较接近。

青花玉壶春瓶大多颈部较长，腹部较圆鼓，纹饰布局分层次，纹样比较疏朗，腹部主题纹饰多见狮子绣球纹、鱼藻纹、水波纹等，腹下部的莲瓣纹多作勾云形或水涡形，绘画草率随意。

这一期云南地区瓷器的分布多集中于滇中及滇南地区，器形多受到内地景德镇民窑青花的影响，尤其体现在青花大罐、玉壶春瓶，器形几乎完全复制景德镇。同时也在景德镇青花瓷器的基础上融合了部分地方文化因素，青花碗开始出现地方特色，纹样开始走独立发展的方向。说明经过元代晚期的发展和对内地青花瓷文化的消融，明初云南青花就开始融入自身文化因素。

第二期：明正统至正德时期，15 世纪上半叶至 16 世纪上半叶。

---

[1] 云南省文物考古研究所、红河州文物管理所、个旧市博物馆：《个旧王林寨小满坡墓地发掘报告》，云南省文物考古研究所编：《云南考古报告集（之二）》，云南科技出版社，2006 年，185~187 页。
[2] 葛季芳：《禄丰火葬墓及其青花瓷器》，《文物》1984 年第 9 期。
[3] 楚雄州博物馆：《禄丰黑井火葬墓清理简报》，《云南文物》1999 年第 1 期。

这一期云南地区瓷器生产较为繁荣,青花瓷器迎来了空前发展,使用瓷质葬具的地域开始扩大,窑址数量也开始增多,除了建水窑、玉溪窑仍在继续烧造以外,大理、禄丰等地区也发现了不少窑址,此时云南地区的青花瓷窑可以说是燎原之势。火葬墓仍然占据主流地位,土葬墓数量也开始增多,以大丰乐火葬墓群第五期、个旧小满坡墓地第三期和第四期,剑川中科山正统二年(1437)火葬墓 M62,大理正统十年(1445)火葬墓,泸西和尚塔火葬墓 M35 为代表。代表器形有 A 型 Ⅱ 式大罐,Ba 型 Ⅱ 式、Bb 型玉壶春瓶。

泸西和尚塔火葬墓 M35 所使用葬具为 A 型 Ⅱ 式大罐,该墓出土弘治通宝 1 枚,可以确定其墓葬年代不会早于明弘治时期[1]。大罐纹样布局渐趋疏朗,整体造型趋向瘦高,胫部拉长,其上仰莲纹装饰更加抽象,有的已发展成全器纹样简化为若干条横竖曲折的线条。

大理苍山梅溪正统十年(1445)火葬墓所使用的葬具绿釉陶罐[2]与大丰乐火葬墓葬具 S 型绿釉陶罐[3]造型一致。根据大丰乐墓群已有的分期结论,S 型绿釉陶罐属于墓群五期,即明代早期偏晚至中期。大丰乐墓地 S 型绿釉陶罐亦可以作为本期的标准器,使用 S 型绿釉陶罐的其他火葬墓也出土了不少瓷质随葬品,包括有 Ba 型 Ⅱ 式青花玉壶春瓶,以及大量青釉瓷器。

剑川中科山正统二年(1437)M62 随葬青釉梅瓶[4],所用葬具是该墓群 B 型灰陶罐为内罐、灰陶缸为外罐,其外罐造型与大丰乐葬具 V 型陶罐较为接近[5],根据大丰乐墓群已有的分期结论,V 型陶罐流行于墓群第五期、第六期,即明代早期偏晚至晚期。因此,大丰乐 V 型陶罐上限在明正统年间前后,也可作为本期的标准器,使用 V 型陶罐其他火葬墓也出土有 Ba 型 Ⅱ 式、Bb 型玉壶春瓶及大量青釉瓷器。

这一期云南地区的青花瓷器在前一期的基础上发展出了新的特点,玉壶春瓶造型也更加丰富,Ba 型 Ⅰ 式、Bb 型继续流行,新出现 Ba 型 Ⅱ 式,腹部更加下垂。四个层次的纹饰布局基本定型,即颈上部饰蕉叶纹,肩部

[1] 云南省文物考古研究所、红河州文物管理所、泸西县文化馆:《云南泸西县和尚塔火葬墓的清理》,《考古》2001 年第 12 期。
[2] 段绶:《大理发现一座明代火葬墓》,《云南文物》1992 年(总 34 期)。
[3] 闵锐、刘旭、段进明编著:《大理大丰乐》,云南科技出版社,2002 年,17~18 页。
[4] 大理州文物管理所、剑川民族博物馆:《剑川中科山墓地探掘报告》,田怀清、黄德荣主编:《大理丛书·考古与文物篇》(七),云南民族出版社,2009 年,3154~3238 页。
[5] 闵锐、刘旭、段进明编著:《大理大丰乐》,云南科技出版社,2002 年,18~19 页。

分区装饰，以竖线隔开，内饰折枝花果纹，腹部主体纹饰常见有鱼藻、狮子绣球、折枝花果及风景纹样，胫部为莲瓣纹或勾云纹。

第三期：明嘉靖至崇祯时期，16世纪上半叶至17世纪上半叶。

这一期云南地区火葬墓、土葬墓并行，火葬墓数量在减少，土葬墓渐趋主流，酱釉器物开始流行，以大理玉局峰明墓、呈贡七娘坟沐氏家族墓、昆明岗头村明墓和大丰乐墓地第六期为代表。代表器形有 A 型Ⅲ式大罐、B 型、C 型罐、Ba 型Ⅱ式玉壶春瓶。

土葬墓的随葬品成为这一期研究重点，而且土葬墓随葬瓷器的面貌较为统一，是分期研究的重要依据。大理玉局峰明墓（嘉靖时期）所出青花侈口罐[1]与大理苗圃山墓群土葬墓所出青花罐造型一致，体型大小也较为接近，均为 B 型青花罐。

这一期云南青花基本已经摆脱中原瓷器的影响，造型、纹饰都体现了独立发展的趋势，青花纹样逐渐趋于简易疏朗。尤其是作为火葬葬具的 A 型Ⅲ式青花罐已经基本见不到景德镇"至正型"青花的样子，器身修长，纹饰集中于肩部和上腹部，多见草叶、涡纹、覆莲纹、折枝花卉等，胫部已无纹饰，并且多见于云南西北部大理地区；作为随葬品的青花罐多见于在肩腹部绘草率绘制的花草枝叶纹。青花玉壶春瓶均流行将口部做成盘口。青花碗的腹壁趋直、腹部较深。

明代云南地区青花瓷经历了从学习模仿、借鉴吸收到独立发展的过程，体现了内地瓷器文化同西南少数民族瓷器文化的强烈碰撞与融合。青花火葬葬具的出现就是两种文化交融的产物，最初造型纹样几乎完全复制景德镇青花，后逐渐与地方火葬文化因素相结合，造型、纹饰都出现了地域性特征，如大量使用的水波纹样以及贴塑装饰等等，直到最后逐渐摆脱内地青花瓷的影响而呈现了别具一格的青花艺术风格。

第四节 明代景德镇以外瓷器的整体分期特点

景德镇以外瓷器所涵盖的内容远不止上述窑场和器形，瓷器品种更加丰富，产地和产品内涵相当复杂，如北方地区窑场生产的统称为"磁州窑类型"瓷器的就有白地黑花、黑釉、酱釉、白釉等品种；浙江地区除龙泉窑青釉外，西部还生产青花瓷器；云南地区生产青花、青釉、酱釉瓷器；福建地区以青花、白釉、釉上三彩、仿龙泉青釉瓷器为主，还兼烧其他品

---

[1] 大理市博物馆：《云南大理市苍山玉局峰发现一座明代石室墓》，《考古》1991年第6期。

种。按照瓷器品种及艺术特色，结合明代纪年墓出土瓷器特点，明代景德镇以外瓷器整体发展情况同样大致分为三个时期，各个时期的产品特点各不相同。

第一期：延续期。洪武元年至天顺八年（1368~1464）

这一时期明代景德镇以外瓷器与景德镇瓷器一同处于恢复生产的状态中。窑业活动最为活跃的当为浙江龙泉地区。龙泉窑青釉瓷器的器形及工艺承袭了元代的风格，多见梅瓶、玉壶春瓶、执壶、盖罐、碗、盘等，纹样采用模印、刻划，器物的底心模印花草纹最常见，与其元代产品差别不大；同时也有不少新的器形和工艺出现，如刻花花卉纹罐、八卦纹三足鼓钉洗式炉、印花"福寿"瓶、灯、烛台等[1]。

北方地区生产磁州窑类型的诸窑场以及云南地区窑场都在这一时期延续着窑业生产，产品风格也都直接继承元代特点。北方以陈炉窑为代表的陕西地区窑场主要生产黑釉、酱釉、茶叶末釉，少量生产青釉及白地黑花产品；以彭城窑为代表的河北地区窑场以白釉、白地黑花器物为主，白地黑花装饰都比较简约，以带状缠枝花卉为主，布局疏朗；以禹州窑为代表的河南地区窑场以白地黑花、黑釉器物为主，开始孕育新的瓷器面貌，纹饰布局出现繁密的趋势，与同时期景德镇青花瓷关系相当密切，如湖北襄阳谷隐寺正统三年（1438）墓出土白釉黑花凤纹盖罐[2]，白釉光亮，黑彩浓重，黑白对比强烈，应为河南地区窑场产品。以玉溪窑为代表的云南地区窑场青花瓷器形和纹饰多受到内地景德镇元代青花瓷的影响，在此基础上部分融合了地方文化因素。

第二期：转变期。成化元年至嘉靖四十五年（1465~1566）

这一时期战火停歇、社会安定、经济发展，明代景德镇以外瓷器迎来了百花齐放的时期，各地窑业生产繁荣，既有传统瓷器产区的复兴，也出现新兴的瓷器产区，各类瓷器品种繁多，产品各具特色。

北方地区窑场更加活跃，以陈炉窑为代表的陕西地区窑场的白地黑花产品逐渐增多；以禹州窑为代表的河南地区窑场迎来生产的高峰，工艺水平相当高，特别是其白地黑花、白地褐花的绘画工艺相当传神。彩绘技术也出现了新的工艺，孔雀蓝釉黑花开始兴起。白地黑花瓷器在这一期也发展了新的元素，即白地黑花褐彩，俗称"落砂红"，这种装饰技法的特殊

---

［1］浙江省文物考古研究所、北京大学考古文博学院、龙泉青瓷博物馆编：《龙泉大窑枫洞岩窑址出土瓷器》，文物出版社，2009 年，149~186 页。

［2］张柏主编：《中国出土瓷器全集》，湖北、湖南卷，科学出版社，2008 年，127 页。

之处在于釉上彩与釉下彩相结合，釉下彩用传统黑彩，釉上彩用一种创新的橘红彩。根据明代纪年墓葬资料，这种装饰工艺最早见于刘湘墓（1558），以釉下黑彩勾勒纹饰边框，以釉上褐彩填彩，肩部的花卉，腹部的人物服饰、山石流云等均填褐彩[1]。除了工艺上的进步，白地黑花、孔雀蓝釉黑花装饰开始呈现繁缛的绘画风格，常常于外壁绘画通景式纹样，并于空白处点缀辅助纹样，画面繁密，纹饰题材以人物纹最具特色。酱黑釉器物大多是素面，也有不少器物上出现了戳印连珠纹，模印团花绳纹，印莲瓣纹、卷草等装饰纹样。白釉器物开始呈现复苏的趋势。

　　浙江地区龙泉窑、以玉溪窑为代表的云南地区窑场都从不同方面获得了发展，完成了产品风格的转换。龙泉窑青釉瓷器流行繁缛的装饰风格，如碗内满印人物故事题材，瓶、壶等外壁满饰剔地刻花、印花及刻划花装饰，同时产品开始出现衰落趋势，釉面出现泛灰泛黄的情况，玻璃质感增强。云南窑场的青花和青釉瓷器开始逐渐摆脱内地瓷器风格的影响，造型、纹饰都体现了独立发展的趋势，酱釉瓷器开始出现并得到了发展。

　　广东、福建地区窑场受到海外市场的不断刺激逐渐兴起，其产品成为海上贸易的主要竞争商品。福建德化窑生产独特的"中国白"瓷器，胎质白糯滋润，釉面如脂似玉；福建建阳窑，广东大埔窑、惠阳窑均生产仿龙泉青釉瓷器，产品釉面较薄，玻璃质感强，流行简单的戳印和细线刻划花装饰。

　　第三期：稳定期。隆庆元年至崇祯十七年（1567~1644）

　　经过前期的孕育和发展，这一时期明代景德镇以外瓷器创新较少，主要是对固有瓷器品种及产品风格的继承和发扬。北方地区窑场产品使用群体比较固定，黑釉、白地黑花器物继续生产，器形硕大的器物开始增多。孔雀蓝釉黑花瓷器获得空前发展，器形增多，质量提高，产品流布范围增大。

　　浙江地区龙泉窑、云南地区窑场都进一步衰落。龙泉窑青釉瓷器更加粗糙，质量越来越低，生产中心开始转移至庆元、青田一带，釉面较薄，釉色不够纯正，发色偏黄，器形以小件器皿为主，素面较多。云南窑场的青花、青釉瓷，造型粗笨，质量较差。

　　福建、广东地区窑场迎来了发展高峰。德化窑白釉瓷器特征显著，产量较大，形成独树一帜的风格。以漳州窑为代表的福建地区青花瓷既大量仿烧同时期景德镇青花，也在确立自身的青花瓷风格，两种风格同时并行，并以更加便捷的海上运输优势成功跻身全球海上贸易网络。

---

［1］泰州市博物馆：《江苏泰州明代刘湘夫妇合葬墓清理简报》，《文物》1992 年第 8 期。

第四章　明代景德镇以外瓷器与景德镇瓷器的关系

　　明代景德镇以外瓷器的发展具有较强的地域性特点，而且呈现此起彼伏的发展态势，具有制瓷传统的区域，入明以后大多数窑场在恢复和延续固有的瓷器生产，同时也在不断接受其他瓷器品种的产品风格，逐步形成新的产品面貌；明代新兴的制瓷区域，多仿烧同时期受市场欢迎的瓷器品种，并在此基础上形成了自身独特的产品风格。青花瓷器是明代景德镇地区诸窑场最主要的产品，是对明代景德镇以外瓷器影响最为深远的瓷器品种。福建、云南地区的青花瓷，以及对具有深厚瓷业背景的龙泉窑青釉、北方窑场的白地黑花瓷器都不同程度接受了景德镇青花瓷器的影响。景德镇生产的其他瓷器品种也同样对景德镇以外瓷器产生着潜移默化的影响。

　　景德镇以外瓷器对景德镇瓷器的影响并非始于明代，至迟于晚唐五代再到宋元时期，二者之间产品风格、生产技术方面的交流从未停息。入明以后，景德镇逐渐成为全国的制瓷中心，产品囊括青花、釉上彩绘、单色釉等各类瓷器品种。景德镇以外瓷器凭借更多元的文化背景和烧造传统，不仅成为景德镇瓷器的重要补充，也对其产品风格产生较大影响。这种影响不局限于青花瓷器，而是拓展到更大范围的瓷器品种，制瓷工艺也更加复杂，既有一次烧成的高温釉、低温釉，也有需要入窑二次焙烧的釉上彩绘。明代景德镇以外瓷器与景德镇瓷器的相互影响和学习不仅成就了明代景德镇瓷器的霸主地位，也推动了景德镇以外瓷器的繁荣发展。

第一节　福建地区瓷器与景德镇瓷器

一、福建地区青花瓷器与景德镇青花瓷器

青花瓷器是以含氧化钴的矿物原料在瓷胎上进行绘画，再施透明釉入

窑高温一次烧成。景德镇青花瓷成就了中国瓷器彩绘艺术一个巅峰阶段，其造型规整挺拔，胎体制作精细，釉面洁白润泽，釉下青花绘画更加体现其艺术成就，纹样浓淡有致、疏密得当，还常常利用纹饰带进行分区装饰，利用开光装饰将纹饰重新排列等等。福建青花瓷深受这种工艺特点以及艺术风格的影响，不仅受到同时期景德镇青花瓷器风格影响，还会模仿早于自身时期的景德镇青花瓷，是一种对瓷器艺术风格的追赶和崇拜。

福建东南沿海的众多青花瓷窑场主要是仿烧景德镇民窑青花瓷，因此无论是器形还是纹饰都模仿得惟妙惟肖。福建地区的青花瓷兴起于明代嘉靖前后，万历至崇祯时期是其生产的高潮时期，因此福建青花对景德镇民窑青花的模仿以同时期产品居多，也有少量对较早时期产品的模仿，多数为明中期以后的景德镇产品，而几乎不见对明代早期景德镇青花风格的仿造，这与当时景德镇乃明代御窑的身份密切关联。明代洪武至宣德时期，御窑厂几乎垄断了景德镇优质制瓷原料，匠籍制度也将大批优秀制瓷工匠汇集于此，民窑生产举步维艰。严苛的御窑生产制度也使得其产品流向只有解送至京城供御，落选的瓷器多就地打碎掩埋[1]，几乎不可能向社会流布。明成化以后，景德镇御窑、民窑青花瓷都获得了空前的发展，御窑厂分工细作的生产模式对景德镇整个瓷器生产领域具有巨大促进作用。御窑生产制度的松弛也促进了官、民窑产品之间的交流互通增多，民窑的生产活动也逐渐繁荣起来。通过对福建、景德镇青花瓷器形及纹饰的梳理，可窥见二者之间相互依赖又相互竞争的关系。

（一）青花器形对景德镇产品的借鉴和发展

1. 碗、碟等饮食器皿

敞口碗、侈口碗是景德镇青花瓷最多见的碗型，福建青花碗也以这两种碗为大宗，均为轮制拉坯成型。景德镇的成型工艺更加成熟，口沿、圈足都比较工整，薄厚一致，仅圈足沿无釉；福建青花的整体工艺较粗，胎体较厚重，常常是圈足足心、足沿均无釉，修足工艺也比较粗糙，内外旋削不规整。

方碟的成型工艺相比普通碟要更加复杂，景德镇青花产品造型更加规整，器物线条笔直锋利，而福建青花产品“亚”字形方碟，边缘钝化，成型不规整，时代相近（彩版二，3）；盖钵的时代和造型都比较接近，唯福建窑场产品工艺略显粗糙（表4.1）。

---

[1] 权奎山：《江西景德镇明清御器（窑）厂落选御用瓷器处理的考察》，《文物》2005年第5期。

表 4.1　福建窑场与景德镇窑场碗、碟等器形对比

	侈口碗	侈口碗（挖足过肩）	敞口碗	方碟	盖钵
景德镇窑	 江苏淮安吴信家族墓 M6 出土（天顺）[1]	 山西晋王府官人墓出土（1493）[2]	 湖北秭归妙坪明墓出土（嘉靖）[3]	 四川广汉明代窖藏出土[4]	 四川南充明代窖藏[5]
福建窑场	 漳州五寨二垅窑址出土[6]	 安溪翰苑窑址出土[7]	 漳州五寨二垅窑址出土[8]	 漳州平和县洞口陂沟窑址出土[9]	 漳州平和县洞口窑山窑址出土[10]

[1] 淮安市博物馆：《淮安楚州翔宇花园明清墓葬群发掘简报》，《东南文化》2012 年第 1 期。
[2] 王瞳：《太原市五一机车车辆厂发现的明代瓷器》，《文物世界》2016 年第 5 期。
[3] 湖北省文物事业管理局、湖北省三峡工程移民局：《秭归庙坪》，科学出版社，2003 年，237~280 页。
[4] 广汉市文物管理所：《四川广汉市南兴镇仁寿村明代瓷器窖藏》，《四川文物》2014 年第 5 期。
[5] 覃海泉：《南充县出土明代瓷器》，《四川文物》1993 年第 2 期。
[6] 福建省博物馆：《漳州窑——福建漳州地区明清窑址调查发掘报告之一》，福建人民出版社，1997 年，69~91 页。
[7] 安溪县文化馆：《福建安溪古窑址调查》，《文物》1977 年第 7 期。
[8] 福建省博物馆：《漳州窑——福建漳州地区明清窑址调查发掘报告之一》，福建人民出版社，1997 年，69~91 页。
[9] 福建省博物馆：《平和五寨洞口窑址的发掘》，《福建文博》1998 年增刊。
[10] 福建省博物馆：《平和五寨洞口窑址的发掘》，《福建文博》1998 年增刊。

1　　　　　　　　　　　　　　　2

图 4.1　福建窑场流行的浅腹敞口碗

1. 华安下洋坑窑址出土　2. 五寨二垅窑址出土

我们可以明显看出福建青花对景德镇青花器形的借鉴，景德镇侈口碗自明代早中期就开始流行，敞口碗在嘉靖前期大量出现，而福建地区的青花瓷生产在万历前后才形成规模，因此碗类器物多仿造同期或更早的景德镇青花产品。福建窑场还流行一种浅腹敞口碗（图 4.1），口径较大，腹部较浅，是在景德镇青花器形基础上的吸收和发展，景德镇产品相对少见。

2. 瓶、炉等陈设器皿

陈设器皿福建青花产量也不小，器形也主要借鉴景德镇青花，但质量较差，不注重细节的处理。景德镇窑场生产的青花双耳盘口瓶、筒式三足炉自明代早中期就开始流行。而福建窑场生产的青花瓶颈肩部有明显接痕，连接多不牢固，上下断裂分离，盘口宽厚粗重，工艺更加原始粗放，口沿、底足、耳部的制作也显得草率随意，可以说对景德镇炉、瓶等器形的借鉴只做到模仿其形，仅达到了外形相似的程度。

盒是重要的外销产品之一，可以用于盛放香料或者女性化妆用品，日本还常常用于茶道，尺寸大小不一，具体功用各不相同，但广受海外市场欢迎。福建青花窑场主要面向海外市场，其紧紧跟随同时期景德镇外销青花瓷的风向标，盖盒是其大宗产品之一。盖盒的造型和工艺与景德镇青花瓷基本相同，盖面微微隆起，也有的较平，还有的器壁模印成竖条菊瓣形，或者整器呈八方形。

通过对碗、瓶、盒、炉等器形梳理可以看出，景德镇青花在器形上对福建青花也有一定的影响。无法避免的差异仍是在细节上的处理，修胎工艺、耳足部的塑造等方面，福建窑场的处理都显得更加简单粗放。

在器形方面，福建窑场在对景德镇产品借鉴的同时也有自己的特色，如前述敞口浅腹碗，还有小口罐、盖罐等。罐、盖罐在景德镇青花瓷产品中非常普遍，贯穿流行于整个明代，还常见于明代墓葬之中，大小不一，普遍高度在 10~20 厘米左右，器外以缠枝花卉纹最多见；而福建窑场的罐造型具有自身特色，器形矮小者较多，器腹圆鼓，高度在 10 厘米及以下

图 4.2 漳州窑青花花卉纹四系大罐，南　　图 4.3 青花鹿纹小口罐，平和洞口陂沟
　　　　澳 I 号沉船出水　　　　　　　　　　　窑址出土

（图 4.3；彩版一，3；彩版四，2），器形高大者还于肩部贴塑四系，高
度可达 30 厘米以上（彩版三，1），与景德镇产品风格差距较大，可能与
外销市场的需求相关（表 4.2）。

（二）青花题材对景德镇产品的模仿和发展

1. "克拉克瓷"纹饰

克拉克瓷的概念来自国外，而且有多种解释[1]，国内学者也将这类
瓷器概括为广义和狭义两种概念，广义主要是指明代万历时期生产的外销
瓷器[2]，也有学者认为广义的克拉克瓷外销可追溯至明正德时期[3]。狭
义的克拉克瓷主要是指腹壁带有开光装饰的外销瓷器，最为学界接受的说
法为明万历年间，荷兰人在海上截获了一艘满载中国万历青花瓷的葡萄牙
帆船，这种帆船又称为"Kraak"，音译为克拉克，船货中精美的瓷器被
欧洲学者称为"克拉克瓷"。日本学者称为"芙蓉手"，将腹壁的开光纹
饰形容为一朵盛开的芙蓉花[4]。这种狭义克拉克瓷的生产年代应该早于
万历时期，大约在葡萄牙于 1557 年在澳门建立贸易基地之后[5]，装饰风

---

[1] 熊寰：《克拉克瓷研究》，《故宫博物院院刊》2006 年第 3 期。

[2] 冯先铭、冯小琦：《荷兰东印度公司与中国明清瓷器》，《江西文物》1990 年第 2 期。

[3] 肖发标：《克拉克瓷刍议》，《南方文物》2000 年第 2 期。

[4] 冯先铭、冯小琦：《荷兰东印度公司与中国明清瓷器》，《江西文物》1990 年第 2 期；熊寰：
《克拉克瓷研究》，《故宫博物院院刊》2006 年第 3 期。

[5] 莫拉·瑞纳尔迪（MAURARINALDI）著，曹建文、罗易扉译：《克拉克瓷器的历史与分期》，
《南方文物》2005 年第 3 期。

表 4.2 福建窑场与景德镇窑场瓶、炉等器形对比

	青花瓶	青花筒式三足炉	青花盒	盖罐
景德镇窑	江西德兴张叔嵬墓出土（1447）[1]	江西清江明墓出土（1484）[2]	南澳 1 号沉船出水[3]	罗亨信夫妇墓出土（1459）[4]
福建窑场	漳州洞口窑山窑址出土[5]	漳州平和洞口窑址出土[6]	漳州平和洞口陂沟窑址出土[7]	漳浦童介庵夫妻合葬墓（隆庆）[8]

---

［1］孙以刚：《江西德兴明正统景泰纪年墓葬青花瓷考述》，中国古陶瓷研究会编：《中国古陶瓷研究》第六辑，紫禁城出版社，2000 年，295~298 页。

［2］黄颐寿：《成化青花串枝花瓷炉》，《江西历史文物》1982 年第 2 期。

［3］广东省文物考古研究所、广东省博物馆、国家文物局水下文化遗产保护中心编著：《孤帆遗珍：“南澳Ⅰ号”出水精品文物图录》，科学出版社，2014 年，276~277 页。

［4］广东省博物馆、东莞市博物馆：《广东东莞明罗亨信家族墓清理简报》，《文物》1991 年第 11 期。

［5］福建省博物馆：《平和五寨洞口窑址的发掘》，《福建文博》1998 年增刊。

［6］福建省博物馆：《漳州窑——福建漳州地区明清窑址调查发掘报告之一》，福建人民出版社，1997 年，8~15 页。

［7］福建省博物馆：《平和五寨洞口窑址的发掘》，《福建文博》1998 年增刊。

［8］王文径：《漳浦出土的明清瓷器》，《福建文博》2001 年第 1 期。

格可能来源于更早的 14 世纪西亚陶器[1]。虽然克拉克瓷的概念、装饰来源、发展演变众说纷纭，尚无明确定论，但可以明确的是这类中国生产的瓷器主要用于外销，具有相同且显著的装饰特点，即器壁采用大开光，大开光外有底纹衬托或带状装饰的狭小开光，纹饰布局具有异域特色，但绘画方式及纹饰为中国传统文化题材，生产年代相对集中。目前可以确定，这类瓷器的产地有景德镇和福建漳州。

克拉克瓷的器形见有盘、碗、瓶、军持等，以盘的数量最多最典型，多为直径超过 25 厘米以上的大盘，开光纹饰多用于大盘内壁，盘心的主题纹饰有所变化，时代比较集中，流行于明代万历至崇祯时期。克拉克瓷风格制品因海外需求量较大，一经问世随即就出现仿品，闽南漳州地区的平和窑就是烧造仿品的产地之一，日本江户时代的有田窑也仿烧过这类风格的瓷器。

克拉克瓷主要是用于外销，主要产地应该是景德镇地区，但因种种原因，窑址多数未经发掘，经过学者的实地调查发现，景德镇老城区烧造克拉克瓷的窑址至少有七处[2]。国内的明代墓葬、王府遗址、司署遗址以及清宫旧藏也出土和收藏零星的克拉克瓷器，种种迹象表明其在国内具有更高的使用等级[3]。毋庸置疑的是克拉克瓷大多数资料都留存于海外，国外学者对此研究也相当深入，本书不做更进一步探讨，仅从景德镇窑与漳州窑的对比上进行简要阐述。从目前明代窑址、墓葬资料来看，景德镇窑生产的克拉克瓷质量明显高于漳州窑，漳州窑从纹饰布局到纹饰题材都极力对景德镇产品进行模仿，但是均忽视细节的加工，显得草率拙劣，如景德镇窑产品内底的主题纹饰外仍勾勒一周青花纹饰带用来衬托主题纹饰；景德镇窑产品开光装饰之间的间隔纹样多为柱形小开光，小开光内纹饰亦有主次之分，疏密有致，而漳州窑产品有的省去了中间小开光，有的则以几何纹样点画数笔；内底主题纹饰的绘画亦呈现出差别，景德镇窑产品青花绘画层次鲜明，线条清晰，而漳州窑产品则大量使用青花绘涂和勾勒，无法体现纹饰远近层次感（表 4.3；彩版一，1）。

2. 花卉题材

花卉是青花瓷中最普遍、最早流行的纹饰题材，花卉的种类不胜枚举，

[1] 曹建文：《中葡早期贸易与克拉克瓷器装饰风格的起源》，《陶瓷学报》第 35 卷第 1 期，2014 年 2 月。

[2] 曹建文：《近年来景德镇窑址发现的克拉克瓷》，中国古陶瓷学会编：《中国古陶瓷研究》第十辑，紫禁城出版社，2004 年，141~149 页。

[3] 刘朝晖：《克拉克瓷器的再探讨——以中国消费市场为中心》，《故宫文物月刊》第 448 期，2020 年。

表 4.3 福建窑场和景德镇窑克拉克瓷对比

	禽鸟图案	人物图案	开光装饰
景德镇窑	朱翊鈏墓出土（1603）[1]	景德镇观音阁窑址出土[2]	江西南城明墓出土（1590）[3]
福建窑场	漳州南胜花仔楼窑址出土[4]	漳州五寨二垅窑址出土[5]	漳州南胜花仔楼窑址出土[6]

可辨认有莲花、牡丹、菊花、山茶花等，常见在器物外壁、内底装饰缠枝花卉、折枝花卉或者团花。景德镇青花瓷的这类花卉纹是对元代青花纹饰题材的继承，自明代早期就开始出现，贯穿流行于整个明代。随着青花瓷器的不断发展，明代中晚期花卉纹呈现了新的表现形式，如瓶花纹，具有文人画内涵的兰草纹等等。

　　明代中晚期，活动于江南地区以"吴门画派"为代表的一众画家将明代文人画题材推向了一个高峰，强调意境的绘画作品在南方广受欢迎，对其他物质文化领域影响深远，如沈周所绘的兰草图（图 4.4），陈淳所绘的

---

[1] 江西文物工作队：《江西南城明益宣王朱翊鈏夫妇合葬墓》，《文物》1982 年第 8 期。

[2] 曹建文：《近年来景德镇窑址发现的克拉克瓷》，中国古陶瓷学会编：《中国古陶瓷研究》第十辑，紫禁城出版社，2004 年，141~149 页。

[3] 铁源主编：《江西藏瓷全集·明代》，下册，朝华出版社，2007 年，201 页。

[4] 福建省博物馆：《漳州窑——福建漳州地区明清窑址调查发掘报告之一》，福建人民出版社，1997 年，30~58 页。

[5] 福建省博物馆：《漳州窑——福建漳州地区明清窑址调查发掘报告之一》，福建人民出版社，1997 年，69~91 页。

[6] 福建省博物馆：《漳州窑——福建漳州地区明清窑址调查发掘报告之一》，福建人民出版社，1997 年，30~58 页。

图 4.4　沈周绘玉兰、兰花题材

瓶花、竹叶图等等（图 4.5、4.6）。这种艺术风格也逐渐被青花瓷器绘画所吸收，强调突出绘画题材的精神风骨和文化因素，并以诗文和印章衬托，与文人画诗书画印一体的图案布局相同，一改往日重写实风格的匠气画工。

福建窑场对缠枝花卉、折枝花及团花这类传统花卉题材的处理明显比景德镇要更加抽象和随意，对于花朵、枝叶的绘画都是点到为止，没有起承转合的处理，纹饰线条也不够规整，绘画凌乱；而对于新兴的花卉主题，瓶花、印章兰草等福建窑场则显得更加娴熟，一定程度上可与景德镇产品媲美，而且兰草纹不仅有印章纹，还绘写诗文相配，但在细节上仍显得不够细腻（表 4.4）。

3. 人物题材

明代景德镇青花的人物题材出现也较早，如景德镇宣德至天顺时期的丽阳窑址就出土有人物纹碗残片[1]。明代早期至中期景德镇青花人物绘画多具有脱俗清丽的意境，不是神仙人物就是隐逸高仕，画面伴有云气、兰草，人物衣袖、头巾随清风飘动；而明代中期至晚期，带有封建礼教色彩的婴戏、仕女婴戏等人物题材开始流行。福建窑场的青花人物题材对这两种风格均有借鉴和模仿。

福建窑场对景德镇青花人物题材并没有局限于同时期的景德镇产品，而是兼学明代早中期的人物题材风格。人物题材对青花绘画的用笔要求更高，需要运用勾勒、平涂等多种绘画方法来表现人物形象。福建窑场产品相对于景德镇产品则显得更加粗犷，粗笔点画使用更多，纹饰线条不够清晰，尤其是外壁通景人物题材的绘画更显粗陋（彩版一，2）。但福建窑场在模仿景德镇产品的基础上，对于碗类器物内底小景的绘画更加出色，

---

[1] 故宫博物院、江西省文物考古研究所、景德镇市陶瓷考古研究所：《江西景德镇丽阳瓷器山明代窑址发掘简报》，《文物》2007 年第 3 期。

图 4.5　陈淳绘竹叶、兰花题材

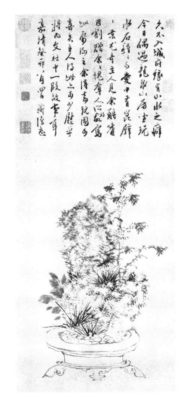

图 4.6　陈淳绘瓶花题材

对人物形象的背景细节十分讲究（表 4.5）。

4. 动物题材

（1）瑞兽纹

瑞兽形象既包括真实存在的动物也有神话传说中的神兽，都蕴含了一定的祥瑞意义，其中龙、凤、麒麟等都是传统文化中常见的神话动物形象，

表 4.4　福建窑场和景德镇窑花卉纹对比

	缠枝花卉	折枝花卉	缠枝菊花	团花纹	瓶花纹	兰花纹
景德镇窑	景德镇珧府山明代窑址出土（明中期）[1]	景德镇观音阁窑址出土 [2]	扬州萧宗时夫妇墓出土（1480）[3]	浙江桐乡杨氏青墓出土（1461）[4]	河南洛阳明代院落遗址出土 [5]	江苏徐州明代时尚大道遗址出土 [6]
福建窑场	漳州华安县马饮坑窑址出土 [7]	漳州华安县下洋坪窑址出土 [8]	漳州华安县马饮坑窑址出土 [9]	漳州平和洞口窑山窑址出土 [10]	安溪珠塔内窑出土 [11]	漳州华安县东溪窑址出土 [12]

[1] 陈冲、刘未：《景德镇珧府山明代窑址瓷器之考察》，国家文物局水下文化遗产保护中心编：《水下考古学研究》第二卷，科学出版社，2016年，119~137页。

[2] 北京大学考古文博学院、江西省文物考古研究所、景德镇市陶瓷考古研究所：《江西景德镇观音阁窑址发掘简报》，《文物》2009年第12期。

[3] 夏鼐：《扬州出土明代成化青花碗》，《文物》1986年第10期。

[4] 周伟民：《桐乡濮院杨家桥明墓发掘简报》，《东方博物》2007年第4期。

[5] 洛阳市文物考古研究院：《洛阳老城南关明代遗址调查发掘简报》，《洛阳考古》2017年第1期。

[6] 徐州博物馆：《徐州市时尚大道明代遗址调查发掘简报》，《华夏考古》2014年第3期。

[7] 福建博物院、华安县博物馆：《华安东溪窑2007年发掘简报》，《福建文博》2016年第2期。

[8] 福建博物院、华安县博物馆：《华安东溪窑2007年发掘简报》，《福建文博》2016年第2期。

[9] 福建博物院、华安县博物馆：《华安东溪窑2007年发掘简报》，《福建文博》2016年第2期。

[10] 福建省博物馆：《平和五寨洞口窑址的发掘》，《福建文博》1998年增刊。

[11] 厦门大学历史系考古专业、福建博物院、安溪县博物馆：《2018年安溪珠塔内窑调查报告》，《福建文博》2018年第1、2期合刊。

[12] 栗建安：《东溪窑调查纪略》，《福建文博》1993年第1、2期合刊。

表 4.5　福建窑场和景德镇窑人物题材对比

	携琴访友	官帽人物	婴戏纹	仕女婴戏纹	独坐高仕
景德镇窑	 江西乐安明弘治纪年墓 江西乐安明墓出土 (1502) [1]	 景德镇丽阳黎氏墓出土 (1607) [2]	 四川成都甫武墓出土 (1574) [3]	 景德镇观音阁窑址出土 [4]	 景德镇观音阁窑址出土 [5]
福建窑场	 漳州平和洞口陂沟窑址出土 [6]	 漳州华安县东溪窑 1999 年 Y4 出土 [7]	 漳州诏安县秀篆窑址出土 [8]	 漳州华安县东溪窑 1999 年调查采集 [9]	 漳州平和县洞口陂沟窑址出土 [10]

[1] 梁惠民：《江西乐安明弘治纪年墓》，《南方文物》2003 年第 1 期。
[2] 故宫博物院、江西省文物考古研究所、景德镇市陶瓷考古研究所：《江西景德镇阳阳堆白山明代纪年墓》，《文物》2007 年第 3 期。
[3] 成都文物考古研究所：《成都市"新北小区四期"明代大监窑群发掘简报》，《成都考古发现》2006，科学出版社，2008 年。
[4] 北京大学考古文博学院、江西省文物考古研究所、景德镇市陶瓷考古研究所：《江西景德镇观音阁窑址发掘简报》，《文物》2009 年第 12 期。
[5] 北京大学考古文博学院、江西省文物考古研究所、景德镇市陶瓷考古研究所：《江西景德镇观音阁窑址发掘简报》，《文物》2009 年第 12 期。
[6] 福建省博物馆：《平和五寨洞口窑址的发掘》，《福建文博》1998 年增刊。
[7] 福建省博物馆、漳州市博物馆：《华安东溪窑 1999 年度调查》，《福建文博》2001 年第 1 期。
[8] 福建省博物馆：《漳州窑——福建漳州地区明清窑址调查发掘报告之一》，福建人民出版社，1997 年，16~20 页。
[9] 福建省博物馆、漳州市博物馆：《华安东溪窑 1999 年度调查》，《福建文博》2001 年第 1 期。
[10] 福建省博物馆：《平和五寨洞口窑址的发掘》，《福建文博》1998 年增刊。

在明代景德镇青花瓷中出现较早,明中期前后已经广泛使用。特别是龙、凤象征皇族,是御窑青花瓷的特定图样,使用的人群也具有较高的社会和政治地位,御窑以外的青花瓷龙纹形象则直接借鉴了同时期御窑风格。狮、虎、鹿、马、兔等写实性的动物题材在明代中期以后大量出现。万历时期,景德镇青花瓷器流行螭龙纹、兔纹、碗内底装饰团螭纹,碗、盘、

表 4.6 福建窑场和景德镇窑瑞兽纹对比

	麒麟纹	狮球纹	龙纹	鹿纹
景德镇窑	山西晋王府宫人墓出土(1493)[1]	四川成都温江杨升墓出土(1492)[2]	朱孟炤夫妇墓出土(1447)[3]	江苏京口闸遗址出土[4]
福建窑场	漳州五寨二垅窑址出土[5]	南胜花仔楼窑址出土[6]	漳州封门坑窑址出土[7]	漳州五寨大垅窑址出土[8]

---

[1] 王瞳:《太原市五一机车车辆厂发现的明代瓷器》,《文物世界》2016年第5期。

[2] 成都文物考古研究所、温江区文物保护管理所:《成都市温江区万春镇明墓发掘简报》,《成都考古发现》2005,科学出版社,2007年。

[3] 武汉市文物考古研究所、武汉市江夏区博物馆:《武汉江夏二妃山明景陵王朱孟炤夫妻墓发掘简报》,《江汉考古》2010年第2期。

[4] 南京市博物馆、镇江博物馆:《江苏镇江京口闸遗址发掘简报》,《东南文化》2014年第1期。

[5] 福建省博物馆:《漳州窑——福建漳州地区明清窑址调查发掘报告之一》,福建人民出版社,1997年,69~91页。

[6] 福建省博物馆:《漳州窑——福建漳州地区明清窑址调查发掘报告之一》,福建人民出版社,1997年,30~58页。

[7] 福建博物院、南靖县文物保护中心:《南靖县东溪窑封门坑窑址2015年发掘简报》,《福建文博》2015年第3期。

[8] 福建省博物馆:《漳州窑——福建漳州地区明清窑址调查发掘报告之一》,福建人民出版社,1997年,69~91页。

续表 4.6

	兔纹	螭龙纹	凤纹	海马纹
景德镇窑	1993 年河南滑县范寨村窖藏出土[1]	江苏徐州时尚大道遗址出土[2]	山西晋王府宫人墓出土（1493）[3]	景德镇眑府山窑址出土[4]
福建窑场	漳州华安东溪窑址出土[5]	漳州平和洞口陂沟窑址出土[6]	漳州平和洞口陂沟窑址出土[7]	漳州平和洞口陂沟窑址出土[8]

瓶外壁常见螭龙与折枝花的组合图案，罐底还常见兔子形状作为款识。项元汴妻室墓所出双耳长颈瓶绘画较为精致细腻，腹身前后各装饰游舞状螭龙一条[9]。从纹饰布局来看，万历以后，动物题材逐渐呈现场景式布局，并非单一描绘动物形象，如兔子回首于草丛之中，鹿驻足于山野树林之间等等（表 4.6）。

　　福建窑场对于景德镇青花动物题材的模仿比较成功，整体绘画风格较之景德镇更加草率随意，但发挥了更强的想象力，夸大重点部位的描画，表现出强烈的层次，如玉兔回首，背景描绘山水风景，使得整体纹饰更具

［1］张柏主编：《中国出土瓷器全集》，河南卷，科学出版社，2008 年，图 236。

［2］徐州博物馆：《徐州市时尚大道明代遗址调查发掘简报》，《华夏考古》2014 年第 3 期。

［3］王瞳：《太原市五一机车车辆厂发现的明代瓷器》，《文物世界》2016 年第 5 期。

［4］陈冲、刘未：《景德镇眑府山明代窑址瓷器之考察》，国家文物局水下文化遗产保护中心编：《水下考古学研究》第二卷，科学出版社，2016 年，119~137 页。

［5］栗建安：《东溪窑调查纪略》，《福建文博》1993 年第 1、2 期合刊。

［6］福建省博物馆：《平和五寨洞口窑址的发掘》，《福建文博》1998 年增刊。

［7］福建省博物馆：《平和五寨洞口窑址的发掘》，《福建文博》1998 年增刊。

［8］福建省博物馆：《平和五寨洞口窑址的发掘》，《福建文博》1998 年增刊。

［9］陆耀华：《浙江嘉兴明项氏墓》，《文物》1982 年第 8 期。

画面感。

（2）其他动物纹

其他动物多数为写实性的动物形象，如鸟、鹤、鹭鸶、鱼、螃蟹、虾等，有的形成了固定纹饰组合，表达美好吉祥的寓意，如池塘水禽、仙鹤流云、鱼跃龙门、喜鹊登枝、封侯爵禄（猴、鹿）等图案，充分展现了工匠对自然环境的洞察和想象。景德镇青花瓷产品中的这类纹样大多兴起于明代中期以后，万历前后最为发达。

福建窑场对同时期的景德镇产品进行模仿，效果更加惟妙惟肖，但因其商品化的产品属性及工艺特点，纹饰的绘画工艺不及景德镇产品细腻。景德镇产品中一些更为复杂精细的动物纹饰题材在福建窑场中很少见，如海水波浪地瑞兽纹、花蝶草虫、松鼠葡萄等（表4.7）。

5. 其他题材

景德镇青花山水题材出现比较早，但随着时代发展表现形式有所变化。明代早中期的山水题材主要表现的是山水楼阁环绕云气，而发展至明万历前后，山水人物题材流行固定的形式，即隐逸高仕独坐湖边或泛舟湖心，旁边有孤木垂柳，远处绘层峦叠嶂，这种山水图案常常绘画于器物外壁或者内底。福建窑场主要是模仿景德镇青花明代晚期的山水图案，在大盘的内底也偶见有仙山楼阁的题材，但与景德镇明代早中期的图案风格差距较大。其他青花纹饰题材福建窑场大多模仿同时期景德镇产品，模仿得也比较成功，整体略显粗劣（表4.8）。

二、福建地区其他品种瓷器与景德镇瓷器

（一）德化窑白釉瓷塑像与景德镇瓷塑像

瓷塑像主要是指瓷器的立体雕塑，通过对胎体的雕、刻、塑等工艺完成塑像的基本造型，再施釉或者加彩绘入窑烧制而成。瓷塑像的题材以宗教人物、圣贤人物、仕女、孩童为主。明代景德镇以外瓷器中尤以福建地区德化窑所生产的白釉瓷塑像最负盛名。

福建地区德化窑宋元以来一直生产青白釉瓷器，产品质量较高，大量销往海外，可与同时期景德镇湖田窑青白釉瓷器媲美，但其产品以碗、盘、碟、壶、瓶、盖盒等日用生活器皿为主，甚少见有瓷塑产品[1]。反观宋元时期的景德镇湖田窑则已经开始大量生产青白釉瓷塑产品，宋代

---

[1] 福建省博物馆编：《德化窑》，文物出版社，1990年，12~107页。

表 4.7　福建窑场与景德镇窑其他动物题材对比

	池塘水禽	鹤纹	花鸟纹	鱼纹	螃蟹纹
景德镇窑	山东即墨明清遗址出土[1]	江苏华师伊墓出土(1629)[2]	南澳I号沉船出水[3]	南澳I号沉船出水[4]	景德镇观音阁窑址出土[5]
福建窑场	漳州五寨二垅窑址出土[6]	安溪翰苑窑址出土[7]	漳州诏安秀篆窑址出土[8]	漳州平和洞口窑址出土[9]	漳州洞口陂沟窑址出土[10]

[1] 青岛市文物保护考古研究所:《即墨县衙旧址明清瓷器发掘报告》,《中国国家博物馆馆刊》2015年第6期。
[2] 无锡市博物馆,无锡县文物管理委员会:《江苏无锡县明华师师伊夫妇墓》,《文物》1989年第7期。
[3] 广东省文物考古研究所,广东省博物馆,国家文物局水下文化遗产保护中心编著:《孤帆遗珍:"南澳I号"出水精品文物图录》,科学出版社,2014年,72页。
[4] 广东省文物考古研究所,广东省博物馆,国家文物局水下文化遗产保护中心编著:《孤帆遗珍:"南澳I号"出水精品文物图录》,科学出版社,2014年,141页。
[5] 北京大学考古文博学院,江西省文物考古研究所,景德镇市陶瓷考古研究所:《江西景德镇观音阁明代窑址发掘简报》,《文物》2009年第12期。
[6] 福建省博物馆:《漳州窑——福建漳州地区明清古窑址调查》,《文物》1977年第7期,69~91页。
[7] 安溪县文化馆:《福建安溪古窑址调查》,《文物》1977年第7期。
[8] 福建省博物馆:《漳州窑——福建漳州地区明清窑址调查发掘报告之一》,福建人民出版社,1997年,16~20页。
[9] 福建省博物馆:《漳州窑——福建漳州地区明清窑址调查发掘报告之一》,福建人民出版社,1997年,8~15页。
[10] 福建省博物馆:《平和五寨洞口窑址的发掘》,《福建文博》1998年增刊。

表 4.8　福建窑场与景德镇窑其他纹饰题材对比

	山水人物	仙山楼阁	火珠	文字	寿字
景德镇窑	江苏华阳伊墓出土(1629) [1]	山西晋王府官人墓出土(1493) [2]	河南南阳柴胀墓出土(1555) [3]	景德镇观音阁窑址出土 [4]	山东即墨明清遗址出土 [5]
福建窑场	安溪珠塔内窑出土 [6]	漳州南胜花仔楼窑址出土 [7]	平和洞口陂沟窑址出土 [8]	漳州南胜花仔楼窑址出土 [9]	华安东溪窑址出土 [10]

[1] 无锡市博物馆、无锡县文物管理委员会：《江苏无锡县明华师伊夫妇墓》，《文物》1989 年第 7 期。
[2] 王瞳：《太原市五一机车车辆厂发现的明代瓷器》，《文物世界》2016 年第 5 期。
[3] 南阳市文物考古研究所：《南阳市明代墓葬发掘简报》，《中原文物》2015 年第 2 期。
[4] 北京大学考古文博学院，江西省文物考古研究所，景德镇市陶瓷考古研究所：《江西景德镇观音阁明代窑址发掘简报》，《文物》2009 年第 12 期。
[5] 青岛市文物保护考古研究所，即墨县衙旧址明清瓷窑址：《即墨县衙旧址明清瓷窑址发掘报告》，《中国国家博物馆刊》2015 年第 6 期。
[6] 厦门大学历史系考古专业，福建博物院，安溪县博物馆：《2018 年安溪珠塔内窑址调查发掘报告之一》，《福建文博》2018 年第 3 期。
[7] 福建省博物馆：《漳州窑——福建漳州地区明清窑址调查发掘报告之一》，福建人民出版社，1997 年，30~58 页。
[8] 福建省博物馆：《平和五寨洞口陂沟窑址的发掘》，《福建文博》1998 年增刊。
[9] 福建省博物馆：《漳州窑——福建漳州地区明清窑址调查发掘报告之一》，福建人民出版社，1997 年，30~58 页。
[10] 栗建安：《东溪窑调查纪略》，《福建文博》1993 年第 1、2 期合刊。

以用于陈设、观赏、殉葬的小件瓷塑为主[1]。元代，景德镇窑工逐渐掌握和推广瓷胎的"二元配方法"，将瓷石加高岭土制胎。此举从根本上改变了瓷胎性能，提高了烧造温度，胎质更加坚硬，从而大大减少了瓷胎造型变形现象，这就为元代景德镇窑生产大型以及雕刻工艺更加复杂的塑像提供了工艺基础。最具代表性当为元大都遗址出土的景德镇青白釉瓷塑观音，胎体细腻坚致，全器体形硕大，高达67厘米，雕塑工艺复杂，观音头戴宝冠，身披璎珞飘带，面容五官及躯体均雕刻得细致入微[2]（图4.7，1；彩版五，2）。

明代中期前后，德化窑工匠经过数百年的摸索逐渐烧成以乳浊白釉为特点的白釉瓷器，不仅被国外市场冠以"中国白"的美称，甚至更以大量工艺精湛的瓷塑人像蜚声海内外。明代德化窑生产的白釉瓷塑佛像（图4.7，3；彩版五，1）、人像瓷塑工艺水平更高，艺术风格与元代景德镇瓷塑没有明确的传承关系，但一些雕刻技法可能受到景德镇瓷塑的影响，成型工艺如模具翻制印坯、分段印坯成型等，装饰工艺如捏塑、堆塑、泥片贴塑、镂刻、刻划技法。景德镇湖田窑在宋代已经开始使用模具翻制成型的工艺，如窑址出土的观音母范及象棋、围棋的子范[3]（图4.7，2），可见当时的小件瓷塑均为模制成型。瓷塑像的装饰工艺，如元大都遗址所出的观音像胸前及衣裙上的联珠璎珞、手腕的臂钏、头顶冠饰均为贴塑工艺，头部的细密发丝乃以竹制或铁质工具刻划而成。

明代德化甲杯山窑址就出土了不少瓷塑残件，如观音（图4.7，4）、弥勒（彩版五，3）、文昌、仕女、力士、童子等，似为模制成型[4]，但因目前明代德化窑多数为调查和采集资料，没有披露更多的装烧工具，因此无法支撑更具体的研究，有待更多窑址发掘资料的刊布予以补充。

明代德化窑白釉瓷器以瓷塑神佛造像闻名于世与福建当地的社会文化风尚密切相关。永乐宣德年间，福建地区有不少画家就职于宫廷，擅长绘画花鸟、山水楼阁、龙马题材，其中福建沙县人边景昭名气最大，其专擅翎毛、花鸟、花果的绘画题材，并引领了当地的绘画风尚，有一大批沙县籍甚至福建籍的民间画师均以绘画翎毛花草著称，其婿张克信被称为"沙

[1] 黄云鹏：《景德镇瓷器雕塑史略》，《景德镇陶瓷》1982年第1期。

[2] 张宁：《记元大都出土文物》，《考古》1972年第6期。

[3] 江西省文物考古研究所、景德镇民窑博物馆编著：《景德镇湖田窑址——1988—1999年考古发掘报告》，文物出版社，2007年，401~406页。

[4] 福建博物院、德化县文物管理委员会、德化陶瓷博物馆：《德化明代甲杯山窑址发掘简报》，《福建文博》2006年第2期。

1

3

2

4

图 4.7　德化窑与景德镇窑瓷塑像

1. 元大都遗址出土，元代景德镇窑青白釉水月观音像　2. 景德镇湖田窑窑址出土，宋代佛像母范　3. 明代德化窑白釉观音像，福建泉州市文物管理委员会藏　4. 德化甲杯山窑址出土，明代佛像残件

县翎毛之祖"[1]。绘画翎毛主要是强调对于禽鸟纹理细节的处理，其细腻精湛之风对福建地区艺术风格基调有一定影响。福建籍画家还有不少以绘画神佛人物名垂于史籍，如上官伯达、解绣、黄克晦、王兴、王弼、严宗儒、吴彬，活跃年代自永乐至万历时期，几乎贯穿于整个明代。这其中解绣曾被宫廷钦点绘画报恩寺廊壁[2]，严宗儒之遗笔也可见于宝严寺壁之上[3]，王弼善塑土写真及诸仙佛像[4]，可见明代福建地区风靡于对佛像人物的绘画和雕塑，在艺术领域形成独特的流派。嘉靖癸亥（1563），德化知县张大纲曾与画家黄克晦同游，"欲登其巅，适雨不果，黄素以绘事称，复画须菩提达摩折苇渡江于壁而去。"[5]说明德化窑白釉瓷塑流行的达摩渡江题材在当地已经相当普遍。

　　明代德化窑的胎土与景德镇窑相比可塑性更强，质地更加细腻柔软，因此对人物神态、动作、衣服及配饰的塑造更加灵活，贴塑、堆塑的工艺使用相对较少，更加注重对线条的处理，并且形成了以何朝宗为代表的一批瓷塑艺术名家。何朝宗乃闻名中外的德化瓷塑艺术大师，何氏祖籍乃江西临川，先祖于洪武十七年（1384）屯垦定居于福建德化，其取法于泥塑、木雕，开创瓷塑精雕细刻的工艺技法，作品人物形象精巧优美，形神兼备，衣纹线条流畅洒脱[6]。这种瓷塑艺术风格又再次反作用于景德镇瓷器，主要对明以后的景德镇瓷塑产品产生了强烈影响。明代景德镇窑的瓷塑产品则更加注意彩绘工艺，忽略了对于造型本身的雕琢，模印成型的痕迹明显，轮廓刻划模糊，以釉下或者釉上的彩绘工艺进行补充诠释，已经无法与德化窑的白釉瓷塑比肩，其"明代立体雕塑，以佛像为著，这种制作，系仿自福建德化窑。"[7]向焌在《景德镇窑业纪事》里也提到："福建德化窑，其工艺之特长，在于塑观音像。凡所制品，无不生动多姿。故今

————————

[1]［清］黄锡蕃著，上海图书馆整理：《闽中书画录》，卷五，上海科学技术文献出版社，2016年，147~148页。

[2]［清］黄锡蕃著，上海图书馆整理：《闽中书画录》，卷五，上海科学技术文献出版社，2016年，157页。

[3]［清］黄锡蕃著，上海图书馆整理：《闽中书画录》，卷六，上海科学技术文献出版社，2016年，208页。

[4]［清］黄锡蕃著，上海图书馆整理：《闽中书画录》，卷六，上海科学技术文献出版社，2016年，206页。

[5]［清］黄锡蕃著，上海图书馆整理：《闽中书画录》，卷六，上海科学技术文献出版社，2016年，189页。

[6]徐本章、郭其南：《何朝宗》，《德化文史资料》第八辑，1987年。

[7]江西省轻工业厅陶瓷研究所编：《景德镇陶瓷史稿》，生活·读书·新知三联书店，1959年，218页。

镇瓷作佛，亦出自闽人之手，盖其专技也。"[1]其中之代表人物可以说是晚清民国时期活动于景德镇的福建人游长子，其继承了福建"何派"的瓷塑工艺技法，又融合了景德镇当地瓷塑传统，引领了晚清景德镇瓷塑领域的新风潮[2]。

（二）漳州窑釉上三彩瓷器与景德镇瓷器

釉上三彩瓷器是明代漳州窑重要的瓷器品种之一，具体窑址在南胜乡田坑，俗称"内窑"。窑址产量较大，大量外销于日本和东南亚地区。器形以各式盖盒为主（图4.8，1；彩版四，3、4），整体模印成型，造型极其丰富，形态各异，有鸭形、鸟形、蛙形等，工艺相当精湛。釉上三彩需要进行二次以上的烧造过程，色釉下还有刻划纹饰，形成多层次的纹样组

1

2

3

图4.8　明代釉上三彩瓷器

1.福建漳州南胜田坑窑址出土，釉上三彩盖盒　2.景德镇御窑厂遗址出土，永乐绿地酱彩碗

3.景德镇御窑厂遗址出土，成化素三彩鸭形香薰

---

[1] 向焌著：《景德镇窑业纪事》，下篇"福建德化窑"，熊寥、熊微编注《中国陶瓷古籍集成》，上海文化出版社，2006年，725页。

[2] 陈梦龙、黄云鹏：《浅谈景德镇"何派"瓷雕艺术传人游长子》，《景德镇陶瓷》1993年第1、2期。

合[1]。而目前景德镇地区尚未发现专烧此类釉上三彩瓷器的明代窑址，而且传世品数量也不多，但是，多种色釉于一器的施釉工艺在明代景德镇地区窑场出现更早，多以御窑产品为主，侧面说明这类瓷器对烧瓷工艺水平有更高要求。

20世纪80年代，考古工作者配合御窑厂遗址附近的基建工程进行相关发掘，发现了永乐后期遗存，出土有黄地绿彩龙纹梨形壶、绿地酱彩龙纹碗（图4.8，2），这两种器物釉面均有两种色釉，其中黄釉、绿釉为低温二次烧成，龙纹乃素胎暗刻花纹。永乐御窑首创的高、低温彩釉集于一身的烧造工艺对后世影响深远。成化时期，御窑厂在此基础上已经可以烧造成熟的釉上三彩瓷器，如成化地层出土的素三彩鸭形香薰（图4.8，3），使用绿、黄、孔雀蓝等多种色釉，造型工巧，代表成化时期御窑厂制瓷工艺的巅峰水平[2]。此后釉上三彩瓷器则成为明代御窑产品的固定品种，而且变化也更加丰富，彩釉与填彩的运用更加灵活。然而，景德镇地区尚未发现专门烧造该类器物的民窑窑址，与福建地区生产的釉上三彩之间的关系也无法进一步探讨，可以明确的是福建窑场将这种瓷器品种打造得更具活力，并进一步扩大其影响力。

三、小结

（一）福建地区青花瓷器与景德镇青花瓷器

福建地区青花瓷器是景德镇以外青花瓷中数量最多、影响力最大的一支，因与景德镇青花有着相同的产品属性，故而产品面貌相当接近。福建地区生产的瓷器历来面向海外市场，外销瓷的生产历史也相当久远。明代初期，为了巩固政权的稳定，明廷推行"海禁"政策，不仅给福建的瓷器生产带来了沉重的打击，也让民间的走私贸易呈现日趋猛烈的态势，屡禁不止。迫于官、商的双重压力，明王朝于隆庆元年（1567）正式开放漳州月港，允许民间出海贸易，此举大大地激发福建地区瓷器生产的活力，特别是毗邻月港的漳州地区。景德镇位于内陆，其青花瓷产品的外销也要依靠内河航运至沿海地区，再由港口通过海运销往国外，便捷的海外贸易通道为福建窑场的模仿和学习提供了更加便利的途径。为了更好地发挥沿海的地缘优势，明代福建地区开始仿烧畅销海外市场的景德镇产品，不仅包

---

[1] 福建省博物馆：《福建平和县南胜田坑窑址发掘报告》，《福建文博》1998年第1期。
[2] 炎黄艺术馆编：《景德镇出土元明官窑瓷器》，文物出版社，1999年，352~353、380页。

括有青花还有其他彩绘品种。青花瓷属于福建窑场模仿得较为成功的品种，成功之处在于对器形、纹饰题材的模仿应有尽有，甚至景德镇生产的专供海外市场的"克拉克"风格瓷器也有仿效，但不足之处在于制瓷工艺的粗放，与景德镇产品相比制胎、修胎工艺，胎土、釉料的淘洗，青花绘画技法等都显得粗劣。通过对二者青花瓷器形及纹饰题材的整理和对比，不难看出景德镇青花纹饰题材对福建青花的影响，很多纹样题材的图案形象基本一致，如螃蟹纹、鱼纹、瓶花纹等等，模仿的痕迹相当明显，但是仍然能总结出一些差别和变化。

1.景德镇窑青花纹饰题材要远远多于福建青花。景德镇青花纹样题材来源更加丰富，御窑厂的设立为景德镇青花瓷器的发展提供了更多机遇，御窑集中优势资源和优秀工匠，成为瓷器生产技术创新基地。洪武二十六年（1393）制定的关于官方手工业的工匠服役制度提到"更给天下州、府、县工匠轮班勘合，先是诸色工匠岁率轮班至京受役，至有无工可役者，亦不敢失期不至。至是，工部以为言。上令先分各色匠所业，而验在京诸司役作之繁简，更定其班次，率三年或二年一轮，使赴工者各就其役而无费日，罢工者得安家居而无费业，于是给与勘合，凡二十三万二千八十九人，人咸便之。"[1]明初所制定的匠役制度实际上给予工匠一定自由支配的时间，让他们的服役之余可以进行其他生产工作，这也为官、民瓷业生产的相互影响和交流埋下了伏笔。

明代前期，朝廷对御窑厂生产的瓷器管控比较严格，不许民间使用特定图案、特定颜色，"国初著令，凡官民服色、冠带、房舍、鞍马、贵贱各有等第。……凡服色、器皿、房屋等项，并不许雕刻刺绣古帝王后妃圣贤故事及日月、龙凤、狮子、麒麟、犀象等形。"[2]正统三年（1438），"命都察院出榜，禁江西瓷器窑场烧造官样青花白地瓷器于各处货卖及馈送官员之家，违者正犯处死，全家谪戍口外"[3]，正统十二年（1447），"禁江西饶州府私造黄、紫、红、绿、青、蓝、白地青花等瓷器，命都察院榜谕其处，有敢仍冒前禁者，首犯凌迟处死，籍其家赀，丁男充军边卫，知而不以告者连坐。"[4]严苛的御窑管理制度也使得官、民窑青花瓷的相互影响较少，特别是景德镇民间青花瓷此时的纹样比较单调贫瘠。成化

---

[1]《明太祖实录》，卷二百三十，"中央"研究院历史语言研究所，1962年，3363页。

[2][明]申时行等修：《大明会典》，卷六十二，礼部二十，"房屋器用等第"，续修四库全书，上海古籍出版社，2002年，252页。

[3]《明英宗实录》，卷四九，"中央"研究院历史语言研究所，1962年，946页。

[4]《明英宗实录》，卷一六一，"中央"研究院历史语言研究所，1962年，3132页。

以后，御窑生产的蓬勃及制度的松弛促使景德镇青花瓷生产出现了新的生机，官、民窑的交流和影响也逐渐频繁和密切，尤其是民窑产品在官窑的影响下获得了前所未有的发展。

明人王士性对景德镇御窑的"宣窑""成窑"的评价中提到"然二窑皆当时殿中画院人遣画也"[1]。明代画院的规模在成化时期达到了顶峰，其中无官职的画士、画匠总数可达 400 人以上，具有官职的宫廷画家可达 500 人以上[2]，这样庞大的数字给御窑"官样"的设计提供了更多的可能性。从明代御窑厂遗址的多年考古发掘成果及宫廷传世文物来看，明代成化御窑青花产品呈现了艺术风格的转变，采用国产钴料，青花发色柔和淡雅，造型小巧精致，青花纹样更加活泼、轻松，构图疏密得当，极具艺术魅力。青花纹饰有婴戏、仕女、八仙、高士等人物题材，松竹梅、山茶花、牵牛花等植物题材，狮子、麒麟、莲池鸳鸯等动物题材，藏文、梵文等宗教内涵的文字等等，其中花鸟图案明显受到明代宫廷绘画的影响和启发。

明嘉靖时期，御窑"官搭民烧"制度确立和推广，"本厂凡遇部限瓷器，照常烧造，不预散窑。惟钦限瓷器，数多限逼。一时凑办不及，则分派散窑，择其堪用者凑解，固一时之权法也"[3]。也就是说，由皇帝临时指派的烧造任务已经由景德镇民窑承担。这种制度的形成证明景德镇民间制瓷业已经相当发达，一定程度上已经达到与御窑平起平坐的地位。"官搭民烧"制度的实行更加激发了民窑瓷器的活力，凭借景德镇地区精细的制瓷分工以及娴熟的制瓷工艺，民窑青花产品的质量和产量都大幅提高，窑工的创造力也不断被开发。万历后期，御窑生产几乎已经名存实亡，目前所发现的御窑遗址在明代晚期也开始进行商品化民窑瓷器生产[4]。景德镇青花瓷日用生活器具中较为流行的松竹梅、云肩、松鼠葡萄、莲托杂宝等来自官样风格的纹饰题材均不见于福建青花。

2. 景德镇青花的绘画工艺更加丰富和精湛。成书于万历年间的《江西省大志》中有对御窑厂分工布局的详细介绍，"御器厂中为堂，后为轩、为寝，寝后高阜为亭，堂之旁为东西序，东南有门，堂之左为官署，堂之前为仪门、为鼓楼、为东西大库房、为作。曰大碗作、曰酒钟作、曰碟作、

[1]　[明]王士性撰，吕景琳点校：《广志绎》，卷四·江南诸省，中华书局，1981 年，84 页。
[2]　单国强、赵晶著：《明代宫廷绘画史》，故宫出版社，2015 年，99~105 页。
[3]　[明]王宗沐著：《江西省大志》，卷七·陶正，"窑制"，万历版，（日本）国立公文书馆藏。
[4]　秦大树、钟燕娣、李慧：《景德镇御窑厂遗址 2014 年发掘收获与相关问题研究》，《文物》2017 年第 8 期。

曰盘作、曰钟作、曰印作、曰锥龙作、曰画作、曰写字作、曰色作、曰匣作、曰泥水作、曰大木作、曰小木作、曰船木作、曰铁作、曰竹作、曰漆作、曰索作、曰桶作、曰染作、曰东碓作、曰西碓作。为督工亭、为狱房。厂之西为公馆，东为九江道，为窑。曰风火窑、曰色窑、曰大小爁熿窑、曰大龙缸窑、曰匣窑、曰青窑。厂内神祠三、厂外神祠一，甃井二，为厂二。曰船柴厂、曰水柴厂。放柴房，烧窑人役歇房。"[1]这样精细的分工对民窑瓷器生产起到了标杆作用，为嘉万时期景德镇民窑瓷器飞速规模化发展提供了制度基础。景德镇青花瓷器物造型更加规整，有的器身还做成六棱形或瓜棱状，均非一道制坯工序可以完成。青花绘画工艺多采用晕染、绘涂及单线勾边相结合的工艺，体现纹饰的不同层次，因此纹样多数比较写实。还流行白描的装饰技法，青花呈现淡雅清新的风格。反观福建青花产品，造型线条不够规整，绘画工艺相对粗糙，多采用点画的方式，而且写实题材的纹样多用曲折的线条进行简化，使得纹样更加抽象化，只见其形，不能做到形神兼具。

3. 景德镇产品的青花发色更加明艳。景德镇御窑自嘉靖开始使用来自西域的回青，呈色浓艳，而且随着"官搭民烧"制度的实行，回青也被部分用于高档的民窑制品；天启崇祯二朝开始使用浙江地区生产的青料进行青花烧造，上等青料用于官窑和高档民窑产品，中下等青料用于较粗的民窑产品[2]，因此也有少数发色黯淡，呈蓝黑色，青花线条多笔直坚挺。福建青花瓷钴料的使用则没有如此讲究，应多为就地或就近取材，故青花发色灰暗，呈灰蓝或者淡蓝色，也常常晕散，纹样涣散不清，青花线条随意性很强。

4. 福建青花在模仿景德镇青花过程中形成了自身独特的风格。福建青花的一部分产品是明显模仿景德镇青花，造型、纹饰题材都取材于景德镇青花，但由于原料、工艺的差异，福建青花在制胎、青花绘画、钴料发色等方面大多显得更加粗放。另一部分产品则明显带有地方特色，为了配合海上运输的销售模式、迎合海外市场的需求，福建地区瓷器见有形制硕大、便于装运的青花四系大罐或者造型矮小、便于捧握的青花浅腹碗、青花小口罐，大器可以盛装外销货品，减少破损率，小器不仅在海外市场畅销并且便于长时间的海上运输。青花纹饰题材方面如折枝花卉图案的绘画方式，中心一枝花朵，其上下、左右各装饰对称的花叶，花朵用青花平涂或者螺

[1]［明］王宗沐著：《江西省大志》，卷七·陶书，"廨宇"，万历版，（日本）国立公文书馆藏。
[2]中国硅酸盐学会编：《中国陶瓷史》，文物出版社，1982年，379页。

旋纹来表现；再如兔子题材多配以背景图案，兔子肥硕，作回首状，卧于草木之中或者远景为波光粼粼、湖光山色，构图及绘画方式可能受到当地其他艺术领域产品风格的影响。

（二）福建地区其他品种瓷器与景德镇瓷器

景德镇瓷器凭借优良的制瓷原料以及先进的制瓷工艺自宋元时期就已经声名鹊起，各类瓷器品种均广受全国及海外市场的青睐，产品流布范围大，对各个地区的瓷器风格产生了不同程度的影响。景德镇以外地区也都结合自身瓷器的工艺传统，吸纳景德镇瓷器的优势特点，形成了独特地域风格。福建地区的其他瓷器品种与青花瓷情况不同，并没有如此强烈受到景德镇瓷器的影响，从器形乃至纹饰题材上都竭力进行模仿和追赶，而是在明代呈现一种超越景德镇瓷器同类产品的发展态势，体现在瓷器品种创新与发展。

德化窑的乳白釉瓷器属于福建地区的明代创新瓷器品种，白釉瓷器虽然是历史悠久的瓷器品种，但德化窑白釉产品带有独特的地域特征，釉色呈牙白、乳白、青白，光透下泛红色，釉面如凝脂，莹润似玉，日用器皿多采用模制工艺，造型小巧。而更具盛名者当为德化窑白釉的瓷塑像产品，以精雕细刻著称，广泛吸收前人制作瓷塑像的先进技艺，融合于德化瓷胎特性之中，达到了明代瓷质塑像的最高水平，艺术造诣极高，工艺技法自成流派，从而于明代以后再次影响景德镇地区的瓷塑创作，对清代景德镇瓷塑领域影响较大。

相比于景德镇地区，明代福建地区窑场生产的釉上红绿彩、釉上三彩等瓷器品种产量颇大，产地主要在漳州平和、南胜等地，工艺水平较高，器形有大盘、碗、杯、罐、盒等。釉上红绿彩在红、绿二色的基础上还有黄、褐等色，属于青花瓷窑址的伴烧产品，而从国内外博物馆收藏的传世品来看，其数量及市场占有率较高，印尼、日本、荷兰等地均有大量收藏，器形除大盘外还有军持、盖盒等，彩绘工艺上还见有釉上红绿彩与釉下青花的结合[1]；釉上三彩烧造工艺复杂，质量、产量双高，在色釉之下还往往配合刻划纹饰，以红、绿、紫色釉为主，被海外市场所追捧，产品大量外销日本和东南亚地区，对清代景德镇素三彩瓷器有一定影响。而景德镇地区唯有集中各类优势资源的御窑厂才能烧造这种工艺复杂的产品，且数量也并不占据主流。

---

[1] 何振良：《福建釉上彩瓷考察》，《文物天地》2016年第3期。

第二节   浙江地区龙泉窑青釉瓷器与景德镇瓷器

一、龙泉窑青釉瓷器对景德镇瓷器的影响

龙泉窑青釉瓷与景德镇瓷器在明代初期渊源颇深，相同的制度背景也让二者"官器"的产品造型、纹饰几乎完全一致，但仍是各自擅长的瓷器品种，龙泉窑为青釉器、景德镇窑为青花瓷器。龙泉窑青釉瓷器对景德镇瓷器的影响主要体现在景德镇对龙泉青釉釉色的仿烧，这种情况大约肇始于元末明初[1]。入明以后，大量的考古资料可以证实景德镇地区已逐渐能够烧造成熟莹润的青釉产品，而且是官民并举。

20世纪80年代至今，景德镇御窑厂遗址经过多次发掘和清理，陆续出土了不少青釉产品。至迟于永乐时期，景德镇官窑已经开始仿烧龙泉青釉产品，宣德时期迎来了仿龙泉青釉产品烧造的高峰时期，器形相当丰富，有碗、盘、碟、折腰花口碟（图4.9，1）、带座梅瓶、敛口钵、唇口洗、乳钉三足炉、六方形花盆、仰钟式花盆、蟋蟀罐等[2]。御窑厂在宣德时期生产的青釉器物既有同期官窑的传统器形，如蟋蟀罐、各式花盆等，也有明显仿龙泉窑青釉器形，如折腰花口碟；胎质洁白细腻，釉色淡青莹润，多数为素面，少数内底刻划花卉纹，部分器物还模仿了龙泉窑青釉瓷器裹

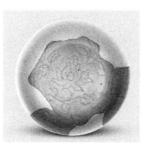

1   2

图4.9   景德镇御窑厂遗址出土宣德时期青釉产品

1. 折腰花口碟，1982年珠山出土   2. 刻划花盘，2002年御窑遗址出土

---

[1] 赵曰斌：《高安元瓷窖藏与景德镇元瓷标本》，《江西文物》1990年第2期；杨后礼：《谈景德镇仿龙泉青瓷》，《江西文物》1991年第4期。

[2] 江建新：《景德镇明御厂故址出土的宣德瓷器》，《文物》1995年第12期；方婷婷、江建新：《浅谈景德镇出土明代仿龙泉窑瓷器》，《故宫博物院院刊》2020年第5期。

1

2   3

图 4.10　明代景德镇民窑瓷器仿龙泉青釉产品

1. 丽阳窑址出土仿龙泉青釉产品　2. 戴家弄窑址出土，水波纹及团花纹盘　3. 湖田琵琶山窑址
出土，底足裹釉

足垫烧的烧造工艺，外底留有圆形涩胎，呈现火石红色（图 4.9，2）；也有的器物于外壁、内底、外底釉下青花书写"大明宣德年制"的官窑款识。宣德以后，青釉瓷器仍是御窑厂常见的瓷器品种，但已不见对龙泉窑青釉器的刻意模仿痕迹。

　　龙泉窑青釉瓷器对景德镇御窑瓷器的影响更多聚焦于青釉釉色，而对于景德镇御窑以外的民窑瓷器的影响则更加全面。景德镇地区的民窑产品不仅从釉色、器形上还从纹饰上仿烧龙泉青釉瓷器，但器形比较单一，总体数量也不多，以碗、盘、碟、高足杯等日用饮食器皿为主，见有少量炉、水注等陈设器皿。仿龙泉釉色产品如景德镇丽阳窑址出土的青釉瓷器[1]（图 4.10，1），除青绿色釉色以外，产品均与窑址同出的其他瓷器品种具有相同工艺特征。仿龙泉青釉瓷器装饰如景德镇湖田琵琶山窑址及戴家弄窑址，其中琵琶山窑址的青釉产品仍以素面为主，但内、外壁及内底也出

────────────────

[1] 故宫博物院、江西省文物考古研究所、景德镇市陶瓷考古研究所：《江西景德镇丽阳瓷器山明代窑址发掘简报》，《文物》2007 年第 3 期。

现刻划莲瓣、菊瓣及团花等装饰纹样，还对龙泉窑产品裹足包釉的工艺特点进行模仿[1]（图 4.10，3）；戴家弄窑址产品则更多受到龙泉窑青釉装饰工艺的影响，如内壁刻印菊瓣纹、水波纹，内底剔刻团花纹样，外壁刻印菊瓣纹、八卦纹等，还模仿龙泉窑宋元时期的刻划篦纹花卉及弦纹分隔装饰等，装饰技法既有刻划、剔刻，还见有模印、镂空等[2]（图 4.10，2）。

虽然景德镇瓷器从不同角度对龙泉窑青釉产品进行了模仿，但无可避免的就是基本工艺及胎釉特点的差异。景德镇青釉多为本地胎土，质地细腻洁白，釉层玻璃质量较强，釉色多泛青绿和淡青，多数器物保留了同时期其他瓷器品种的工艺特点，裹足支烧工艺为刻意仿制，并非入窑装烧而天然形成的。

二、龙泉窑青釉瓷器与景德镇青花瓷器

（一）明代窑业制度的影响

龙泉窑青釉瓷器可以说是与景德镇青花瓷器关系最为密切的瓷器品种，这种"密切"是源于二者具有相似的瓷业生产性质。明代初期，宫廷内的日常生活、各种祭祀活动以及对内对外的赏赐和贸易都需用大量的瓷器，这给刚刚恢复生产的景德镇地区带来了巨大的压力。根据明代官方文献记载，"洪武二十六年定，凡烧造供用器皿等物，须定夺样制，计算人工物料。如果数多，起取人匠赴京，置窑兴工。或数少，行移饶、处等府烧造。"[3]这说明龙泉窑承担了部分官用供器的烧造任务，而且在官方的口吻中，景德镇与龙泉的地位势均力敌。又《明实录》记载，天顺八年（1464），明宪宗登基之初下令"江西饶州府、浙江处州府，见差内官在彼烧造瓷器，诏书到日除已烧完者照数起解，未完者悉皆停止，差委官员即便回京，违者罪之。"[4]这条史料说明在成化之前，景德镇、龙泉是有朝廷遣派的宦官驻扎当地监督窑业生产，而且此时景德镇、龙泉对于明代朝廷来说不分伯仲，均为官方指定的烧瓷窑场。宦官督陶是明清两代景德镇御窑生产的重要制度，朝廷委派内官必然是对供烧皇宫的瓷器进行督

[1] 江西省文物考古研究所、景德镇民窑博物馆编著：《景德镇湖田窑址——1988—1999 年考古发掘报告》，文物出版社，2007 年，334~337 页。

[2] 王建保：《景德镇戴家弄窑址发现的明代青釉瓷器》，《东方收藏》2016 年第 2 期。

[3][明]申时行等修：《大明会典》，卷一九四，工部十四，"窑冶·陶器"，续修四库全书，上海古籍出版社，2002 年，330 页。

[4]《明宪宗实录》，卷一，"中央"研究院历史语言研究所，1962 年，17 页。

造，奉命遵照朝廷的指令严格督查产品的质量及规定样式，龙泉大窑村的安清祖殿至今还供奉着"郑氏督窑官"的塑像。

龙泉大窑枫洞岩窑址的考古发掘证实了史料的相关记载，相关窑业遗迹的发掘以及大量出土瓷器更是进一步揭示了龙泉窑"官器"的生产方式。窑址中一件垫具上刻有文字"三样三个，花；三样三个，内花一个；二样三个，光；四样两个，光；二样碗五个，花"等字，并且一件双鱼盘内印有"弍号"字样[1]。这证明了文献的"定夺样制"，也说明枫洞岩窑址的供烧瓷器是根据"样板"进行烧造，产品形成了固定的造型和纹样组合，同景德镇官窑青花瓷完全一致，这种完全一致的器形、纹饰也是不胜枚举。废瓷的处理方式也很有讲究，枫洞岩窑址四号房基在废弃后，因某种需要，从其东南角开始倾倒废品，再向西南角延伸，而不与同时期其他产品堆积在一起，出土遗物时代集中在明洪武至永乐时期[2]。尽管如此，明代龙泉窑的生产性质与同时期景德镇御窑厂并不完全相同，龙泉窑于这一时期是同时烧造朝廷用瓷和普通民用瓷，只是生产方式予以区别对待。龙泉窑生产的青釉瓷器无法进行釉下绘画，而是以釉下刻划完成定制纹样，因此明代中期以后，有学者认为是成化以后，龙泉窑应该就不再烧造官用瓷器[3]。

（二）龙泉窑青釉瓷器与景德镇青花瓷器的同源性

明代初期，龙泉窑青釉中有一部分器物与景德镇青花瓷器完全一致，主要有墩子碗（彩版一八，4）、莲子碗（彩版一四，2）、大盘（彩版一九，2）、梅瓶、玉壶春瓶、执壶（彩版一四，4）、高足杯等，与景德镇珠山明代御窑厂遗址出土的洪武、永乐时期器物造型完全相同，而且有的器物纹饰题材也是一致的，唯有胎釉以及烧造工艺体现龙泉窑自有的风格。龙泉窑青釉器物胎普遍较厚，胎色较白偏灰，青釉较厚，多次施釉，釉色莹润匀净。采用垫烧工艺，足端裹釉圆润，外底形成规整的涩圈，刮釉工整精细。刻划花装饰刻工细腻，刀法流畅娴熟。

龙泉窑在明代初期烧造"定夺样制"的供御瓷器，因此从器形乃至纹

[1] 沈岳明：《中国青瓷史上的最后一个亮点——大窑枫洞岩明代龙泉窑址考古新发现》，《紫禁城》2007 年第 5 期。
[2] 浙江省文物考古研究所、北京大学考古文博学院、龙泉青瓷博物馆编：《龙泉大窑枫洞岩窑址出土瓷器》，文物出版社，2009 年，5 页。
[3] 陆明华：《明代龙泉官用青瓷问题探索——上海博物馆相关藏品的辨识与研究》，《文物》2007 年第 5 期。

表 4.9 龙泉窑与景德镇窑"官器"器形对比

	墩子碗	莲子碗	大盘	执壶
龙泉窑	 龙泉大窑枫洞岩窑址出土[1]	 龙泉大窑枫洞岩窑址出土[2]	 龙泉大窑枫洞岩窑址出土[3]	 龙泉大窑枫洞岩窑址出土[4]
景德镇窑	 故宫博物院藏[5]	 首都博物馆藏[6]	 景德镇御窑厂遗址出土[7]	 故宫博物院藏[8]

饰上都与景德镇御窑产品完全一致。这类"官器"烧造遵循了景德镇御窑的生产模式，按照朝廷所颁布的固定模板进行烧制，接受政府的审核和验收，与景德镇御窑瓷器具有相同的产品属性，造型、纹饰的同源性则不言而喻（表 4.9）。

［1］浙江省文物考古研究所、北京大学考古文博学院、龙泉青瓷博物馆编：《龙泉大窑枫洞岩窑址出土瓷器》，文物出版社，2009 年，89 页。

［2］浙江省文物考古研究所、北京大学考古文博学院、龙泉青瓷博物馆编：《龙泉大窑枫洞岩窑址出土瓷器》，文物出版社，2009 年，128 页。

［3］浙江省文物考古研究所、北京大学考古文博学院、龙泉青瓷博物馆编：《龙泉大窑枫洞岩窑址出土瓷器》，文物出版社，2009 年，92 页。

［4］浙江省文物考古研究所、北京大学考古文博学院、龙泉青瓷博物馆编：《龙泉大窑枫洞岩窑址出土瓷器》，文物出版社，2009 年，119 页。

［5］王莉英主编：《中国陶瓷全集》，第 12 卷，明（上），上海人民美术出版社，1999 年，32 页。

［6］王莉英主编：《中国陶瓷全集》，第 12 卷，明（上），上海人民美术出版社，1999 年，51 页。

［7］张柏主编：《中国出土瓷器全集》，江西卷，科学出版社，2008 年，图 143。

［8］王莉英主编：《中国陶瓷全集》，第 12 卷，明（上），上海人民美术出版社，1999 年，31 页。

（三）龙泉窑民用瓷纹饰题材对景德镇青花瓷器的借鉴及局限性

所谓民用瓷就是相对龙泉窑"官器"而言，目前发现的大窑枫洞岩窑场可以确定为龙泉窑生产供御"官器"的产地之一，同时该窑场也生产大量民用瓷器，而且龙泉地区的其他明代窑址也同样生产大量青釉民用瓷。这些瓷器也受到了同时期景德镇青花瓷器产品风格的影响，主要体现在纹饰题材上。

元代以来龙泉窑青釉产品的刻划花、戳印花装饰就相当发达，并且形成自身独特的装饰风格。入明以后，这种装饰工艺仍在延续和发展，并且新出现了剔地刻花及整体模印的装饰工艺。明代龙泉窑青釉瓷器的纹饰题材大多数是继承元代，主要有刻划莲瓣纹、菊瓣纹、荷花纹、海棠花纹、菊花纹、缠枝牡丹、缠枝菊花、缠枝莲花；剔刻牡丹纹、荷花纹、瓜果枝叶、叠钱纹；戳印纹饰是明代最流行的，也更加复杂，有阴纹和阳纹之分，题材主要有牡丹、荷花、菊花、仰莲、葵花、海棠花、桃纹、梅花、灵芝、石榴、四季花卉、摇钱树、叠钱纹、金刚杵纹、龙纹、凤纹、鹿纹、鱼纹、飞马过海纹、人物牵马纹、卧童纹等，其中一些戳印纹饰题材及刻划纹样布局明显受到景德镇青花瓷的影响。十字宝杵、仰莲纹这类具有"官器"特色的纹样题材应该都源自景德镇青花瓷器。景德镇瓷器分层次的纹饰布局也对龙泉窑青釉器产生了影响，但龙泉窑青釉瓷器的纹饰不同于景德镇青花的釉下绘画，而是采用釉下戳印、刻划的工艺，纹样的流畅性以及细腻性与景德镇青花瓷器无法匹敌，且更加耗费人工物力，釉层较厚还常常导致纹饰辨识不清，因此龙泉窑青釉瓷器在彩绘瓷器的猛烈冲击下缺点暴露无遗（表4.10）。

明代中期以后，龙泉窑青釉瓷器也开始转变产品风格，釉层逐渐变薄并呈现较强的玻璃质感，烧造中心也从大窑转移到黄岩一带，至此龙泉窑青釉瓷器开始逐渐走向衰落。

三、小结

明代龙泉窑凭借其悠久的烧瓷历史以及深厚的瓷业基础成为明代初期与景德镇势均力敌的窑场，其以莹润如脂的青釉产品著称。一方面景德镇官窑、民窑都在力图模仿龙泉青釉瓷器风格。景德镇地区自宋元以来就一直没有烧造青釉瓷器的传统，而随着龙泉窑青釉的强势崛起，景德镇在元末明初之际也开始摸索生产青釉瓷器。至迟于永乐时期，景德镇官窑已经能烧造成熟的仿龙泉青釉瓷器，产品足以乱真。民窑也陆续加入这种仿烧行列中，但数量不多，仿烧釉色及装饰纹样，但多数保留了景德镇窑产

表 4.10 龙泉窑与景德镇窑纹饰对比

	金刚杵纹	仰莲纹	凤纹	缠枝花卉纹(纹饰分区)
龙泉窑	龙泉大窑枫洞岩窑址出土[1]	龙泉大窑枫洞岩窑址出土[2]	龙泉大窑枫洞岩窑址出土[3]	浙江黄岩出土(嘉靖)[4]
景德镇窑	北京毛家湾瓷器坑出土(明中期)[5]	景德镇御窑厂遗址出土(成化)[6]	故宫博物院藏(宣德)[7]	景德镇嘉靖元年墓出土(1522)[8]

品的工艺特点。

　　另一方面，龙泉窑青釉对景德镇青花是从开始的分庭抗礼发展到逐渐刻意模仿。因其始终被困于单一青釉的桎梏之中，只能通过对装饰工艺的

[1] 浙江省文物考古研究所、北京大学考古文博学院、龙泉青瓷博物馆编著：《龙泉大窑枫洞岩窑址》，文物出版社，2015 年，652 页。
[2] 浙江省文物考古研究所、北京大学考古文博学院、龙泉青瓷博物馆编著：《龙泉大窑枫洞岩窑址》，文物出版社，2015 年，627 页。
[3] 浙江省文物考古研究所、北京大学考古文博学院、龙泉青瓷博物馆编著：《龙泉大窑枫洞岩窑址》，文物出版社，2015 年，655 页。
[4] 杨松涛：《黄岩馆藏出土明代瓷器》，《东方博物》2014 年第 1 期。
[5] 北京市文物研究所、北京市西城区文物管理所：《北京毛家湾明代瓷器坑发掘简报》，《文物》2008 年第 4 期。
[6] 图片来自故宫博物院系列展览"大明御窑瓷器对比展"，成化朝。
[7] 故宫博物院编：《故宫博物院藏明初青花瓷》，紫禁城出版社，2003 年，244~245 页。
[8] 铁源主编：《江西藏瓷全集·明代》，下册，朝华出版社，2007 年，141 页。

转变和纹饰题材的借鉴以寻求突破，但均无法打破青釉的单调以及纹饰的呆板，说明龙泉窑青釉已经在与景德镇瓷器的竞争中处于劣势。龙泉窑产品在纹饰的处理上虽然极力追赶景德镇青花瓷器纹样，但仍不可避免地出现问题，一是刻划花更加费时费工，而且对窑工技术水平也要求更高，容易出现废品，戳印纹饰虽然提高了产量，但只适用于重复纹样的产品上。二是刻划花、戳印以及剔地刻花纹饰的线条都比较呆板，无法呈现釉下绘画的流畅风格，更无法表现纹饰的层次感，因此细腻多层次的纹饰题材，龙泉窑青釉均无法实现。明嘉万时期，景德镇地区的青花瓷以及其他彩瓷已经广泛使用，在釉上、釉下彩绘瓷器猛烈冲击之下，龙泉窑窑址数量锐减，产品质量下降，沦落为地方性窑场，难复往日辉煌。

第三节　北方地区"磁州窑类型"瓷器与景德镇瓷器

北宋时期，北方就形成了以河北磁州窑为中心的窑业体系，其瓷器品种较多，瓷器的装饰方法也变化较多，主要有白釉、黑釉、白地黑花、低温黄釉、低温绿釉、低温孔雀蓝釉、釉上红绿彩等；装饰技法更是灵活多变，如白釉剔花、白釉绿斑、珍珠地划花、白釉黑彩划花等等。各类品种对金元乃至明代瓷器均具有深远影响。

一、孔雀蓝釉瓷器及珐华器对景德镇瓷器的影响

孔雀蓝釉是金元时期北方地区窑场生产的一种以铜为呈色剂的低温釉瓷器品种，《中国陶瓷史》中也称为孔雀绿釉瓷器。因文献中没有这种说法，也有学者将此种瓷器定名为翠蓝釉[1]，既可以直观反映釉色，也呼应了文献的记载。这种命名也获得了学界的普遍认可，但目前多数考古资料仍然沿用孔雀蓝釉或者孔雀绿釉的说法，因此本书也将这类瓷器品种暂定为孔雀蓝釉。

北方地区窑场生产的孔雀蓝釉瓷器兴起于金代，元代迎来较大发展，河北的磁州窑、山西的中部、南部窑场以及河南中部、西北部窑场是其集中产区。孔雀蓝釉瓷器往往与釉下黑彩装饰相结合，还结合模印、浮雕、贴塑的装饰工艺，纹饰多见各类花卉纹样。因釉面为低温烧制以及工艺尚不够成熟，胎釉结合往往不够紧密，出现釉层剥落的现象，如辽宁绥中三道岗元代沉船中出水的孔雀蓝釉罐，釉层已经全部剥落，仅口沿尚有残

---

[1]秦大树：《试论翠蓝釉瓷器的产生、发展与传播》，《文物季刊》1999年第3期。

1   2

图 4.11　明代山西地区窑场生产陶胎珐华器

1. 山西朔州社稷坛遗址出土，珐华胡人乐舞俑　2. 山西博物院藏，珐华葫芦瓶

存[1]。元代，山西地区窑场的孔雀蓝釉器还出现于当地的寺庙建筑之上，如有明确纪年的永乐宫、百福寺上均使用孔雀蓝釉的建筑构件，均为红泥陶胎，胎釉结合程度较好。明代以后，山西地区的古建筑构件中使用孔雀蓝釉器则十分常见，釉陶建筑构件的生产规模大，制作工艺精湛[2]；与此同时，孔雀蓝釉瓷器在北方地区仍广泛生产和使用，随着各地区制瓷工艺水平的提升，胎体更加坚致，烧造温度提高，釉层匀净，剥釉现象已经有明显好转（图 4.11，2；彩版二八，3、4）。较精美者如广西桂林靖江王陵区朱规琅夫妇合葬墓出土的梅瓶，足底处有一周凸棱，釉下黑彩装饰分三层，肩部绘缠枝花纹，腹部主题图案绘缠枝牡丹花，胫部绘卷草纹[3]，纹饰绘画精细，布局繁密而有序（彩版二八，1）。

建筑釉陶的大量使用及发展直接推动了山西地区珐华釉的产生。晋南生产的珐华釉器创烧于元代，兴盛于明代。工艺特点是在陶胎之上，用立粉技术勾勒出凸线或是堆饰出纹饰轮廓，再以各色釉料填入其中形成纹样，釉面有黄、白、蓝、绿、紫等各种色釉[4]（彩版二八，4），以人物、动

［1］张威主编：《绥中三道岗元代沉船》，科学出版社，2001 年，图 6.15，95 页。

［2］柴泽俊编著：《山西琉璃》，文物出版社，1991 年，12~39 页。

［3］桂林博物馆编：《靖江藩王遗粹——桂林博物馆珍藏明代梅瓶》，上海人民美术出版社，2000 年，图 101、112、143 页。

［4］汪庆正主编：《简明陶瓷词典》，上海辞书出版社，1989 年，135 页；冯先铭主编：《中国古陶瓷图典》，文物出版社，1998 年，202~203 页。

1　　　　　　　　　　　　　　　　　　　　2

图 4.12　　明代景德镇窑仿烧孔雀蓝釉瓷器

1. 山西晋养初墓出土, 孔雀蓝釉划花罐　2. 景德镇御窑厂附近出土, 宣德时期孔雀蓝釉青花碗

物塑像及大件器皿为特色, 成为同时期独树一帜的陶瓷品种。山西朔州社
稷坛遗址出土的一批明代珐华人物俑, 造型各异, 有寿星、胡人乐舞、八
仙、假山人物、骑鱼人物等形象（彩版二九）, 人像部位露胎涂一层白粉
装饰[1]（图 4.11, 1）。因此, 金元明时期北方地区窑场生产的孔雀蓝釉
瓷器与元明时期的珐华釉器关系相当密切, 珐华器也可以说是孔雀蓝釉瓷
器在烧制工艺上的进阶产品, 这两种产品都对景德镇瓷器产生了重要影响,
也同样是御窑、民窑均有生产。

　　景德镇地区一直以来都没有烧造低温釉瓷器的传统。元代后期, 景德
镇开始摸索生产北方流行的孔雀蓝釉瓷器, 珠山北麓附近就曾出土元代孔
雀蓝釉砚盒的残片, 尚依稀可见金彩痕迹[2]。御窑厂遗址也出土了宣德
时期的孔雀蓝釉器物, 器形有碗、高足杯、盘等, 内壁和圈足内均施白釉,
外挂孔雀蓝釉, 还流行蓝釉下绘青花鱼藻纹[3]（图 4.12, 2）。宣德以后,
孔雀蓝釉也成为景德镇御窑比较固定的瓷器品种, 单色釉和孔雀蓝釉青花
均有, 只是数量相对较少。景德镇民窑也生产孔雀蓝釉瓷器, 虽然目前未
发现明确的烧造窑址, 但其他地区的明代遗存有少量出土, 产品质量较高,
流布范围较广, 如山西晋养初墓出土的孔雀蓝釉划花罐（图 4.12, 1）,
纹饰刻划细腻, 胎釉结合紧密, 无剥釉现象[4]; 四川蜀王府嘉靖十七年

[1] 雷云贵:《山西朔县出土明代法华塑》,《文物》1987 年第 8 期。

[2] 炎黄艺术馆编:《景德镇出土元明官窑瓷器》, 文物出版社, 1999 年, 13 页。

[3] 江建新:《景德镇明御厂故址出土的宣德瓷器》,《文物》1995 年第 12 期。

[4] 张柏主编:《中国出土瓷器全集》, 山西卷, 科学出版社, 2008 年, 图 228。

1　　　　　　　　　　　　　　　　2

图 4.13　明代景德镇窑仿烧珐华瓷器

1. 北京市朝阳区太阳宫出土，八仙纹罐　2. 江西大余县出土，人物纹梅瓶

（1538）的宦官墓中也出土了孔雀蓝釉高足杯[1]。明代藩王王府遗址也见有景德镇民窑生产的孔雀蓝釉瓷器，如湖南长沙吉藩王府古井遗址出土的嘉靖时期孔雀蓝釉盆托[2]。可见，景德镇民窑大约在明代中期以后开始生产孔雀蓝釉瓷器，产品质量明显高于北方窑场，但数量不多。

　　从目前考古及传世资料来看，景德镇在明代中期以后也开始仿烧珐华器，主要为民窑产品，均采用当地瓷土做胎，质地洁白坚硬，工艺精巧细腻，胎釉结合紧密，无剥釉现象（图 4.13，1）。如江西大余县刘侍郎墓出土的蓝釉人物纹梅瓶，时代为嘉靖年间，内为白釉，外施蓝釉，以白泥立粉勾勒纹样，造型优雅，纹饰娴熟工巧[3]（图 4.13，2）。景德镇所生产的珐华器不同于山西地区产品以塑像为多，而是侧重于罐、瓶等日用饮食、陈设器皿，造型也比较硕大，纹饰雕饰细腻繁复或清逸疏朗，极具艺术魅力。

二、釉上红绿彩瓷器对景德镇瓷器的影响

　　红绿彩瓷器又称为"白釉红绿彩"，是金代北方地区窑场所创烧的

[1] 成都文物考古研究所：《成都市武侯区"沙竹苑"明代太监墓发掘简报》，《成都考古发现》2007，科学出版社，2009 年。

[2] 李鄂权：《长沙走马楼古井出土的明代瓷器》，《文物》2002 年第 4 期。

[3] 薛翘：《明蓝釉剔花人物纹梅瓶》，《江西历史文物》1984 年第 2 期。

一种釉上彩绘瓷器，基本工艺是在烧成的白釉器物上绘画纹饰，再置于800℃左右的温度下二次烧成，釉上彩以红、绿二色为主，常常还配合釉上黄彩及釉下棕褐和黑彩，有学者称之为"画红点（填）绿（黄）"[1]。20 世纪初，红绿彩瓷器就陆续引起了古陶瓷研究学者的关注，后以"宋加彩"概称之[2]。随着近年来考古资料的不断更新，红绿彩瓷器的产地、生产年代及工艺特点逐渐明朗，其产地集中于河北南部的磁县、临水，河南东部的鹤壁、焦作以及中西部的禹州扒村、新安，山西东南部的长治八义，山东中西部的淄博、枣庄等地，时代在金代中晚期，不仅有单纯的釉上彩绘，还有釉下黑彩勾边和釉上彩绘的结合，后者对景德镇斗彩工艺有一定影响[3]。北方地区生产的红绿彩瓷器以各类人物塑像及小件的碗、盘生活器皿为主，金代中晚期创烧后元明仍有延续生产，产量有所减少，但对景德镇瓷器产生了更直接影响，景德镇落马桥窑址元代晚期地层中就出土有红绿彩高足碗残件[4]（图 4.14，1）。

　　明代，景德镇地区延续生产红绿彩瓷器，以明代中期前后最为繁盛，民窑产品居多。除了模仿金元以来北方窑场生产的以红、绿二色为主的红绿彩产品以外，还融合了景德镇更加擅长的制瓷工艺，釉下青花与釉上红绿彩的相互结合，如景德镇观音阁窑址就出土有青花红绿彩的残片[5]（图 4.14，2）。明代景德镇生产的红绿彩瓷器不同于北方窑场产品，以罐、瓶、碗、杯、盘等日用生活器皿为主，不见有人物塑像，产品影响力更大，流布范围较广，如四川平武王玺夫妇合葬墓（1464）出土的红绿彩盖罐和梅瓶，以红彩勾边，填以红、绿二彩，其中一件梅瓶还以釉上黑彩勾边并填彩，丰富了景德镇明代早中期釉上彩绘种类[6]（图 4.14，3）；吉林扶余地区明墓流行使用景德镇红绿彩瓷器随葬，彰显和延续女真民族的文化特点，见有碗、盘等小件器皿，红绿彩中均有黄彩点缀，纹饰以鲤鱼、牡丹、莲

[1]江建新：《宋元明初釉上彩瓷考略》，《中国历史文物》2006 年第 1 期。

[2]吕军、周高亮：《金代红绿彩的考古发现及其历史传承》，《中原文物》2011 年第 3 期。

[3]秦大树、马忠理：《论红绿彩瓷器》，《文物》1997 年第 10 期。

[4]景德镇市陶瓷考古研究所、北京大学考古文博学院、江西省文物考古研究所：《江西景德镇落马桥窑址宋元遗存发掘简报》，《文物》2017 年第 5 期。

[5]北京大学考古文博学院、江西省文物考古研究所、景德镇市陶瓷考古研究所：《江西景德镇观音阁明代窑址发掘简报》，《文物》2009 年第 12 期。

[6]四川省文管会、绵阳市文化局、平武县文保所：《四川平武王玺家族墓》，《文物》1989 年第 7 期；欧阳世彬、邹晓松、冯安贵、苏洪礼：《四川平武明王玺夫妇墓出土的景德镇民窑红绿彩瓷器》，《文物》2003 年第 11 期。

图 4.14 元明时期景德镇红绿彩瓷器

1. 落马桥窑址出土，元代晚期高足碗 2. 观音阁窑址出土，明代晚期青花红绿彩 3. 王玺夫妇合葬墓（1464）出土 4. 山东鲁藩巨野郡王墓出土，弘治时期 5. 江西淮王府遗址出土，嘉靖时期

池鸳鸯、花鸟为主[1]。明代景德镇的红绿彩瓷器还见于藩王墓及王府遗址之中，如山东鲁藩弘治时期郡王墓出土的红绿彩莲花水草纹、荷塘鸳鸯纹盘[2]（图 4.14，4）；江西淮王府遗址也出土有红绿彩龙纹、凤纹盘残片，同出还有红彩"淮府上用"款识标本[3]，这些红绿彩瓷器均以红彩勾边，填以红、绿、黄彩，纹饰绘画工整，体现了较高的使用等级（图 4.14，5）。

　　由此可见，北方窑场于金代中后期创烧的红绿彩瓷器对景德镇瓷器有深远影响，一方面为景德镇釉上彩绘瓷器的繁盛奠定了工艺基础，另一方面也成为明代景德镇瓷器中重要的瓷器品种，并在此基础上衍生出青花红

[1] 吉林省文物考古研究所编著：《扶余明墓——吉林扶余油田砖厂明代墓地发掘报告》，文物出版社，2011 年，图版 186~193。

[2] 张柏主编：《中国出土瓷器全集·山东》，科学出版社，2008 年，图版 211、212。

[3] 肖发标、李萌：《明代淮王府遗址出土的一批带款识王府用瓷》，《文物天地》2018 年第 10 期。

绿彩、五彩、斗彩等更多样的瓷器品种，并且将产品风格辐射至明代福建地区窑场。

三、白地黑花瓷器对景德镇青花瓷器的学习

北方窑场的白地黑花瓷器是一种釉下彩绘瓷器，宋代就已经大范围生产，其自身发展序列比较清晰，绘画工艺和技法也相当娴熟，明代产品无论是装饰风格还是器物造型都是对宋元磁州窑系该类瓷器的继承和发展。明代中晚期以后，随着景德镇青花瓷器的强势发展，其青花瓷产品在全国呈现垄断之势，"磁州窑类型"的白地黑花瓷器作为历史更为悠久的彩绘瓷器品种在不断突破自我的同时，也开始模仿景德镇青花瓷，主要体现在纹饰题材上。

景德镇青花纹饰最常见的缠枝花卉纹在"磁州窑类型"器物的绘画中比较少见，表现方式具有地域特色，螺旋式的缠枝叶基本不见于景德镇青花中，然而孔雀蓝釉黑花的绘画方式却是明显借鉴了景德镇青花产品，缠枝花卉绘画工整，枝叶缠绕有序，纹饰繁密而不凌乱；折枝花卉是明代"磁州窑类型"白地黑花器物比较多见纹饰题材，其中一种纹样由中心花卉、周围对称延伸枝叶组成，图案构成应该取材于景德镇青花，但波浪曲折的细密线条明显带有北方特色；景德镇青花中的婴戏、文人雅客等人物图案兴起于明代中期，多数为通景式绘画，表现人物及环境背景，具有很强的故事画面感，"磁州窑类型"的白地黑花也在明代中期以后开始模仿景德镇青花的这类人物绘画，而且工艺水平相当高，绘画生动，人物灵动飘逸，还常常结合褐彩装饰提高画面的层次感（彩版二四）；兔子、仙鹤、鱼等动物纹样也都是北方窑工对明代中晚期景德镇青花纹样的学习和模仿，但"磁州窑类型"的白地黑花器物也融入了很多北方地区流行的装饰元素，如运用波浪形的曲线填充纹饰空白区域，以点缀和衬托主题纹样（表4.11）。

由此可见，北方磁州窑类型的白地黑花瓷器在明代中期以后也开始接受景德镇青花的影响，学习釉下青花的绘画工艺和纹样题材，多数借鉴了同时期或较早时期景德镇青花的纹饰风格，也融入了北方白地黑花瓷器的装饰传统，呈现了一种南北方文化交融的艺术特色。

四、小结

"磁州窑类型"瓷器是宋元时期北方地区最重要的瓷器烧造体系，其产品内涵丰富，工艺技法复杂多变，具有较强民窑瓷器属性，产品具备较

表 4.11　白地黑花器与景德镇青花纹饰对比

	人物纹	婴戏纹	凤纹	缠枝花卉
景德镇窑	安徽含山县财政局宿舍工地出土（弘治）[1]	河南南阳邵相墓出土（1551）[2]	湖北蕲春王妃墓出土（宣德）[3]	江苏沐晟墓出土（1431）[4]
北方白地黑花	河南禹州西关明墓出土[5]	河南洛阳明代院落遗址出土[6]	安徽当涂县出土[7]	广西靖江王陵区墓葬出土[8]

强的活力和创造力，擅于从不同领域汲取创作素材。宋元时期北方地区窑场所生产的"磁州窑类型"瓷器带有朴实民风，畅销于各地，其中低温的孔雀蓝釉瓷器、珐华釉瓷器，经二次低温烧成的釉上红绿彩瓷器已经对景德镇瓷器产生了浓厚影响。自元代开始，景德镇就开始生产这几类瓷器，但生产数量和规模均不大。明代景德镇官窑、民窑继续生产的孔雀蓝釉、

[1]张柏主编：《中国出土瓷器全集》，安徽卷，科学出版社，2008年，图222。
[2]南阳市文物考古研究所：《南阳市明代墓葬发掘简报》，《中原文物》2015年第2期。
[3]张柏主编：《中国出土瓷器全集》，湖北、湖南卷，科学出版社，2008年，图121。
[4]南京市文物保管委员会：《南京江宁县明沐晟墓清理简报》，《考古》1960年第9期。
[5]张柏主编：《中国出土瓷器全集》，河南卷，科学出版社，2008年，图240。
[6]洛阳市文物考古研究院：《洛阳老城南关明代院落遗址发掘简报》，《洛阳考古》2017年第1期。
[7]张柏主编：《中国出土瓷器全集》，安徽卷，科学出版社，2008年，图221。
[8]桂林博物馆编：《靖江藩王遗粹——桂林博物馆珍藏明代梅瓶》，上海人民美术出版社，2000年，图102，112页。

续表 4.11

	兔纹	折枝花卉	仙鹤	"福"字
景德镇窑	南澳Ⅰ号沉船出水[1]	景德镇旸府山窑址出土[2]	南昌市博物馆藏（弘治）[3]	丰城市博物馆藏[4]
北方白地黑花	山西襄汾丁村明墓出土[5]	河南彭尚贤墓出土（1575）[6]	河南许昌出土[7]	北京邮电局工地出土[8]

珐华釉及釉上红绿彩瓷器，但并不是对北方产品风格的全盘继承，只是借鉴了这些瓷器品种，更多的还是结合了景德镇当地擅长的制瓷工艺元素，甚至形成了更加复杂的瓷器品种，如孔雀蓝釉瓷器往往与釉下青花相结合，形成孔雀蓝釉青花瓷器；珐华釉均为瓷胎烧造，釉上的立粉工艺匀称细腻，纹饰雕画得工巧精细，不似山西窑场产品的粗犷奔放，可以窥见二者艺术风格的差异；釉上红绿彩瓷器也结合更多绘瓷技法，加入釉下青花形成青花红绿彩，而且纹饰的绘画风格与北方窑场产品截然不同，而与同时期景

---

[1] 广东省文物考古研究所、广东省博物馆、国家文物局水下文化遗产保护中心编著：《孤帆遗珍："南澳Ⅰ号"出水精品文物图录》，科学出版社，2014 年，288 页。

[2] 陈冲、刘未：《景德镇旸府山明代窑址瓷器之考察》，国家文物局水下文化遗产保护中心编：《水下考古学研究》，第二卷，科学出版社，2016 年，119~137 页。

[3] 王莉英主编：《中国陶瓷全集》，第 12 卷，明（上），上海人民美术出版社，1999 年，128 页。

[4] 铁源主编：《江西藏瓷全集·明代》，下册，朝华出版社，2007 年，35 页。

[5] 马升、王万辉：《襄汾丁村明代墓葬发掘简报》，《文物世界》1996 年第 1 期。

[6] 南召县博物馆：《河南南召县云阳镇明代纪年墓》，《华夏考古》2013 年第 4 期。

[7] 上官弘文：《许昌地区出土的明代磁州窑类型瓷器》，《收藏家》2008 年第 3 期。

[8] 毕克官著：《中国民窑瓷绘艺术》，外文出版社，1991 年，30、158 页。

德镇青花瓷器较为接近。明代中期以后，景德镇各类瓷器品种均呈现井喷式发展，其将萌生于北方窑场的低温釉瓷器、釉上彩绘瓷器发展至新的高度，既丰富了釉色的色彩种类，提升了瓷器的质量和艺术水准，又将釉下青花融入釉上彩绘之中，形成了色彩更加多样，层次更加复杂，组合更多灵活的釉上彩绘瓷器，为清代釉上彩绘瓷器提供了工艺基础，奠定了清代以彩绘瓷器为主的瓷器生产格局。

明代北方窑场的"磁州窑类型"瓷器也开始模仿景德镇瓷器发达的釉下绘画工艺，以北方釉下彩绘瓷器的代表品种白地黑花瓷器为主，其借鉴和学习景德镇青花先进的绘画工艺、绘画技法及构图方式等，在汲取景德镇青花绘画工艺特点的过程中融入了更多自身的特点。一方面突破了白地黑花瓷器的传统纹饰题材，开始出现通景式人物等对绘画技法要求更高的题材，为了增加这类题材的层次和画面感，出现黑彩、褐彩结合、平涂与勾勒结合装饰风格，丰富了自身的色彩感和层次感；另一个方面是将白地黑花器的传统装饰风格融入景德镇青花的典型题材中，如螺旋形的花叶作为辅助纹样，点缀于兔子、仙鹤等主题纹样周边，体现了兼容并包的民间窑场特色，再一次焕发新的活力。

第四节　云南地区青花瓷器与景德镇青花瓷器

云南地区青花是明代瓷器最具特色的一支，它不仅拥有地域性的产品特征，还蕴含不同的文化因素，但仍然不可否认，云南地区青花瓷中也可以找到景德镇青花瓷的元素，只是经过了云南当地窑工的吸收和加工，呈现了不同的产品面貌。

一、青花器形对景德镇产品的学习和发展

云南青花瓷的生产肇始于元代，因此其器形多模仿景德镇元代及明代早中期产品，如大罐、罐、玉壶春瓶、三足炉、筒式炉、折腰碗等，造型几乎完全复制景德镇窑产品，但在学习和吸收的过程中也孕育了云南地区独有的特点。尤其是器物细部的处理上体现了当地窑工独特的想法，如双耳瓶的双耳制作成圆圈形，灵巧而简约（彩版九，2），不同于景德镇窑复杂的戟形耳、兽形耳；大罐腹部贴塑人物、动物纹样，带有浓厚的宗教文化特色等（彩版七，1）；器足如炉的三足、圈足等均较高，显得器身更加挺拔（彩版七，2；彩版一二，4）。

明代云南青花还有很多器形不见于景德镇，如长颈球腹小瓶，颈部长

1   2

图 4.15 云南窑场青花瓶、盖罐

1.玉溪窑明代长颈球腹小瓶，玉溪博物馆藏 2.玉溪地区出土明代青花缠枝菊纹盖罐

而直，腹部圆鼓，足部较高（图 4.15，1；彩版一二，3）；青花折沿盘是明代云南青花比较流行的器形，与景德镇明代早期生产青花大盘接近，但尺寸较小，口沿均较厚内卷呈凹折沿（彩版九，4），整体造型与龙泉窑青釉盘更相似。明代云南青花造型从整体趋势来看偏重于墩式矮胖，不如景德镇产品造型挺拔瘦长，其腹部多作浑圆的造型，瓶类器腹下垂明显。为了拉伸器形高度，窑工从不同角度做过很多尝试，如罐、瓶颈部制作较高，大罐的胫部拉长，以线条代替繁缛的纹饰等等（图 4.15，2；彩版八，2；彩版一一，1），但无法根本改变云南青花粗笨的造型特征（表 4.12）。

二、青花题材对景德镇产品的模仿

云南青花纹样题材也强烈地受到景德镇青花的影响，唯独不见有龙纹，以缠枝花卉、折枝花卉、凤纹、开光琴棋书画人物、狮子绣球、风景图案、双鱼、十字宝杵、龟背纹为主，这些纹饰多数都是借鉴了景德镇青花题材，但细节上有所变化。景德镇青花瓷的这些纹饰题材多数贯穿流行于整个明代，缠枝花卉、折枝花卉、松竹梅、凤纹元代晚期已经广泛出现，明代继续流行；开光人物、狮子绣球、双鱼纹、十字宝杵也是元代晚期开始出现，但数量不多，明代以后更加流行；龟背纹、鱼藻纹、凤穿花都是明代早中期常见的青花纹饰题材（表 4.13）。

明代云南青花纹饰题材多数模仿景德镇青花产品，青花绘画工艺也相当精湛，纹样生动活泼，疏密相称，充满动感，内底的主题纹饰周围还对

表 4.12 云南窑场与景德镇窑器形对比

	大罐	玉壶春瓶	双耳瓶	三足炉	筒式炉
景德镇窑	青花八仙庆寿罐(景泰)，故宫博物院藏[1]	江苏南京叶氏墓出土 (1418)[2]	景德镇严昇墓出土 (1453)[3]	北京毛家湾瓷器坑出土 (明中期)[4]	景德镇丽阳明代窑址出土 (宣德至天顺)[5]
云南窑场	蒙自瓦渣地墓葬出土 (正统至天顺)[6]	玉溪地区出土[7]	玉溪地区出土[8]	玉溪博物馆藏[9]	玉溪地区出土[10]

[1] 王莉英主编：《中国陶瓷全集》，第12卷，明（上），上海人民美术出版社，1999年，114页。

[2] 南京市文物保管委员会：《南京中华门外明景泰墓清理简报》，《考古》1962年第9期。

[3] 欧阳世彬、黄云鹏：《介绍两件明景泰墓出土的青花、釉里红瓷器》，《文物》1981年第2期。

[4] 北京市文物研究所、北京市西城区文物管理所：《北京毛家湾瓷器坑发掘简报》，《文物》2008年第4期。

[5] 故宫博物院、江西省文物考古研究所、景德镇市陶瓷考古研究所：《江西景德镇丽阳明代窑址发掘简报》，《文物》2007年第3期。

[6] 张柏主编：《中国出土瓷器全集》，甘肃、青海、宁夏、新疆，云南，贵州，西藏卷，科学出版社，2008年，图202。

[7] 张柏主编：《中国出土瓷器全集》，甘肃、青海、宁夏、新疆，云南，贵州，西藏卷，科学出版社，2008年，图204。

[8] 张柏主编：《中国出土瓷器全集》，甘肃、青海、宁夏、新疆，云南，贵州，西藏卷，科学出版社，2008年，图205。

[9] 图片来自玉溪博物馆"玉溪陶瓷展"展品。

[10] 张柏主编：《中国出土瓷器全集》，甘肃、青海、宁夏、新疆，云南，贵州，西藏卷，科学出版社，2008年，图203。

表 4.13　云南窑场与景德镇窑纹饰对比

	缠枝花卉	凤穿花	开光装饰	狮子绣球纹	鱼藻纹
景德镇窑	北京市朝阳区出土（宣德）[1]	故宫博物院藏（宣德）[2]	故宫博物院藏（宣德）[3]	上海博物馆藏（宣德）[4]	广西桂林朱规格墓出土（宣德）[5]
云南窑场	玉溪博物馆藏[6]	玉溪地区出土[7]	玉溪博物馆藏[8]	个旧小满坡地出土[9]	玉溪博物馆藏[10]

[1] 王莉英主编：《中国陶瓷全集》，第 12 卷，明（上），上海人民美术出版社，1999 年，97 页。

[2] 故宫博物院编：《故宫博物院藏明初青花瓷》，紫禁城出版社，2003 年，315 页。

[3] 王莉英主编：《中国陶瓷全集》，第 12 卷，明（上），上海人民美术出版社，1999 年，71 页。

[4] 王莉英主编：《中国陶瓷全集》，第 12 卷，明（上），上海人民美术出版社，1999 年，96 页。

[5] 桂林博物馆编：《靖江藩王遗粹——桂林博物馆珍藏明代梅瓶》，上海人民美术出版社，2000 年，图51~2，50 页。

[6] 图片来自玉溪博物馆 "玉溪陶瓷展" 展品。

[7] 张柏主编：《中国出土瓷器全集》，甘肃、青海、宁夏、新疆，云南、贵州、西藏卷，科学出版社，2008 年，图 196。

[8] 图片来自玉溪博物馆 "玉溪陶瓷展" 展品。

[9] 云南省文物考古研究所、红河州文物管理所、个旧市博物馆：《个旧王林寨小满坡墓地发掘报告》，云南省文物考古研究所编：《云南考古报告集（之二）》，云南科技出版社，2006 年，159~192 页。

[10] 图片来自玉溪博物馆 "玉溪陶瓷展" 展品。

续表 4.13

	束莲纹	鱼纹	凤纹	十字宝杵	龟背纹
景德镇窑器	故宫博物院藏（天顺）[1]	故宫博物院藏（宣德）[2]	故宫博物院藏（宣德）[3]	景德镇珠山出土（1453）[4]	江西浮梁县博物馆馆藏[5]
云南窑场	玉溪博物馆藏[6]	玉溪博物馆藏[7]	玉溪博物馆藏[8]	玉溪博物馆藏[9]	个旧小满坡地出土[10]

[1] 上海博物馆编：《灼烁重现：十五世纪中期景德镇瓷器特集》，上海书画出版社，2019 年，352 页。
[2] 王莉英主编：《中国陶瓷全集》，第 12 卷，明（上），上海人民美术出版社，1999 年，77 页。
[3] 王莉英主编：《中国陶瓷全集》，第 12 卷，明（上），上海人民美术出版社，1999 年，84 页。
[4] 欧阳世彬、黄云鹏：《介绍两座明景泰墓出土的青花、釉里红瓷器》，《文物》1981 年第 2 期。
[5] 铁源主编：《江西藏瓷全集·明代》，下册，朝华出版社，2007 年，24 页。
[6] 图片来自玉溪博物馆"玉溪陶瓷展"展品。
[7] 图片来自玉溪博物馆"玉溪陶瓷展"展品。
[8] 图片来自玉溪博物馆"玉溪陶瓷展"展品。
[9] 图片来自玉溪博物馆"玉溪陶瓷展"展品。
[10] 云南省文物考古研究所、红河州文物管理所、个旧市博物馆：《个旧王林寨小满坡墓地发掘报告》，云南省文物考古研究所编：《云南考古报告集（之二）》，云南科技出版社，2006 年，159~192 页。

图 4.16　明代玉溪窑青花狮子绣球缠枝牡丹纹　　图 4.17　明代玉溪窑青花缠枝花
　　　　罐，玉溪博物馆藏　　　　　　　　　　　　　卉纹罐，玉溪博物馆藏

称点缀蕉叶、卷云、折枝等图案，形成相对固定的纹饰组合，极具地方特色。云南青花与景德镇产品相较绘画用笔粗犷，笔痕较粗，不注重线条的勾勒，对动物、人物五官等细节的描绘上仍显功力不足，很多部位用平涂的方式代替，较粗者则呈现青花晕散的现象。明代云南青花也有地域特色明显的装饰工艺，如以青花钴料平涂为地，再于蓝地上用细线刻划纹饰的装饰手法，可以表达纹饰的细部特征，或者用以表现强烈的对比色差（图 4.16；彩版一二，1）；以素胎瓷泥贴塑纹样点缀于主题纹饰之中也是云南地区青花瓷的重要特色（图 4.17；彩版七，1）。

三、青花艺术风格对景德镇产品的继承与发展

（一）繁密的青花纹饰布局

云南地区盛行火葬，青花瓷大罐也成为明代火葬墓重要的葬具之一。明王朝建立以后，朝廷委派开国功臣沐氏家族镇守云南，受到内地移民文化的影响，云南地区的土葬墓也逐渐增多，随葬玉壶春瓶也成为一种流行的葬俗。云南明代青花罐、玉壶春瓶与景德镇产品的纹饰题材和布局有相似之处，均为分层布局，颈部、肩部、腹部、胫部绘画青花纹饰，以条形纹饰相隔，腹部一般为主题纹饰，颈部、肩部、胫部为辅助纹饰，主题纹饰还常常运用开光分区的布局方式，多见分区内绘折枝花卉。这种满饰青花、分层布局的装饰风格景德镇青花在元代就已经普遍使用，不光运用于大罐、玉壶春瓶之上，大盘、大碗也常见这种装饰风格，带有浓郁的西亚

文化因素。

云南青花瓷在继承景德镇这种繁缛艺术风格的基础之上，也发展了自身的特色，注重辅助纹饰的绘画。景德镇窑产品在肩部喜用缠枝花卉、云肩形开光折枝花卉、杂宝及各种符号化的几何图案，用以衬托主题纹饰，胫部多数为图案化的莲瓣纹样。云南青花也有模仿景德镇青花辅助纹饰题材，但其肩部还流行更加复杂的纹饰，甚至与主题纹饰产生视觉冲突，如人物故事（彩版一○，2）、风穿牡丹、狮子绣球（彩版一一，1）、鱼藻纹（彩版一一，2）、莲塘纹、缠枝花卉、开光折枝花卉等，占据较大的区域，腹部多为缠枝花卉与之组合，腹部的纹饰反而比较固定，胫部多为变形莲瓣，有的莲瓣纹已经相当简化，因此肩部纹饰一定程度上也可以认为是主题纹饰（图 4.18）。

（二）疏朗的青花纹饰布局

景德镇青花瓷疏朗的纹饰风格主要是指在器物内底或者外壁点缀青花图案，青花纹饰之间留有大量的空白，呈现清丽脱俗的艺术风格。自元代开始，这种风格已经广泛使用，景德镇窑工对青花图案的绘画和空白区域的处理显得游刃有余。明代云南青花主要通过折枝花、团花、文字及蕉叶等题材来表现这种风格，多用于小件器物之上（图 4.19）。

四、小结

云南青花除了胎釉特征方面与景德镇青花有着明显的区别以外，青花造型、纹饰题材还是明显受到景德镇的影响。从器形上来看，云南青花对景德镇产品的学习比较成功，三足炉、筒式炉、玉壶春瓶、罐、折腹碗等器形均与同时期景德镇产品造型相同，时代从元末明初到明代中期，仅在足部、耳部、腹部有细微变化。从纹饰题材来看，很多题材内容来源于景德镇产品，多为民间喜闻乐见的植物、动物、人物内容，符合人们追求吉祥寓意的社会风尚，如宝杵纹、狮子绣球纹、游动嬉戏的鱼纹、舞动的风纹、缠枝花卉纹等。这些纹饰题材转嫁于云南青花瓷上形成了不同的面貌，鱼纹形象体态丰硕饱满，鱼鳍、鱼尾呈摆动状，十分生动逼真；缠枝花卉则表现得相对抽象和写意，花瓣留白较多，甚至只勾勒轮廓。总体来讲，纹饰图案化明显，绘画洒脱豪放，线条粗犷奔放，充满了生动的生活情趣和乡土气息，独具魅力。

云南地区青花瓷器对景德镇青花风格也并非全盘吸收。云南地区青花瓷器相较于景德镇产品有三点发展：一是器形的创新。云南地区青花瓷具

图 4.18　云南窑场青花瓷肩部辅助纹样

1. 人物故事纹，玉溪地区出土　2. 缠枝花卉纹，玉溪博物馆藏　3. 狮子绣球纹，禄丰黑井出土
4. 鱼藻纹，禄丰黑井出土　5. 凤穿花纹，玉溪博物馆藏　6. 开光折枝花卉纹，玉溪博物馆藏
7. 云凤纹，玉溪博物馆藏

1　　　　　　　　　　　　　　　2

图 4.19　景德镇与云南窑场疏朗纹饰布局（折枝花卉）

1. 江西德兴明墓（1451）出土　2. 玉溪博物馆藏

1　　　　　　　　　　　　　　　2

图 4.20　云南玉溪窑青花盘底装饰，玉溪博物馆藏

有很多地方性的造型，如直筒形的长颈小瓶，胫部较长的长腹罐。二是青花装饰工艺的创新。即在平涂的青花地上用细线刻划纹饰细节，多数用于全器的部分青花装饰，也有的器物于全器使用这种装饰工艺。纹饰部分留白现胎色，与蓝色底纹呈现强烈的对比，此举可弥补釉下青花绘画的粗犷作风，表现纹饰的细部特征，是一种事半功倍的装饰方法。三是青花艺术风格的创新。突出肩部纹饰题材，以较大的区域绘画纹样；以传统的装饰题材加入特定的纹饰元素形成新的固定装饰图案，如碗、盘内底绘双鱼或者花卉的主题图案，周围点缀绘蕉叶、卷云式纹样，呈对称分布或呈五角星式分布，用以烘托主题纹样（图 4.20）。

　　综上所述，明代景德镇以外瓷器与景德镇瓷器之间存在着相互影响的关系，景德镇以外瓷器对于景德镇瓷器的影响于宋元时期就已经初现萌芽，但更多的还是景德镇以外瓷器对景德镇瓷器的模仿和学习。景德镇窑及其产品，以青花瓷为代表，在整个明代瓷器中占据领头羊位置，其他窑场在延续和发展自身产品风格的同时，都不同程度开始模仿景德镇瓷器的造型和纹饰，很多窑场产品也都在模仿的同时融入了当地的文化特色或者研发了新的瓷器品种；与此同时，景德镇瓷器也在接受景德镇以外瓷器的影响，体现在釉色品种以及釉上彩绘工艺上，这种技术的交流和学习为景德镇迎来了彩绘瓷器的巅峰。因此，明代景德镇以外瓷器不仅成为景德镇瓷器发展背后的源动力，也强烈接受景德镇瓷器风格的影响，二者相互促进，形成了明代各类瓷器品种百花齐放的局面。

第五章　明代景德镇以外瓷器的相关问题研究

第一节　明代景德镇以外瓷器的运销研究

一、龙泉窑青釉瓷器的运销

（一）龙泉窑青釉瓷器的内销

南方的青釉瓷器生产历史悠久，龙泉窑是兴起最晚但影响力最大窑场，至迟于南宋晚期，龙泉窑青釉产品的足迹就已经遍布于全国乃至海外各地。元代，龙泉窑产品在元王朝的政策支持下大力拓展海外市场，迎来了外销的高峰，形成"天下龙泉"局面。明代是龙泉窑青釉瓷发展的分水岭，明代中期以前龙泉窑青釉瓷器延续着元代的迅猛势头，足迹遍布国内各地及海外市场，明代中期以后产品质量明显下降，产量骤减。

明代龙泉窑青釉瓷器在国内的运销特点呈现三个阶段，与龙泉窑青釉瓷器的分期吻合。第一阶段大致从洪武至天顺时期，大约为 14 世纪中叶至 15 世纪中叶前后；第二阶段大致从成化至正德时期，大约为 15 世纪中叶至 16 世纪上半叶；第三阶段大致从嘉靖至崇祯时期，大约为 16 世纪后半叶至 17 世纪前半叶。

1. 第一阶段——利用天然水系及固有交通网络的运销。

这一阶段龙泉窑青釉瓷器多发现于各地的明代墓葬、遗址之中，呈现散点式分布状态。墓主多数为藩王、高品级官员，体现了较高的使用等级；销售区域以南京、北京、成都等重要城市为主，产品质量较高。

长江流域沿线自古拥有错综复杂的水系交通，水道纵横，湖泊连绵，密布的水网和充沛的水量利于舟楫通行。早在新石器时代的河姆渡遗址就曾出土木船桨[1]，说明江南一带的先民已经开始掌握了驾船技术。进入封建集权社会，统治者为了巩固政权基础，加强集权统治，无一例外要进行河渠治理，疏浚河道的工程。明代以都水司进行川泽、桥道、舟车的治理，进一步强化水上交通的管理。

明代龙泉窑青釉产品的足迹在长江三角洲地区及中下游支流的巢湖流域、鄱阳湖流域可以说是屡见不鲜，如安徽合肥永乐十二年（1414）陈闻墓出土龙泉窑青釉玉壶春瓶，造型挺拔规整，纹饰刻划精细繁密，自颈部向下至圈足分别饰蕉叶纹、唐草纹、莲瓣纹、牡丹纹、回纹，颇具"官器"特点[2]（彩版二一，2）；江西永修正统九年（1444）刑部尚书魏源墓出土的青釉烛台、双耳衔环瓶、青釉菱口碟，工艺复杂，器物装饰精美[3]（彩版二〇）；江苏淮安河下遗址一次性出土龙泉窑瓷片十余吨，造型丰富，釉面质量高，呈现出至少 11 种青釉釉色，堆积形成时间是天顺八年至成化初年，其中还有不少官器风格器物[4]；浙江宁波明代前期浅海海船遗址[5]、上海青浦区码头遗址[6]也都出土了龙泉窑青釉产品。

南京、北京作为明王朝前后两个都城，政治地位不容小视，同样也都发现了不少龙泉窑产品。南京故宫遗址水井遗址出土有龙泉窑青釉盘[7]，应该是作为实用器皿使用；南京周边的明代功臣等高品级官员墓葬中也出土不少龙泉窑青釉瓷器作为随葬品[8]。北京周边的太监墓中也有使用龙泉窑青釉瓷器作为随葬品，而且墓主生前位高权重，在军事领域掌握重要实权[9]；故宫博物院收藏有大量清宫旧藏的明代龙泉窑青釉瓷器，器物的精美程度及造型纹饰与景德镇御窑厂的青花瓷十分接近，反映

---

[1] 河姆渡遗址考古队：《浙江河姆渡遗址第二期发掘的主要收获》，《文物》1980 年第 5 期。

[2] 安徽省文物事业管理局编：《安徽馆藏珍宝·上册》，中华书局，2008 年，240 页。

[3] 江西省博物馆：《江西玉山、临川和永修县明墓》，《考古》1973 年第 5 期；余家栋：《永修县发现明代魏源墓》，《江西历史文物》1973 年第 3 期。

[4] 南京博物院、淮安市楚州博物馆：《江苏淮安楚州区河下遗址龙泉窑瓷片堆积坑发掘简报》，《东南文化》2010 年第 2 期。

[5] 宁波市文物考古研究所、象山县文管会：《浙江象山县明代海船的清理》，《考古》1998 年第 3 期。

[6] 上海博物馆考古部：《上海青浦区塘郁元明时期码头遗址》，《考古》2002 年第 10 期。

[7] 张浦生、霍华：《1999 年南京明故宫出土文物研究》，《东南文化》1997 年第 1 期。

[8] 南京市文物保管委员会：《南京中华门外明墓清理简报》，《考古》1962 年第 9 期；南京市博物馆、雨花台区文化局：《江苏南京市戚家山明墓发掘简报》，《考古》1999 年第 10 期；南京市博物馆、雨花台区文化局：《江苏南京市唐家凹明代张云墓》，《考古》1999 年第 10 期。

[9] 闫娟：《由明代太监刘通墓葬出土文物论及明早期宦官政治现象》，《首都博物馆论丛》总 26 辑，北京燕山出版社，2012 年。

了龙泉窑明初"官器"的基本面貌，也是明代龙泉窑向北京供烧产品的重要证明[1]。

四川成都自古被誉为天府之国，是西南地区长江流域的重要城市之一，唐代就已经相当繁华，有"扬一益二"的说法。成都也是明代龙泉窑产品集中产销的区域，如成都东华门明蜀王府苑囿遗址[2]、下东大街遗址、东丁字街遗址、江汉路遗址的明代遗存均发现有龙泉窑产品[3]，以碗、盘、高足杯等生活器皿为主。

沿长江流域向上游再经水路、陆路、栈道等交通方式，龙泉窑青釉瓷器通过这些途径可以进一步在北方销售，可达陕西、河南南部等地，西安市曾出土过明代早期的龙泉窑青釉划花三足鼎式炉[4]。

借助地理区位关系，龙泉窑产品在南方拥有更广阔和便捷的市场，其产品销路可达窑址西南及东南方向的福建[5]、广西[6]、贵州[7]等地区，并对当地的青釉瓷器生产产生了重要的影响。

2. 第二阶段——借助贯通南北大运河的运销。

这一阶段龙泉窑青釉瓷器在国内的运销范围更大，不仅在长江流域的运销更加顺畅，而且在北方的销售区域也进一步扩大。龙泉窑青釉瓷器的质量有所降低，明代平民墓葬中出现龙泉窑青釉瓷器的情况在增多，明显出现了商品性的流通。

明代长江流域发达的水路交通促进了南方商品经济的发展，城市、集镇、集市的兴起都说明商品流通的发达，《广志绎》记载："杭州省会，百货所聚，其余各郡邑所出，则湖之丝，嘉之绢，绍之茶之酒，宁之海错，处之磁，严之漆，衢之橘，温之漆器，金之酒，皆以地得名。"[8]可见，

[1] 黄卫文：《清宫旧藏明代龙泉窑青瓷概论》，《东南文化》2010年第2期。
[2] 成都文物考古研究院：《四川成都东华门明蜀王府宫城苑囿建筑群发掘简报》，《文物》2020年第3期。
[3] 成都文物考古研究所：《成都下东大街遗址明代早期遗存发掘简报》，《文物》2011年第7期；成都文物考古研究所：《成都市东丁字街古遗址发掘简报》，《成都考古发现》2014，科学出版社，2016年；成都文物考古研究所：《成都市江汉路古遗址发掘简报》，《成都考古发现》2014，科学出版社，2016年。
[4] 王小蒙：《陕西出土的龙泉窑青瓷——兼论龙泉窑青瓷在陕西的地位和影响》，中国古陶瓷学会编：《龙泉窑研究》，故宫出版社，2011年，309~322页。
[5] 林桂枝：《福建墓葬出土的龙泉窑瓷器》，《福建文博》2006年第4期。
[6] 李铧：《桂林出土的龙泉青瓷及其对桂北青瓷窑业的影响》，中国古陶瓷学会编：《龙泉窑研究》，故宫出版社，2011年，361~375页。
[7] 吴钦湘、吴帆：《贵州玉屏出土明代大瓷盘》，《文物》1988年第12期。
[8] ［明］王士性撰、吕景琳点校：《广志绎》，卷四，中华书局，1981年，67页。

长江流域地区借助发达的水路交通，商品流通已经相当频繁和畅通，龙泉窑青釉瓷器在这种背景下的运销也更加便捷。江西临川正德四年（1509）艾妙音墓出土龙泉青釉碗、盘，釉层青翠凝重，但素面无纹[1]。长江中游的两湖地区开始出现龙泉窑青釉产品，如湖北京山弘治十五年（1502）陈思礼墓出土的青釉印花碗，碗内印六组人物故事图案，是龙泉窑明代中期的典型产品[2]；湖北最西北的郧西县庹家湾遗址[3]、归仙桥遗址明代遗存[4]也出土有龙泉窑青釉碗、盘，这与明代该地区利用天然河渠兴修水利工程，贯通与汉江河道密不可分[5]；湖北三峡地区秭归官庄坪遗址的明代遗存亦出土有龙泉窑青釉碗、花口盘、筒式炉等[6]。

明成祖朱棣迁都北京后，为了巩固政治基础，加强经济交流，开通南北沟通的漕运势在必行。至迟于弘治元年（1488），京杭大运河是处于全线畅通的状态。朝鲜人崔溥所著《漂海录》记载了其遭遇海难漂流至台州，在中国官员的押送下经宁波、杭州沿大运河一路北上至北京并最终回国的经历。他在书中将沿路的情况按照日期记录了下来，包括有治坝修闸、运河沿岸城市风貌、市井风情等等，其中行至江苏徐州刘城镇黄家闸见有万翼碑，碑上笼统记述了明代治理运河的情况，提到"天顺戊寅春……迺召有司立闸以通之，设官以理之。自是舟楫往来无复前患。"[7]经过明代前期统治阶层对运河的治理，明代大运河河道基本定型，将钱塘江、长江、淮河、黄河、海河由南至北的五大水系紧密连接在一起，成为南北物资与文化交流的主干线。

龙泉窑产品也借助这条畅通的运河航线大量向北方运销，沿运河自南向北的码头、闸口等各类遗址及北方各地都发现有龙泉窑产品。上海浦江花苑黄浦江码头遗址[8]、江苏镇江西津渡遗址[9]、淮安清江浦运河板

[1] 徐培根、程晓辉、张蔓：《江西临川明代纪年墓清理简报》，《南方文物》2009 年第 3 期。

[2] 京山县博物馆：《京山孙桥明墓清理简报》，《江汉考古》1989 年第 3 期。

[3] 湖北省文物考古研究所、湖北省文物局南水北调办公室、郧西县博物馆：《湖北郧西县庹家湾遗址发掘报告》，《考古学报》2013 年第 1 期。

[4] 武汉大学考古系：《湖北郧西归仙河遗址 2009 年度发掘简报》，《江汉考古》2012 年第 1 期。

[5] 王谷：《明代郧阳地区的农业开发》，王玉德、关晓武主编：《长江流域耕读文化调研报告》，安徽师范大学出版社，2019 年，95~106 页。

[6] 国家文物局等编著：《秭归官庄坪》，科学出版社，2005 年，529~530 页。

[7] ［明］崔溥著，葛振家点校：《漂海录——中国行记》，社会科学文献出版社，1992 年，125 页。

[8] 上海博物馆考古研究部：《上海浦江花苑遗址清理简报》，《文物》2003 年第 2 期。

[9] 镇江博物馆、镇江古城考古所：《江苏镇江西津渡遗址发掘简报》，《东南文化》2011 年第 1 期。

闸遗址[1]、徐州富庶街明代遗址[2]、徐州时尚大道明代遗址[3]都出土了明代龙泉青釉碗、盘、盏、高足杯、炉等;山东、河北、河南也发现明代龙泉窑青釉器物,如河北任丘县茂州公社出土龙泉青釉罐等[4];河南洛阳明代院落遗址出土有龙泉窑碗、盘、炉[5];河南南阳万历二十二年(1594)武略将军墓出土了龙泉窑青釉刻花炉、刻花瓶[6]等。

东北的吉林地区也成为龙泉窑产品的销售区域,扶余油田砖厂发现了大规模的明代墓群76座,其中有13座墓葬都出土了龙泉窑青釉碗、盘等器物[7],碗内均满印数组人物故事纹样,时代特征明显;扶余县伯都公社土城子屯明墓中也发现随葬龙泉窑青釉碗[8];柳河县明墓中出土有龙泉窑青釉高足碗[9];德惠县明墓也出土豆青釉碗,也有可能是龙泉窑产品[10]。可见,龙泉窑产品行销于东北地区得益于明代中期运河航线的畅通,南方的货物可以直抵京师,再通过陆路运销至东北一带。

3.第三阶段——区域内的运销。

这一阶段龙泉窑青釉瓷器只在窑场周边区域进行销售,不仅产品质量不高,胎体粗糙厚重,釉面玻璃质感较强,而且瓷窑数量大大减少,产量急剧萎缩。浙江地区的明代地方乡绅墓葬中比较常见,如黄岩王俯翠墓[11]、嘉兴项氏墓[12]、金华范继文墓[13]等。至此龙泉窑逐渐沦落成为地方性的窑场,青釉瓷器产品难以打开市场销路。

(二)龙泉窑青釉瓷器的外销

明代早期龙泉窑青瓷质量较高,是我国主要的外销商品之一。随着龙

---

[1] 淮安市博物馆:《江苏淮安板闸遗址发掘简报》,《文物》2019年第2期。

[2] 徐州博物馆:《徐州富庶街明代遗址的发掘》,《考古学报》2004年第3期。

[3] 徐州博物馆:《徐州市时尚大道明代遗址调查发掘简报》,《华夏考古》2014年第3期。

[4] 穆青、穆俏言:《河北出土的元明龙泉窑瓷器》,中国古陶瓷学会编:《龙泉窑研究》,故宫出版社,2011年,285页。

[5] 洛阳市文物考古研究院:《洛阳老城南关明代院落遗址发掘简报》,《洛阳考古》2017年第1期。

[6] 张方:《南阳明代武略将军墓出土瓷器》,《华夏考古》1998年第4期。

[7] 吉林省文物考古研究所编著:《扶余明墓——吉林扶余油田砖厂明代墓地发掘报告》,文物出版社,2011年,7~214页。

[8] 吉林省文物工作队:《夫余县明墓发掘简报》,《北方文物》1983年第3期。

[9] 王志敏:《柳河县出土明代早期瓷器》,《博物馆研究》1990年第2期。

[10] 长春市文物管理委员会办公室:《吉林德惠顺城堂明墓清理简报》,《辽海文物学刊》1988年第2期。

[11] 陈顺利、王中河:《黄岩出土明代庆元窑青瓷盖罐》,《文物》1986年第8期。

[12] 陆耀华:《浙江嘉兴明项氏墓》,《文物》1982年第8期。

[13] 蒋金治、徐卫:《金华明代范氏墓发掘简报》,《东方博物》2013年第3期。

泉瓷业的衰落，龙泉窑青釉瓷器在海外市场的运销也大抵结束于明代中期之后，即 16 世纪中叶前后龙泉窑青釉瓷器几乎在海外市场销声匿迹。明代中期以前，龙泉窑青釉瓷器在海外市场占有重要地位，贸易方式有朝贡贸易和走私贸易两种形式。国外学者通过对东南亚地区沉船出水瓷器的研究发现，洪武至永乐年间（1368~1424）沉船遗迹的中国瓷器以青釉瓷器为主，有少量酱釉及白釉瓷器[1]。

朝贡贸易是明初在海禁政策下实行的官方货物交换，此举既可以树立自身"天朝上国"的形象，也可以用以维系中国与周边国家的友好关系。不同地区的朝贡方式都有详细的规定，如"洪武八年谕，安南、高丽、占城等国，每三年一朝贡"，永乐谕令琉球国"二年一贡，每船百人多，多不过百五十人，贡道由福建闽县"，安南国"贡道由广西凭祥州"[2]。明王朝对于朝贡活动从一开始就秉持着"厚往薄来"的主导思想，朱元璋曾说："其朝贡无论疏数，厚往而薄来可也。"[3] 将这一思想贯彻至极的举动即为明永宣时期郑和船队七次出使西洋，航路已经越过印度半岛，直达红海口和非洲东岸。郑和船队携带大量中国货物沿路进行赐赉、馈赠、交换，其中瓷器是主要货物之一。这七次规模宏大、盛况空前的航海外交活动是明代官方贸易的顶峰，促进了明王朝与各国之间的经济、文化交流，初步建立了海上贸易网络，不仅为官方贸易交流也为民间贸易的兴起奠定了基础。明王朝统治者希望通过"海禁"政策及朝贡贸易将海外贸易严格把控在官方手中，在朝贡体系内建立起与东亚、东南亚地区新的贸易秩序，这就促成琉球成为龙泉窑青釉瓷器对外贸易的中转地[4]。

与此同时，虽然明王朝自建立初期就严令禁止私人进行海上贸易，但这种贸易活动一直在暗中发展。中国南海、越南、印尼以及菲律宾等东南亚国家的海域，发现了不少载有龙泉窑青釉瓷器货品的沉船，大多数都是民间走私贸易的商船，如福建漳浦县沙洲岛沉船遗址出水有明代早期龙泉窑深腹碗、盘[5]；南海西沙永乐群岛"银屿1号"沉船采集点出水了明

---

［1］Roxanna M.Brown.History of Shipwreck Excavation in Southeast Asia. *In: Ward J, Kotitsa Z, Angelo AD (eds). The Belitung wreck: sunken treasures from Tang China*, Seabed Explorations New Zealand Ltd, New Zealand,2004.

［2］［明］申时行等修：《大明会典》，卷一百五、朝贡一、续修四库全书，74~77 页。

［3］《明太祖实录》，卷七一，"中央"研究院历史语言研究所，1962 年，1314 页。

［4］刘淼：《明代前期海禁政策下的瓷器输出》，《考古》2012 年第 4 期。

［5］福建沿海水下考古调查队：《漳浦县沙洲岛沉船遗址水下考古调查》，《福建文博》2008 年第 2 期。

代早、中期龙泉窑青釉碗、盘、碟、洗等[1]；西沙群岛明代中期沉船遗址玉琢礁 1 号出水有龙泉窑碗、盘、洗、杯等，内底有印花[2]。国外海域的沉船遗址如印度尼西亚巴考岛（Bakau）沉船，位于印度尼西亚卡里马塔海峡（Karimata Strait）西侧的巴考岛附近，是目前可以确定的明代早期沉船遗址，沉船体现了典型的中国构造，但船内出水的货品以东南亚陶瓷为主，中国瓷器中未发现景德镇青花瓷器，龙泉窑青釉产品有菱口盘、印花碗、刻花碗、高足杯、执壶等[3]；菲律宾潘达南岛（Pandanan）沉船也是一艘中国木船，船上出水的器物仍以东南亚陶瓷为主，龙泉窑青釉瓷占所有船货的 2.6%，中国青花瓷器的数量更少，完整的龙泉窑产品有125 件，113 件为刻花碟，少量盘、罐和杯[4]；菲律宾巴拉望岛北部海域的里纳礁（Lena）沉船也是一艘从中国出发的商贸木船，出水了 3000 余件瓷器，以景德镇所产的青花瓷为主，还有龙泉窑青瓷、广东青瓷、东南亚陶瓷，其中有 37 件较为完整的龙泉窑青瓷，"顾氏"铭碗、盘，莲瓣纹碗，折沿盘，菱口折腰杯等都体现了明代中期龙泉窑青釉风格[5]；越南会安的古劳占 15 世纪沉船遗址中出水的中国瓷器应为船上水手日用品，其中龙泉窑青釉产品有大盘、碟及高足杯，其余船货主要是越南陶瓷产品[6]。这些沉船多数是从中国出发进行走私贸易的商船，途中不幸沉毁，船货中的陶瓷器反映了这一时期瓷器贸易的主要面貌，即中国瓷器在海外贸易市场的占比较之前有明显下降，而东南亚陶瓷在此时占领了海外市场。

[1] 栗建安：《我国沉船遗址出水的龙泉窑瓷器》，中国古陶瓷学会编：《龙泉窑研究》，故宫出版社，2011 年，419~434 页。

[2] 赵嘉斌：《2009~2010 年西沙群岛水下考古调查主要收获》，吴春明主编：《海洋遗产与考古》，科学出版社，2012 年，171~184 页。

[3] Michael Flecker. The Bakau wreck:an early example of Chinese shipping in SoutheastAsia, *The International Journal of Nautical Archaeology*, (2001),30.2:221~230；方昭远、李建毛：《明代巴考沉船及其出水陶瓷初探》，《湖南省博物馆馆刊》第十四辑，岳麓书社，2018 年。

[4] Eusebio Z. Dizon, PH.D. Anatomy of a Shipwreck: Archaeology of the 15th-Century Pandanan Shipwreck, *The Pearl Road Tales of Treasure Ships*, Asiatype,Inc. and Christophe Loveiny, October 1998；欧塞比奥·Z·迪桑：《十五世纪中期菲律宾潘达南岛沉船的水下考古》，《海洋史研究》第八辑，社会科学文献出版社，2015 年。

[5] Franck Goddio. *The wreck on the Lena Shoal,Lost at Sea:The strange route of the Lena Shoal Junk*, Peripluse Publishing London Ltd 2002:1~42,198~209；焦天龙：《南海沉船考古与明代外销瓷贸易的变迁》，出宝田、陈建中主编：《海丝申报世界文化遗产与东亚海洋考古研究》，厦门大学出版社，2016 年，222~223 页；陈洁：《明代中期龙泉青瓷外销初探》，中国古陶瓷学会编：《龙泉窑研究》，故宫出版社，2011 年，153~168 页。

[6] 阮庭战：《越南海域沉船出水的中国古陶瓷》，中国古陶瓷学会编：《中国古陶瓷研究》第十四辑，紫禁城出版社，2008 年，65~68 页。

如果说沉船及船货反映了当时瓷器贸易情况，但沉船的目的地我们不得而知，海外其他的遗址发掘情况为我们提供了相关的信息，与明王朝有朝贡关系的东南亚诸国及日本是龙泉窑青釉瓷在海外比较受欢迎的地区。

1. 日本

从目前考古资料来看，琉球群岛的首里城仓储遗迹 SK01、二阶殿遗址，北部的今归仁城城址出土大量明代早中期的龙泉窑青釉瓷，而且龙泉窑青釉瓷器的数量明显多于青花瓷器[1]，琉球不仅是龙泉窑青釉的贸易中转地，也是其倾销之地。日本的纪淡海峡友之岛附近出水了一批明代中期龙泉青釉瓷，以条形莲瓣纹碗、回纹刻划花碗为主，还见有菱花口划花碟及模印花瓶、香炉等器物，是成批生产的日用实用器皿。此外在北海道余市町大滨中遗址，秋田八天山之泽氏富翁宅地，宫崎市增井城遗址，冲绳石垣岛名藏湾均有明代中期龙泉窑系青釉出土[2]；熊本县的城南町坂野遗址、玉名市择留、高濑、永德等处河底以及滨之馆、宇土市西岗台、松桥町竹崎城、荒尾市大园山等遗址均有明早期至明中期的中国青釉器物出土[3]。

2. 东南亚地区

满者伯夷王国于 13~16 世纪统治印尼地区，其首都德罗乌兰遗址出土了不少龙泉窑青釉瓷器，以碗、盘、罐为主，占据瓷器出土总量的 29%，进入 15 世纪以后相当长一段时间（相当于明代早中期），当地仍在进口龙泉窑青瓷[4]；新加坡福康宁遗址出土有元明时期的青釉瓷器等[5]；马尔代夫的马累岛也发现了中国明代青釉瓷片[6]。

3. 西亚地区

阿曼苏丹国的港口城市苏哈尔发现有明代早期的龙泉窑青釉碗、碟[7]；波斯湾巴林岛的清真寺遗址及其对岸的卡提夫地区也采集有明初

[1] 张荣蓉、秦大树：《琉球王国时期中国瓷器的发现与研究述论》，《华夏考古》2018 年第 4 期。

[2] [日] 长谷部乐尔：《日本出土的元明陶瓷》，中国古陶瓷研究会、中国古外销陶瓷研究会编：《中国古外销陶瓷研究资料》第三辑，1983 年，33~36 页。

[3] 白英译：《熊本县出土的中国陶瓷——熊本县博物馆〈中国陶瓷之美〉序言》，中国古陶瓷研究会、中国古外销陶瓷研究会编：《中国古外销陶瓷研究资料》第三辑，1983 年，110~113 页。

[4] 辛光灿：《浅谈满者伯夷与德罗乌兰遗址发现的中国陶瓷》，《考古与文物》2016 年第 6 期。

[5] 李知宴：《论新加坡出土的中国瓷器》，中国历史博物馆考古部编：《中国历史博物馆考古部纪念文集》，科学出版社，2000 年，217~228 页；[日] 三杉隆敏：《探索海上丝绸之路的中国瓷器》，中国古陶瓷研究会、中国古外销陶瓷研究会编：《中国古外销陶瓷研究资料》第三辑，1983 年，92 页。

[6] 杨焕新：《马尔代夫出土的中国瓷器——兼谈中·马海上交通》，《景德镇陶瓷》1993 年增刊。

[7] [法] 米歇尔·皮拉左里著，程存浩译：《阿曼苏丹国苏哈尔遗址出土的中国陶瓷》，《海交史研究》1992 年第 2 期。

龙泉窑青釉瓷器[1]；巴林国卡拉特巴林遗址出土有明代早期的龙泉窑青釉印花碗、划花碗、贴花大碗、菊瓣纹大盘、划花大盘等，在这一时期的中国瓷器中占据绝对优势[2]；阿联酋的佐尔法·努杜德港口遗址出土明代早期的龙泉青釉碗、盘等，而且明显分为粗、细两种类型[3]；阿联酋阿尔马塔夫遗址[4]、伊朗南部波斯湾北岸地区[5]也都发现有明代早期龙泉窑青瓷产品，数量不多但发现了龙泉官样青瓷残片，尤其是波斯湾地区，郑和下西洋时曾造访这里[6]，龙泉官器很可能与朝贡贸易相关。

根据日本学者三上次男的调查，伊朗东部的但巴古、北部德黑兰以及伊斯法罕、西北部大不里士地区都有中国明代青釉瓷器发现[7]。与伊朗西北部接壤的阿塞拜疆的卡巴拉、阿兰·卡拉、古格养希城、巴库希尔万夏贺夫宫等地的考古资料也提到 14~15 世纪中国青釉瓷器[8]。

4.非洲

非洲东部肯尼亚的沿海地区也有龙泉窑青釉产品的足迹，这一地区的考古工作开展较早较深入。东非的肯尼亚北部海岸区台克瓦清真寺遗址出土有 15 世纪晚期至 16 世纪的青瓷；拉木岛遗址群，中部海岸区安哥瓦纳遗址，穆瓦纳遗址，南部海岸区木那拉尼遗址，也出土有 14~15 世纪的中国青瓷[9]。20 世纪四五十年代，英国学者詹姆斯·柯克曼（James Kirkman）发掘肯尼亚马林迪格迪（Gedi）遗址、乌瓜纳（Ungwana）遗址，近年来中肯两国合作对两处遗址出土的中国瓷器进行整理。这两处肯尼亚重要的贸易港口遗址出土了大量的龙泉窑青釉瓷器，其中不少为元末明初

[1] [日] 三上次男著，胡德芬译：《陶瓷之路——东西文明接触点的探索》，天津人民出版社，1983 年，82~87 页。

[2] 赵冰：《波斯湾巴林国卡拉特巴林遗址出土的东亚和东南亚瓷器》，中国古陶瓷学会编：《中国古陶瓷研究》第十四辑，紫禁城出版社，2008 年，599~614 页。

[3] 赵冰、罗伯特·卡尔特尔、克莉斯强·威尔德：《阿拉伯联合酋长国哈伊马角酋长国佐尔法·努杜德港口遗址出土中国瓷片》，《文物》2014 年第 11 期。

[4] 故宫博物院、阿联酋拉斯海马古物与博物馆部、英国杜伦大学考古系、吉林大学考古学院：《拉斯海马阿尔马塔夫遗址 2019 年考古收获》，《故宫博物院院刊》2020 年第 5 期。

[5] 故宫博物院考古研究所、英国杜伦大学考古系：《英藏威廉姆森波斯湾北岸调查所获的中国古代瓷片》，《文物》2019 年第 5 期。

[6] 翟毅、张然：《古代中国与伊朗南部地区陶瓷贸易管窥——以安德鲁·乔治·威廉姆森的调查为中心》，《故宫博物院院刊》2019 年第 7 期。

[7] [日] 三上次男著，胡德芬译：《陶瓷之路——东西文明接触点的探索》，天津人民出版社，1983 年，145~175 页。

[8] [苏联] 寇瑟：《中世纪时期阿塞拜疆与中国的经济和文化联系》，《历史教学》1958 年第 2 期。

[9] 马文宽：《肯尼亚出土的中国瓷器》，《景德镇陶瓷》1983 年第 1 期；[日] 铃木重治：《肯尼亚·坦桑尼亚出土的中国陶瓷——从 1987 年的实地考察谈起》，《南方文物》1992 年第 4 期。

至明代中期产品，器形和种类相当丰富，主要有碗、盘、盆、洗、杯、罐、瓶、瓴、凤尾尊等，也有明代早期龙泉官器残片[1]。东非地区所发现的明代龙泉窑青釉及其他中国瓷器与当时明王朝积极推行的朝贡贸易密切相关[2]。

2010-2013 年，中肯两国合作对肯尼亚拉穆群岛地区开展考古调查，在对马林迪（Malindi）老城遗址和曼布鲁伊（Mambrui）遗址的调查和勘探中均发现了中国明代龙泉青釉瓷器[3]，其中很多青瓷器用于当地的柱墓装饰。可见当时龙泉窑产品大量销往非洲，除了作为生活实用器皿使用以外，还用作当地穆斯林民众墓葬及清真寺的构件使用，代表了当地文化特定的功能和内涵[4]。

东非的坦桑尼亚也是出土中国瓷器的重镇，出土最多的地区当为沿海城市基尔瓦，1958-1965 年奇蒂克在基尔瓦进行了大规模的考古发掘工作。"大清真寺"遗址、"大房子"遗址、马库丹尼遗址、杰瑞扎遗址、蒋丸瓦清真寺遗址、"带门廊"房子遗址、松哥穆纳拉岛都出土有明代龙泉窑青釉器物[5]。其中奇蒂克所发掘的基西瓦尼遗址，按照发掘者的分期，第 3 期出土中国瓷器最多，其中有 14 世纪后半叶至 16 世纪初的青釉瓷器[6]。

坦桑尼亚的桑给巴尔岛、马菲亚岛、奔巴岛遗址群以及坦噶地区、滨海区也都有 14 世纪后半叶至 17 世纪的中国青釉、青花瓷器发现，有窖藏出土，清真寺遗址及柱墓等建筑镶嵌[7]。

埃及开罗东端的人工丘陵也散布有明代龙泉青釉碎片[8]；莫桑比克、马达加斯加、扎伊尔等国也发现有中国 15 世纪青釉瓷器[9]。

[1] 刘岩、秦大树、齐里亚马·林曼：《肯尼亚滨海省格迪古城遗址出土中国瓷器》，《文物》2012 年第 11 期；丁雨、秦大树：《肯尼亚乌瓜纳遗址出土的中国瓷器》，《考古与文物》2016 年第 6 期。

[2] Herman Kiriama and Qin Dashu.The Maritime Silk Road: The India Ocean and the Africa China Exchange systems in the late first/early second Millennium BCE. *Journal of Indian Ocean Archaeology NO.10,2014.*

[3] 丁雨：《肯尼亚滨海省马林迪老城遗址的初步研究》，《南方文物》2014 年第 4 期。

[4] 丁雨：《中国瓷器与东非柱墓》，《故宫博物院刊》2017 年第 5 期。

[5] 马文宽、孟凡人著：《中国古瓷在非洲的发现》，紫禁城出版社，1987 年，23~29 页。

[6] [日]铃木重治：《肯尼亚·坦桑尼亚出土的中国陶瓷——从 1987 年的实地考察谈起》，《南方文物》1992 年第 4 期。

[7] 马文宽、孟凡人著：《中国古瓷在非洲的发现》，紫禁城出版社，1987 年，17~23 页。

[8] [日]三上次男著，胡德芬译：《陶瓷之路——东西文明接触点的探索》，天津人民出版社，1983 年，3~42 页；[日]金泽阳：《埃及出土的漳州窑瓷器——兼论漳州窑瓷器在西亚的传播》，《福建文博》1999 年增刊。

[9] 马文宽：《非洲出土的中国瓷器及其意义》，《考古学集刊》第 5 集，中国社会科学出版社，1987 年。

随着"大航海时代"的到来，中国瓷器在海外成为畅销产品。福建北部以及广东潮汕、大埔一带也已成功仿烧龙泉窑青釉，给本就已经一蹶不振的龙泉窑青釉瓷器以致命的打击。明代中期以后，龙泉窑青釉产品逐渐在海外市场销声匿迹，而福建、广东的仿龙泉产品则开始行销于海外各地。

（三）小结

明代龙泉窑青釉瓷器在国内、国外的运销范围均相当广袤，但运销方式各不相同。国内运销主要是利用长江流域及其支流流域天然发达的水系网络和贯通南北的人工大运河。龙泉窑位于浙江南部山区，其青釉产品通过窑址附近码头经水路运输至全国各地[1]。江南一带是龙泉窑青釉瓷器重要的集散地，以这一地区为据点，龙泉窑青釉瓷器再通过长江流域附近发达水系交通向西部内陆运输，安徽、四川、湖北等地都是在水路交通畅通的条件下成为龙泉窑青釉的畅销地区；龙泉窑青釉瓷器再利用明代贯通的大运河河道，将产品源源不断运销至广阔的北方地区，直抵南京、北京，再通过北方纵横交错的内河河道或者陆路交通运销至各处，包括更加遥远的东北各地，因此北方各处均或多或少发现有明代龙泉窑青釉产品。

龙泉窑青釉瓷器的国外运销有朝贡贸易及走私贸易两种方式。商品性的销售还是以走私贸易的形式居多，我国东南海域及国外海域的沉船遗址为明代龙泉窑的外销提供了证据。借助这两种贸易方式，龙泉窑青釉产品比同时期其他景德镇以外瓷器足迹更远，除了与明王朝关系密切的日本、东南亚诸国外，西亚、非洲各地也发现不少明代龙泉窑青釉瓷器，而且融合并承载着当地的文化元素。明代中晚期以后，随着龙泉窑的逐渐衰败，其青釉产品遂逐渐退出海外市场。

二、广东地区瓷器的运销

（一）广东地区瓷器的内销

广东地区明代窑场生产的瓷器种类比较多，有仿龙泉青釉、青花，还有青灰、黄釉等粗瓷，其内销范围有限，主要是在产地周边区域，用以满足日常生活所需。质量较好的仿龙泉青釉及青花瓷器还运销至稍远的

---

[1] 浙江省文物考古研究所、龙泉市文化遗产保护中心：《浙江龙泉金村码头遗址考古发掘简报》，《东方博物》2020 年第 2 期。

珠江三角洲一带及海南岛，如珠海香山场濠潭、唐家镇横沟埔、金鼎镇大闸桥、唐家镇鸡山的居住遗址均发现有明代广东窑场生产的仿龙泉青釉碗、碟等，外壁刻划莲瓣纹，内底印文字或折枝花[1]；大埔百侯中学嘉靖庚子年（1540）墓葬中出土有大埔窑生产的仿龙泉青釉碗、碟、杯等器物[2]；海南明代地震沉海村庄遗址也发现有明代广东惠阳窑生产的仿龙泉青釉碗[3]；香港西北区的屯门扫管笏明代墓葬、元朗东头村居住遗址明代中晚期文化层均出土有广东地区生产的仿龙泉青釉碗，其中扫管笏的明代墓葬不仅有广东惠阳窑生产青釉碗，还有大埔窑生产的青花碗，多与四耳或三耳酱釉罐组合出土[4]；香港屯门青砖围、新庆村遗址也出土了广东地区生产的仿龙泉青釉，均为生活器皿，而且新庆村遗址的明代层位堆积较厚，出土瓷器以仿龙泉青釉和景德镇青花瓷为主，时代当在15~16世纪左右。两处遗址均出土了大量瓦片，可能为建筑废物的堆积处[5]。

可见，广东地区明代窑场生产的仿龙泉青釉及青花瓷的内销范围有限，主要运销至内陆贸易发达、航海运输便捷的地区，供当地居民日常生活所需，使用范围包括生活饮食、墓葬随葬等各个领域。

（二）广东地区瓷器的外销

明代广东地区的对外贸易环境相对于浙、闽两地更加平稳。明太祖立国之初，为了管理与各国的朝贡贸易，下令在浙江宁波、福建泉州、广东广州设立市舶司，并规定"宁波通日本，泉州通琉球，广州通占城、暹罗、西洋诸国"[6]。为了除绝海防隐患，分别于嘉靖二年（1523）、万历八年（1580）因"倭祸起于市舶"遂撤罢浙江、福建市舶司，唯独广东市舶司相对稳定，并且经过当地官府对贸易政策的调整和应对，在正德年间逐渐形成了关税抽分制度[7]，此举一定程度上促进了当地商品性自由贸易

---

［1］珠海市博物馆、广东省文物考古研究所、广东省博物馆编：《珠海考古发现与研究》，广东人民出版社，1991年，206~210页。

［2］杨少祥：《广东大埔古瓷器生产初探》，《广东陶瓷》1985年第2期。

［3］曾广亿著：《粤港出土古陶瓷文集》，岭南美术出版社，2012年，429~441页。

［4］郑培凯、李果、余君岳、尹翠琪、范梦园：《香港西北区出土陶瓷的文化意义》，《东方博物》2012年第4期。

［5］郑培凯、李果、梁宝鎏、尹翠琪、黄慧怡、范梦园：《从古瓷看香港史：屯门与元朗（9~15世纪）》，中国国家博物馆水下考古研究中心编：《水下考古学研究》第一卷，科学出版社，2012年，219~254页。

［6］［清］张廷玉等撰：《明史》，卷八十一，志第五十七，食货五，中华书局，1974年，1980页。

［7］李龙潜：《明代广东的对外贸易》，《文史哲》1982年第2期。

的发展。与此同时，西方海上贸易新锐葡萄牙人也试图与中国建立贸易联系，广东省台山上川岛是葡萄牙人在中国最早进行陶瓷贸易的地点，也是澳门开埠之前葡萄牙人贸易中心地，采集有大量外销的青花、青花红绿彩标本，时代自正德七年至嘉靖三十六年[1]。后葡萄牙人又盘踞于澳门，嘉靖三十二年（1553）其获准在澳门居留，并使澳门成为广东的外港，进行中转贸易，葡人从广州购买中国货品，并从澳门贩卖至更广阔的海外市场，形成了广州面向国内、澳门面向海外的贸易结构[2]。因此在隆庆"开海"之前，广东拥有较为稳定的对外贸易环境。

明代中期，广东地区的走私贸易也渐趋兴盛，安徽歙县籍海商汪直为其著者，"嘉靖十九年，（汪）直与（叶）宗满等之广东造巨舶，抵日本、暹罗诸国互市，致富不赀，夷人呼为五峰船主。"[3]甚至还出现了官私勾结获取利益的情况，如广东番禺县的王凯父子与广东市舶司中官韦眷勾结，"招集各处客商，交结太监韦眷，私出海洋，通番交易，谋财杀人，惊扰乡村至今，屯聚未散"[4]。韦眷墓（弘治八年，1495）虽已被盗仍然发现有数枚外国银币[5]，进一步证明其在任期间参与了当地的海外走私贸易。明末清初人屈大均曾描述这种盛况："在昔州全盛时，番舶衔尾而至，其大笼江，望之如蜃楼层巘，殊蛮穷岛之珍异，浪运风督，以凑郁江之步者，岁不下十余舶。豪商大贾，各以其所宜相贸，得利不赀，故曰金山珠海，天子南库，贪者艳之。"[6]

虽然广东地区的对外贸易相对稳定和兴盛，但广州市亦是重要的商品集散地，全国各地畅销商品都会云集于此，从广东地区销往海外的瓷器商品仍是更受海外市场欢迎的景德镇窑产品。实际的考古发掘如西沙群岛北礁礁盘上发现有大量明代瓷器，以景德镇产品为主，少量为其他窑场产品[7]；西沙群岛全福岛上发现了明代仿龙泉青釉碗，发掘者认为大多是

［1］黄薇、黄清华：《广东台山上川岛花碗坪遗址出土瓷器及相关问题》，《文物》2007 年第 5 期；广东省文物考古研究所：《广东台山上川岛大洲湾遗址 2016 年发掘简报》，《文物》2018 年第 2 期。

［2］李庆新：《地方主导与制度转型——明中后期海外贸易管理体制演变及其区域特色》，《学术月刊》2016 年第 1 期。

［3］［民国］石国柱等修，许承尧纂：《歙县志》，卷三武备志，成文出版社，1975 年，372 页。

［4］《明宪宗实录》，卷二七二，"中央"研究院历史语言研究所，1962 年，4590 页。

［5］广州市文物管理处：《广州东山明太监韦眷墓清理简报》，《考古》1977 年第 4 期。

［6］［清］屈大均著，李育中、邓光礼、林维纯、熊福林、陈伟俊注：《广东新语注》，卷十五货语，"黩货"，广东人民出版社，1991 年，380 页。

［7］广东省博物馆、广东省海南行政区文化局：《广东省西沙群岛北礁发现的古代陶瓷器》，《文物资料丛刊》（1982 年）6 期。

产自福建窑场[1]，当然也不排除当时对广东、福建两地窑场产品的认知还不够清晰。占据地缘优势的广东地区窑场利用明代中期（正德以后）广东地区较为宽松的贸易政策，抓住龙泉窑瓷器业已衰败的契机，借机将产品向海外倾销，以广东地区窑场所生产的仿龙泉青釉产品最具代表性，珠海、香港等地与海洋贸易相关的遗址均发现了该类产品。珠海附近的淇澳岛、大万山岛、高栏岛、外伶仃岛、三灶岛等地均发现有少量广东地区窑场生产的仿龙泉青釉瓷器，时代在明代早、中期[2]；经由海水冲击而成的香港元朗鳌磡石遗址[3]及九龙钻石山基建工地遗址[4]出土了汉至清不同时期各个地区窑场的产品，其中也有广东窑场生产的仿龙泉青釉碗、盏；与葡萄牙人占据屯门进行中转贸易相关的香港大屿山东北部的竹篙湾遗址出土了大量明代中期景德镇青花瓷器，伴出的还有部分广东地区窑场生产的仿龙泉青釉瓷器，该遗址背山面海，地理方位适合船舶停靠[5]。

　　广东地区仿龙泉青釉产品外销目的地主要是日本、东南亚地区，更远可达西亚的阿联酋。日本的 16 世纪遗址浪冈城、崛越城、根城出土物以青花数量最多，其次为青釉瓷，"碗的纹样大部分是简单的刻线莲花瓣纹，没有单面刀刻的条状莲花瓣纹，雷纹几乎绝迹，无纹的多了，更为简单化"[6]，这不仅与当时广东地区的瓷器对外贸易状况相当契合，而且这类青釉很可能就是广东窑场产品。后经过日本学者铃木重治、桥本久和、吉村正亲来华访问后确认日本各地 16 世纪遗址中均出土有广东惠阳新庵白马山窑址生产的仿龙泉青釉碗。而且年代略晚的日本堺环壕都市遗址、马场屋敷遗址也有出土，前者伴出日本天正十三年（1585）木简铭记，后者伴出日本"宽永通宝"（1636 年铸）[7]。菲律宾卡拉塔甘（Calatagan）遗址，清理 14~15 世纪墓葬数百座，出土明代青花、青

[1] 广东省博物馆、广东省海南行政区文化局：《广东省西沙群岛第二次文物调查简报》，《文物》1976 年第 9 期。

[2] 珠海市博物馆、广东省文物考古研究所、广东省博物馆编：《珠海考古发现与研究》，广东人民出版社，1991 年，183~205 页。

[3] 曾广亿：《香港元朗出土古外销陶瓷分析报告》，中国古陶瓷学会编：《中国古陶瓷研究》第十一辑，紫禁城出版社，2005 年，408~422 页。

[4] 曾广亿：《香港九龙出土古外销陶瓷考略》，中国古陶瓷学会编：《中国古陶瓷研究》第九辑，紫禁城出版社，2003 年，279~293 页。

[5] 商志覃、吴伟鸿：《香港地区窑址和青花瓷的发现与研究》，《南方文物》1997 年第 2 期。

[6] ［日］佐佐木达夫：《日本海的陶瓷贸易》中国古陶瓷研究会、中国古外销陶瓷研究会编：《中国古外销陶瓷研究资料》第三辑，1983 年，114~137 页。

[7] 曾广亿：《广东明代仿龙泉青釉初探》，中国古陶瓷研究会、中国古外销陶瓷研究会编：《中国古代陶瓷的外销》，一九八七年福建晋江年会论文集，紫禁城出版社，1988 年，88~93 页。

釉、白釉、酱釉、红绿彩瓷器等[1]，其中青釉莲瓣刻划花碗乃成批生产且制作粗糙，与日本发现的具有相同风格，多为 15 世纪晚期到 16 世纪早期产品，在菲律宾的孙甘鲁姆、哥达巴株及马来西亚的婆罗乃哥达丁宜、马六甲也有相同的瓷器发现[2]，这类器物也很有可能为广东地区窑场产品。西亚阿联酋佐尔法·努杜德港口遗址经过多次调查和发掘，出土了一批中国瓷器，其中包括明代正统至弘治时期广东惠阳窑生产仿龙泉青釉碗、盘残片[3]。广东地区的仿龙泉青釉瓷器的外销兴起于明代中期以后（15~16 世纪），很可能是作为龙泉窑的替代品出口海外，随着龙泉窑的衰败也逐渐走向衰落。

（三）小结

明代广东地区窑场产品以青花、青釉瓷器为主，主要用于外销，少数产品在窑址周边区域进行销售，规模不大。广东地区在明代中期前后拥有更加稳定的贸易环境，是当时国内产品外销的重要通道之一，当时的景德镇瓷器可能更多是通过广东地区运销至海外各地。广东地区窑场产品则凭借其区位优势，也更加便捷地将产品运销至海外，并且搭乘全球性贸易起航的"顺风车"，较福建地区更早地进入全球贸易体系之中，但因对广东地区窑场产品的辨识相对滞后而显得资料相对单薄。目前可知日本、东亚以及西亚等地均可见广东地区窑场的仿龙泉青釉产品，而其青花瓷产品的外销线路及更多的外销区域还需要更多的详细资料予以证实。

三、福建地区瓷器的运销

（一）福建地区瓷器的内销

无论是福建德化窑生产的白釉瓷还是漳州、安溪、德化等地生产的青花瓷，福建地区明代各类瓷器主要就是面向海外贸易，而其在国内的行销相当有限。从相关的考古资料来看，仅在窑场所在区域周边进行销售和使用，而且数量不多，均为日常生活器皿，福建晋江溥济庵寺庙遗址出土有

---

[1] 陈台民：《菲律宾出土的中国瓷器及其他》、［英］艾迪斯：《在菲律宾出土的中国陶瓷》、富斯：《菲律宾发掘的中国陶器》，中国古外销陶瓷研究会编印：《中国古外销陶瓷研究资料》第一辑，内部资料，1981 年，31~34、35~48 页。

[2] ［日］青柳洋子：《东南亚发掘的中国外销瓷器》，《南方文物》2000 年第 2 期。

[3] 赵冰、罗伯特·卡尔特尔、克莉斯强·威尔德：《阿拉伯联合酋长国哈伊马角酋长国佐尔法·努杜德港口遗址出土中国瓷片》，《文物》2014 年第 11 期。

明代晚期德化窑白釉碗和安溪窑青花碗[1]，福州鼓角楼遗址也出土有明末德化窑米黄釉碗[2]，永定县龙安寨第二期遗存中也有明末清初漳州窑及闽西南窑场产品[3]。福建瓷器在国内还流行嵌入建筑构件中使用，这也成为福建地区一种特有的文化现象。闽南地区最早的土楼之一漳浦"贻燕楼"，建于嘉靖三十九年（1560），其墙体中嵌有青花简体狮子滚绣球瓷片，可能为漳浦坪水窑、平和等地窑场产品[4]。碗葬墓在漳州的漳浦、平和一带相当流行，即以青花碗、盘拌灰土作为墓葬的封土层，前后复置，排列整齐，间隔密集，青花碗盘均为当地窑场所生产，如漳浦湖西乡许氏墓[5]，平和井仔尾陈姓夫妇合葬墓、径仔埔尚姓墓[6]等。漳浦户、工部侍郎卢维桢墓则是以三合土夹杂碎瓷片作为封土层，与碗葬墓葬的建造方式异曲同工[7]。

（二）福建地区瓷器的外销

明代福建地区瓷器的外销是其主要的销售途径，其中最重要的历史背景当为隆庆元年（1567）福建地区部分解除"海禁"，开放"洋市"，准许海商经营海外贸易。在此之前，福建瓷器对外输出途径多通过分散的私人海外贸易进行。嘉靖后期，东南沿海陆续形成了一些规模较大的海商集团，与朝廷展开了大规模的反海禁斗争，直接促成了隆庆时期"开海"政策的实行[8]。

福建漳州月港成为合法的民间私商对外贸易港口，隆庆六年（1572）明王朝将市舶司设于月港，至万历年间，月港已经成为海外贸易中心，贸易船只遍及东西洋各国。"盖东洋若吕宋、苏禄诸国，西洋若交趾、占城、暹罗诸国，皆我羁縻外臣，无侵判。"[9]可见当时准许通商的国家和地区遍及太平洋和印度洋沿岸，国外遗址及沉船遗址也证实了当时的瓷器贸

[1] 吴金鹏：《晋江溥济庵遗址出土的瓷器及相关问题》，《福建文博》2000年第1期。

[2] 福建博物院、福州市文物考古工作队：《福州鼓角楼遗址发掘报告》，《福建文博》2005年增刊。

[3] 福建博物院、永定县文物局：《永定县龙安寨遗址考古调查及试掘简报》，《福建文博》2017年第1期。

[4] 傅宋良、朱高健、彭景元：《漳州窑青花与景德镇民窑青花》，《福建文博》1999年增刊。

[5] 王文径：《福建漳浦明墓出土的青花瓷器》，《江西文物》1990年第4期。

[6] 高健、李和安：《从明墓出土器谈平和窑烧造年代》，中国古陶瓷研究会编：《中国古陶瓷研究》第五辑，紫禁城出版社，1999年，230~240页。

[7] 王文径：《明户、工二部侍郎卢维桢墓》，《东南文化》1989年第3期。

[8] 晁中辰著：《明代海外贸易研究》，故宫出版社，2012年，167~205页。

[9] ［明］张燮著，谢方点校：《东西洋考》，卷七饷税考，中华书局，1981年，131~132页。

易活动已经与西欧各国建立了联系。福建沿海在此时还形成了诸如郑氏家族这样实力雄厚的海商集团，拥有庞大的船队，可以进行大规模的海上运输，更加推动了海上贸易的发展。郑氏集团盘踞于泉州安平港，凭借强大的海上实力和经济资本，不断将商船运往日本长崎、东京，菲律宾马尼拉，暹罗等地，大肆拓展海外贸易，使得安平港在天启年间一度超越月港居于私人海外贸易首位[1]。

明代晚期，尤其是隆庆元年以后，福建地区的明代瓷器生产受到了海外贸易的刺激得到了空前的发展，产品主要是仿烧景德镇青花瓷，因价格低廉、运输便捷等优势跻身海外市场。我国水下考古工作的开展为我们更全面地揭示了明代福建地区瓷器外销盛况，揭示了明代福建地区出口瓷器的港口有漳州月港、泉州安平港、福州港等多处。定海白礁2号沉船遗址出水青花碗、盆，青釉盘，青花多见莲花、团菊纹，为明末清初闽江流域武夷山、浦城、屏南等地窑场的产品，很可能是以福州港为中心的对外贸易体系下的沉船遗址[2]；福建东山海域的南门湾、古雷头发现有明末清初运载漳州窑青花瓷的商船[3]；西沙群岛的北礁3号沉船遗址出水大量青花碗、盘、碟、罐、器盖等，器物整体面貌一致，同类器物还成批见于沉没于1600年的圣迭戈号沉船，应该为明代晚期漳州窑产品[4]；处于闽粤台三省交界海面的"南澳Ⅰ号"沉船出水瓷器上万件，以福建漳州窑青花瓷为大宗，主要有盘、罐、钵、碟、瓶等（彩版二，2；彩版三；彩版四，1、2），沉船很可能就是隆庆开海后从月港出发进行外销贸易的商船[5]；台湾澎湖的马公港是重要的中转港口，这里所遗留的水下文物能够反映当时的贸易情况，明代晚期开始，来自中国福建的青花碗、盘、杯，青灰釉罐等瓷器数量激增，甚至超越景德镇窑产品数量，此处很可能为福建人所经营的贸易网络之据点[6]。

---

［1］庄景辉：《明末清初的福建海商与陶瓷贸易》，《福建文博》1995年第1期。

［2］中澳联合定海水下考古队：《福建定海沉船遗址1995年度调查与发掘》，邓聪、吴春明主编：《东南考古研究》第二辑，厦门大学出版社，1999年，193页；张威、林果、吴春明：《关于福建定海沉船考古的有关问题》，邓聪、吴春明主编：《东南考古研究》第二辑，厦门大学出版社，1999年，203~204页。

［3］朱斌、孙键：《2001~2002年东山海域水下文物调查报告》，《福建文博》2005年增刊。

［4］中国国家博物馆水下考古研究中心、海南省文物保护管理办公室编著：《西沙水下考古（1998~1999）》，科学出版社，2006年，150~184、185~190、193~195页。

［5］广东省文物考古研究所、国家水下文化遗产保护中心、广东省博物馆：《广东汕头市"南澳1号"明代沉船》，《考古》2011年第7期。

［6］陈信雄：《澎湖马公水下考古与马公港历史探索》，中国国家博物馆水下考古研究中心编：《水下考古学研究》第一卷，科学出版社，2012年，189~218页。

明代福建地区瓷器在海外最畅销的区域应该是日本和东南亚，这两个方向也是福建海商常规的贸易航线。14~15世纪，即明代初期，福建瓷器就已经输入日本岛各地，如日本北部的青森县、秋田县、北海道等遗址[1]，西部的熊本县滨之馆等遗址[2]，冲绳首里城内诸遗址[3]，福建生产的瓷器主要是青釉、白釉及三彩产品，器形有青釉碗、碟、钵、盘、香炉和白釉碟、杯，三彩器有鸟形水注等，白釉多为德化窑产品，瓷器品类总体来讲比较单调，以日用器皿为主，可能是日本市场选择与自身窑业技术和社会相适应的中国产品，也可能是受到当时贸易政策的局限。16~17世纪，即明代中晚期，福建地区所产的青釉、白釉在日本仍然使用，青花瓷逐渐成为大宗商品，毁于宽永十九年（1642）的奈良一乘院遗址还出土有白釉五彩瓷产品[4]。进入17世纪，输入日本的中国瓷器主要是青花瓷，以景德镇产品为主，但其中也有不少福建漳州窑的产品，如长崎县平户港废弃于1641年的荷兰商馆遗址就出土了漳州窑的青花碗、盘以及彩绘瓷[5]。根据日本学者对日本江户遗迹、博多遗迹、大坂城遗迹、堺环濠都市遗迹等考古遗址出土器物的研究，16世纪末至17世纪初是漳州窑青花输入日本的高峰时期，数量一度可以超越景德镇青花瓷，是以台湾为中心的自由贸易体系[6]。

东南亚诸国的情况与日本很相似，在对中国的贸易往来中与日本处在同一个海上贸易体系。14~15世纪，东南亚诸国发现的福建窑场的产品主要是青釉、白釉制品，如菲律宾卡拉塔甘（Calatagan）遗址，印尼的德罗乌兰遗址。16世纪晚期至17世纪初，福建漳州窑青花开始大量涌入东南亚地区，而且随着大航海时代的到来，东南亚地区成为欧洲国家争先抢夺占据的贸易中转据点，给中国瓷器的倾销带来了更多的机遇。印尼西爪哇的港

[1] 佐佐木达夫：《日本海的陶瓷贸易》，中国古陶瓷研究会、中国古外销陶瓷研究会编：《中国古外销陶瓷研究资料》第三辑，1983年，114~137页。[日]三上次男、岩本义雄、佐佐木达夫：《青森、北海道的中国陶瓷——以青森、尻八馆出土的中国陶瓷为中心》，中国古陶瓷研究会、中国古外销陶瓷研究会编：《中国古外销陶瓷研究资料》第三辑，1983年，88~91页。
[2] 白英译：《熊本县出土的中国陶瓷——熊本县博物馆〈中国陶瓷之美〉序言》，中国古陶瓷研究会、中国古外销陶瓷研究会编：《中国古外销陶瓷研究资料》第三辑，1983年，110~113页。
[3] 张荣蓉、秦大树：《琉球王国时期中国瓷器的发现与研究述论》，《华夏考古》2018年第4期。
[4] [日]长谷部乐尔：《日本出土的元明陶瓷》，中国古陶瓷研究会、中国古外销陶瓷研究会编：《中国古外销陶瓷研究资料》第三辑，1983年，33~36页。
[5] 张仲淳：《日本平户荷兰商馆遗址出土明代中国瓷器研究》，中国古陶瓷学会编：《中国古陶瓷研究》第十四辑，紫禁城出版社，2008年，399~406页。
[6] [日]森村健一：《福建省漳州窑系青花、五彩、琉璃地的编年和贸易——明末清初的汕头器》，《福建文博》1996年第2期。

口城市万丹于 16 世纪建立了伊斯兰国家，17 世纪成为荷兰的殖民地，成为荷兰海上贸易的重要据点之一，该地遗址出土的 i6 世纪中晚期至 17 世纪初的中国瓷器，即明代晚期主要是景德镇窑青花瓷产品，也有漳州窑产品，见有青花立凤纹大盘和酱釉白花瓶等[1]；马来西亚的旧柔佛哥达丁宜（Kota Jinggi）遗址，此地为柔佛政府在旧柔佛被袭击后于 17 世纪的迁徙之处，出土大量明代青花瓷器，器形有盘、碗、压手杯等，为景德镇和华南地区产品[2]；泰国大城府（Ayuthaya）遗址也出土有 17 世纪粤北闽南地区红绿彩产品[3]；越南中部的会安是 17 世纪重要的港口，当地出土了大量的明代晚期福建白釉、青花瓷，漳州窑青花有凤纹盘、福字碗及彩绘碗等[4]，而且根据对锦铺亭遗址第一地点出土瓷器的统计，漳州窑青花瓷占所有出土瓷器的 21%，景德镇青花瓷占 20%，德化窑白瓷占 1%，漳州窑器物以青花碗、盘为主，可见此时漳州窑青花瓷在东南亚市场占据重要位置[5]。

15 世纪末期，欧洲海洋势力崛起，"地理大发现"揭示了新大陆的存在，葡萄牙、西班牙、荷兰、英国等欧洲国家通过海上航线的开辟，将东、西方文明更密切地连接起来，这种以西方经济文化为主体的海洋全球化时代的到来是我们不可忽视的历史背景。葡萄牙人最先打入中国海上贸易体系，主导 16 世纪印度洋航路上的远东贸易，并将中国货品销往日本及欧洲等地获取巨额利润。西班牙是继葡萄牙之后崛起的海上霸主，16 世纪后半叶，西班牙人以菲律宾、墨西哥为据点，经营了以马尼拉—阿卡普尔科为主线的"马尼拉帆船"航路，通过中美洲两岸的陆路交通，沟通墨西哥湾、大西洋与欧洲，开辟了东西两翼的远东航路，将东亚、东南亚与美洲、欧洲紧密地联系在一起，真正地实现了海上贸易的全球化[6]。17 世纪荷兰帝国逐渐强盛，并加入了海上贸易争夺战，荷兰人成立东印度公司与亚洲进行直接的贸易活动，在印尼的万丹、巴达维亚，日本长崎平户、中国台湾风柜尾等地设立据点开展与亚洲的贸易活动，中国商船在巴达维亚（今雅加达）与荷兰东印度公司的贸易往来一直延续至 19 世纪初[7]。

[1] 辛光灿：《西爪哇下万丹遗址发现的中国陶瓷初探》，《故宫博物院院刊》2013 年第 6 期。
[2] 叶文程著：《中国古外销瓷研究论文集》，紫禁城出版社，1988 年，73~75 页。
[3] 冯先铭著：《古陶瓷鉴真》，北京燕山出版社，1996 年，310~318 页。
[4] 刘兰华：《越南中部出土的中国古代陶瓷》，中国古陶瓷学会编：《中国古陶瓷研究》，第十辑，紫禁城出版社，2004 年，349~358 页。
[5] [日]菊池诚一：《越南中部会安出土的陶瓷器》，《福建文博》1999 年增刊。
[6] 吴春明：《从沉船考古看海洋全球化在环中国海的兴起》，《故宫博物院院刊》2020 年第 5 期。
[7] 包乐史：《巴达维亚的中国洋船及华商：以瓷器贸易为中心》，《海洋史研究》第九辑，社会科学文献出版社，2016 年。

　　大航海时代的到来，为处于华南沿海地区的福建漳州地区诸窑场提供了更广阔的销售空间，漳州窑仿烧广受欧洲市场喜爱的景德镇青花瓷，以更便捷的运输条件抢占市场。大量的商贸船只往来于亚欧大陆之间，不少商船因触礁、天气、战争等原因沉没，瓷器作为最易保存的船载货品为后人揭示了当时壮观的外销贸易。如 1576 年沉没于南加利福尼亚州海岸的圣菲利普号，是目前已知最早携带漳州瓷的西班牙沉船[1]；16 世纪末或 17 世纪初在菲律宾巴拉望岛附近沉没的皇家舰长礁 2 号沉船（Wreck 2 of the Royal Captain Shoal），打捞出水瓷器有明万历年间福建德化窑、漳州窑产品[2]；17 世纪初在越南平顺省沿海海域沉没的平顺（Binh Thuan）沉船，打捞出水的中国瓷器可达 60000 余件，主要为漳州窑青花瓷产品，器形有攒盘、大盘、碗、折沿盆、杯、碟、盒、瓶等日用品[3]；1609 年触礁沉没于西非几内亚湾南部洛佩斯角的毛里求斯号（Mauritius）沉船（荷兰东印度公司商船），出水有万历时期的漳州青花瓷[4]；1613 年被葡萄牙战船攻击沉没的白狮号（Witte leeuw）沉船（荷兰东印度公司"威特·利沃"号），出水大量漳州青花瓷器[5]；1615 年沉没于印度洋毛里求斯沿岸的班达号（Banda）沉船（荷兰东印度公司货船），出水明代漳州青花瓷器[6]；1643 年沉没于南中国海国际海域 A.S. 礁的中国商船哈彻沉船（Hatcher Junk），打捞出水 25000 件瓷器，其中景德镇窑青花与漳州窑青花瓷器并存[7]。

[1]［英］甘淑美：《西班牙的漳州窑贸易》，《福建文博》2010 年第 4 期。

[2]Franck Goddio. *Discovery and archaeological excavation of a 16th century trading vessel in the Philippines*. World Wide First, 1988；吴春明著：《环中国海沉船——古代帆船、船技与船货》，江西高校出版社，2003 年，28~29 页。

[3]阮庭战：《越南海域沉船出水的中国古陶瓷》，中国古陶瓷学会编：《中国古陶瓷研究》第十四辑，紫禁城出版社，2008 年，65~68 页；中国广西壮族自治区博物馆、中国广西文物考古研究所、越南国家历史博物馆编著：《海上丝绸之路遗珍：越南出水陶瓷》，科学出版社，2009 年，170~192 页。

[4]吴春明：《环中国海沉船——古代帆船、船技与船货》，江西高校出版社，2003 年，40~41 页；李雅淳：《荷兰东印度公司与中国瓷器贸易》，复旦大学博物馆、复旦大学文物与博物馆学系编：《文化遗产研究集刊 8》，复旦大学出版社，2017 年，42~43 页。

[5]C.L.van der Pijl-Ketel and J.B Kist. *The ceramic load of the Witte Leeuw (1613)*, Rijksmuseum Amsterdam 1982；周世荣、魏止戈著：《海外珍瓷与海底瓷都》，湖南美术出版社，1996 年，43~44 页。

[6]［英］甘淑美：《荷兰的漳州窑贸易》，《福建文博》2012 年第 1 期。

[7]Colin sheaf and Richard Kilburn. *The Hatcher porcelain cargoes: The Complete Record*, Phaidon Christie's Limited 1988, 13–80；黄时鉴著：《东西交流史论稿》，上海古籍出版社，1998 年，231~244 页。

　　大量商品性的瓷器外销也让漳州窑青花瓷的足迹遍布于全球各地，如西亚巴林的卡勒特巴林遗址，出土 16 世纪中期前后的漳州窑青花瓷器[1]；北非埃及的福斯塔特遗址出土漳州窑五彩盘、青花钵残片[2]；美洲牙买加的罗亚尔港口（Port Royal）遗址发现了德化窑明代白釉瓷狮，应该是通过西班牙"马尼拉大帆船"贸易航线远销到美洲[3]；南非圣冈萨洛遗址也出土有漳州窑瓷器，此遗址为 1630 年返回里斯本途中沉没的葡萄牙商船幸存者所建[4]；伦敦泰晤士河旁最古老的街道（Narrow Street）发现一件 1640–1670 年间的漳州窑青花盘残片[5]；美国、墨西哥、巴拿马和秘鲁等地多处遗址[6]、荷兰多处遗址[7]均发现有漳州窑青花瓷器。漳州窑青花瓷器除了被用作饮食器皿外，还作为建筑构件镶嵌于房顶之上，葡萄牙的桑托斯宫房间内的金字塔形天花板上镶嵌了 260 多件明代青花瓷器，其中有 3 件漳州窑瓷盘与平和县五寨二垅窑所出类似[8]。

（三）小结

　　明代福建地区窑场的产品种类比较丰富，有白釉、青花、青釉、蓝釉、酱釉、青花五彩、红绿彩等多个品种，其中以青花瓷产量最大，主要用于外销，少量产品运销至窑址周边区域。

　　明代福建地区窑场产品于万历前后达到生产高峰，与海外市场的需求量激增相关，其外销具有两个明显特点。

　　1. 福建海商集团的形成，这为大规模、大体量的瓷器外销提供了保证。福建瓷器的对外销售途径大部分掌握在盘踞于东南海域的各个海商集团手中，各个海商集团掌握着不同的海上贸易航线，也掌控着不同的对外港口，在隆庆开海之前，他们就进行大规模的走私贸易，并且直接促成了月港的开放。因此，福建窑场产品的外销港口并非仅月港一处，而是

[1] 赵冰：《波斯湾巴林国卡拉特巴林遗址出土的东亚和东南亚瓷器》，中国古陶瓷学会编：《中国古陶瓷研究》第十四辑，紫禁城出版社，2008 年，599~614 页。

[2] ［日］金泽阳：《埃及出土的漳州窑瓷器——兼论漳州窑瓷器在西亚的传播》，《福建文博》1999 年增刊。

[3] 龚国强：《牙买加发现的德化"中国白"》，中国古陶瓷研究会、中国古外销陶瓷研究会编：《中国古陶瓷研究》第三辑，紫禁城出版社，1990 年，108~113 页。

[4] ［英］甘淑美：《葡萄牙的漳州窑贸易》，《福建文博》2010 年第 3 期。

[5] ［英］柯玫瑰：《福建出口陶瓷类型及其在西方的保存》，中国古陶瓷学会编：《中国古陶瓷研究》第十四辑，紫禁城出版社，2008 年，501~517 页。

[6] ［英］甘淑美：《西班牙的漳州窑贸易》，《福建文博》2010 年第 4 期。

[7] ［英］甘淑美：《荷兰的漳州窑贸易》，《福建文博》2012 年第 1 期。

[8] ［英］甘淑美：《葡萄牙的漳州窑贸易》，《福建文博》2010 年第 3 期。

有以安平港、福州港、澎湖马公港等多个港口为中心的贸易航线。福建海商集团主要经营销往日本、东南亚地区的航线，福建地区窑场产品在日本、东南亚等地发现也比较多，产品种类也丰富，有青釉、青花、酱釉、青花五彩、釉上三彩等，时代可早至15~16世纪，而16~17世纪迎来瓷器外销高峰阶段。

2. 更深入融进全球贸易体系之中，这为福建瓷器开辟了更广阔的海外市场。15世纪末期开始，欧洲海上势力葡萄牙、西班牙、荷兰先后争夺海上霸主地位，于全球各地抢占资源完成原始资本积累。畅销欧洲市场的福建德化窑白釉瓷器和漳州窑仿烧的青花瓷产品成为他们竞相订购的产品，贩卖于全球各地获取高额利润。葡萄牙、西班牙及荷兰所经营的海上贸易航线范围更加广阔，运输规模更加庞大，国外海域大量的沉船遗址、贸易遗址也证明了当时繁荣的贸易景象，不仅横跨亚欧大陆，甚至抵达新发现的美洲大陆，这为福建地区窑场产品提供了更大的外销市场。

四、北方"磁州窑类型"瓷器的运销

（一）北方"磁州窑类型"瓷器的内销

"磁州窑类型"产品是很具有北方豪放粗犷气质的瓷器，也能强烈凸显北方的民风和文化，因此这类瓷器的运销主要在长江以北地区。北方"磁州窑类型"瓷器的产区有以彭城为中心的河北地区，以禹州、宝丰为中心的河南地区，以铜川为中心的陕西地区，以长治为中心的山西地区以及以淄博为中心的山东地区，这些地方的产品通过内河河道或者陆路交通进行运销，但不可否认不同产区的产品大多数是满足当地及周边地区百姓的生活需要，主要供社会中下层人士消费和使用。

《大明会典》中提到"凡河南及真定府烧造，宣德间题准，光禄寺每年缸坛瓶，共该五万一千八百五十只个。分派河南布政司钧、磁二州"[1]。这说明，河南禹州及河北彭城两地所烧造的粗瓷会运至北京宫廷使用。万历年间彰德府推官张应登的《游滏水鼓山记》碑刻中提到"彭城陶冶之利甲天下，由滏可达于京师。"[2]彭城窑产品的运输方式是通过滏阳河的内河运输运抵北京。北京站邮局工地的一处明代中晚期瓷片坑内就发现有

[1]　[明]李东阳等修：《大明会典》卷一九四，工部十四，"窑冶·陶器"，续修四库全书，上海古籍出版社，2002年，331页。
[2]　[明]张应登《游滏水鼓山记》碑刻拓片，现该碑位于峰峰矿区北响堂寺石窟。

"磁州窑类型"的白地黑花、白地黑花褐彩、黑釉、白釉、酱釉瓷等,纹饰有作揖人物、戴花仕女、草书福字等[1];北京毛家湾瓷器坑也出土了大量明代"磁州窑类型"瓷器,数量近22000件,仅次于景德镇窑瓷器,瓷器品种有白釉、酱釉、黑釉、白地黑花、白地黑花褐彩、红绿彩、绿釉等,几乎涵盖了明代"磁州窑类型"瓷器的所有品种,器形也相当丰富,有罐、盆、器盖、碗、盘、洗、瓶、盒、枕、器座、花盆、烛台、瓷塑等[2]。

"磁州窑类型"瓷器的几个产区以平原地形居多,形成密密麻麻的内河河道网络,内陆河道除了自然形成的河流及其支流以外,还有承担物资运输功能的人工挖掘运河河道,因此这种利用内河河流进行小规模运销的方式在北方非常流行,山东梁山县宋金河支流内发现明代初期沉船,船内出土大量文物,出土了"磁州窑类型"粗瓷罐等[3];河南商丘宁陵县的黄河故道西岸发现的明代木船也有酱釉瓷碗出土[4];贯通南北水系的运河河道如江苏楚州里运河河下遗址也发现有白地黑花罐[5]。

因供烧京城创造的影响力以及发达的内河运输网络,"磁州窑类型"瓷器尤其是绘画精美的白地黑花器物在长江以南地区也有一定市场。江苏南京的明代功臣墓中余通源墓[6]、仇成墓[7],江苏泰州刘湘墓[8],四川平武土官王玺墓[9]都使用"磁州窑类型"瓷器随葬,安徽当涂、湖北襄阳等地也有零星出土[10]。

(二)北方"磁州窑类型"瓷器的外销

"磁州窑类型"瓷器外销方面的资料相对较少,主要是对日本、朝

---

[1] 毕克官著:《中国民窑瓷绘艺术》,外文出版社,1991年,154~158页。

[2] 北京市文物研究所、北京市西城区文物管理所:《北京毛家湾明代瓷器坑发掘简报》,《文物》2008年第4期;北京市文物研究所编著:《毛家湾明代瓷器坑考古发掘报告》,科学出版社,2007年,214~244页。

[3] 刘桂芳:《山东梁山县发现明初兵船》,《文物参考资料》1958年第2期;《梁山县发现明初木船》,《文物参考资料》1956年第9期。

[4] 商丘地区文化局、文管会:《宁陵县华岗出土的明代木船》,《中原文物》1983年第2期。

[5] 南京博物院、淮安市楚州博物馆:《江苏淮安楚州区河下遗址龙泉窑瓷片堆积坑发掘简报》,《东南文化》2010年第2期。

[6] 南京市博物馆、雨花台区文化局:《江苏南京市戚家山明墓发掘简报》,《考古》1999年第10期。

[7] 邵磊:《江苏南京白马村明代仇成墓发掘简报》,《文物》2014年第9期。

[8] 泰州市博物馆:《江苏泰州明代刘湘夫妇合葬墓清理简报》,《文物》1992年第8期。

[9] 四川省文管会等:《四川平武明王玺家族墓》,《文物》1989年第7期。

[10] 张柏主编:《中国出土瓷器全集》,安徽卷,科学出版社,2008年,图221;张柏主编:《中国出土瓷器全集》,湖南、湖北卷,科学出版社,2008年,图127。

鲜地区的影响。山东蓬莱的登州港和与其隔海相望的辽东半岛金州港极有可能是北方的外销港口和商品集散地，登州港近年来发现了大量元明时期瓷器及日本的"宽永"铜币、朝鲜李朝瓷器，说明该地与其东面的日本和朝鲜半岛有着密切往来，中国瓷器也有少量"磁州窑类型"酱黑釉粗瓷[1]。日本传世及出土有不少白地黑花、红绿彩绘人物花鸟图案的瓷器，很可能是明代前期朝贡贸易出口日本的产品，多用于当地茶道使用[2]。

（三）小结

"磁州窑类型"瓷器因其具有较强的民窑属性，故而产品的使用群体相对比较固定，多数是供窑址周边地区的普通百姓使用，少数精品可能流布至更远的区域。瓷业生产比较发达的地区，如河北地区彭城窑也将产品通过内河运销至北京地区，部分产品还供御宫廷。而"磁州窑类型"瓷器的外销情况尚不够清晰，仅可能与日本某些产品有一定关联，还需更多资料才可进一步厘清二者之间的关系。

五、小结

景德镇窑产品无疑是明代行销地区最多、范围最广的瓷器，其青花瓷产品是明代最具影响力的瓷器品种，足迹遍及全国以及全世界各地，而景德镇以外瓷器的运销更多有所侧重，内陆的窑场偏重于内销、沿海的窑场偏重于外销。

（一）内销情况

明代景德镇以外瓷器的内销情况分为两种。第一种为地方性窑场产品，运销范围有限，以北方生产"磁州窑类型"瓷器的诸窑场为代表，这类瓷器的产地比较多，产品尤以黑釉、酱釉粗瓷最多，产地多为背山靠水、内陆水系发达的平原地区，产品可以顺利运销至周边邻近的乡县。河北彭城窑及河南禹县窑是明代生产"磁州窑类型"瓷器影响力相对较大的两处窑场，其产品质量较精，尤其是白地黑花瓷器运销范围相对较广，长江流域的江苏、安徽、四川、湖北等地也都有零星的发现，彭城窑产品更是凭借滏阳河的内河运输直接供烧北京地区。

[1]耿宝昌：《蓬莱水城出土瓷器略谈》，蓬莱文化局编：《蓬莱古船与登州古港》，大连海运学院出版社，1989年，96~100页。
[2]郭学雷著：《明代磁州窑瓷器》，文物出版社，2005年，105页。

　　第二种为蜚声海内外的名窑产品，运销范围比较大，以龙泉窑为代表。明代中期以前，龙泉窑青釉产品利用南方天然发达的水系河道，在长江流域及其支流流域附近进行运销，因此龙泉窑青釉产品在其北面的江南地区、西面的江西、湖北以及四川一带都相当流行。明代中期以后，随着串联南北水系的大运河全线贯通，龙泉窑青釉产品向北方的运销更加便捷，运输渠道也更加灵活丰富，乃至东北的吉林地区也发现有不少龙泉青釉产品。与此同时，江南地区的商品经济获得前所未有的发展，商品的流通与集散速度较快，稳定发达的经济环境也进一步促进了龙泉窑青釉瓷器自产地向外流通。

（二）外销情况

　　景德镇以外瓷器的外销情况既复杂又简单，复杂之处在于明王朝推行"海禁"政策，而制度的把控又松紧不一，就造成了明代海外贸易既有官方认可下的贸易形式，也有以盈利为目的的走私贸易。然而，随着对外贸易的发展以及欧洲帝国打造的海上贸易体系的形成，明王朝也被逐步卷入全球的贸易体系中，贸易政策也在尝试不断调整，这也就给瓷器的外销提供了很多复杂环境；简单之处在于明代景德镇以外瓷器有很大一部分都是以商品性外销为目的，性质比较单纯，如福建、广东沿海附近窑场生产的瓷器。

　　龙泉窑青釉的对外运销就具备双重的性质，一方面从国外遗址发现明代龙泉窑产品情况来看，其产品的流布轨迹更远，除了日本和东南亚地区外，西亚及非洲的港口遗址都发现有龙泉窑青釉，这很可能与当时推行朝贡政策相关，西亚波斯湾地区就发现有龙泉官样的青瓷残片；另一方面明代龙泉窑青釉产品凭借元代业已开辟的海外市场，自东南沿海港口大量走私海外，国内外海域的沉船遗址证实了民间走私贸易的冰山一角。龙泉窑青釉产品的走私贸易需从广东、福建沿海港口出发，这也给该地区窑场带来了同样的机会，该地区仿龙泉青釉瓷烧造一度兴起。尤其是广东地区，作为明代最早与欧洲国家建立贸易联系的地区，其对内是全国重要的商品集散地，对外是葡萄牙人贸易体系的重要枢纽，这就给广东地区仿龙泉瓷器提供了便利的外销途径。

　　福建、广东沿海附近窑场生产的青花、仿龙泉青釉、釉上彩绘瓷性质比较单一，均为外销产品。漳州月港开放海禁以后，明代民间海外贸易获得官方许可而获得了迅猛发展，为该地区瓷器的外销提供了更加丰富的途径，其中既有中国海商主导的也有欧洲国家掌控的。中国商人海上贸易的主要目的地是东南亚、日本等地，而欧洲国家是以台湾、印尼、菲律宾等地为贸易据点进行中转贸易，将亚欧大陆、美洲大陆更加紧密地连接在一起，形成拥有更广阔市场的全球贸易体系，大量的沉船遗址揭示了此时的贸易盛况。在这样的背景之下，中国瓷器特别是福建、广东沿海窑场生产的外销瓷器足迹遍及全世界各地，尤其受到欧洲市场的更多青睐。

第二节　明代景德镇以外瓷器与葬俗

明代景德镇以外瓷器除了龙泉窑青釉瓷在明代初期曾短暂烧造过供御瓷器外，其他地区无论是窑场性质还是瓷器产品性质均为绝对的"民窑"属性。因此，各类瓷器品种，无论是青花瓷器，还是青釉、黑釉、白釉等单色釉瓷器都是用于满足各类人群日常生活所需，包括饮食用具的碗、盘、碟、壶，陈设用具的瓶、炉、文房摆件，贮存用具的罐、坛、缸等等，其中制作精良、纹样精美的瓷器受到更多人群的喜爱，而地方小规模窑场生产的粗瓷则多满足周边区域民众所需。明代景德镇以外瓷器在日常生活中的实际功用大多为盛装器具，少数捏塑玩具、秤砣等也均为其实际功用，然而墓葬出土瓷器则可以展现瓷器本身更深层次的文化内涵。

明代墓葬出土景德镇以外瓷器有的为随葬品，有的作为葬具使用，包括龙泉窑青釉瓷器，北方"磁州窑类型"的黑釉、酱釉、白釉、孔雀蓝釉、白地黑花瓷器及云南青花、青釉瓷器等等，福建青花、白釉、青釉瓷器也偶见于墓葬之中，还有不少庶民墓葬出土了当地附近小窑场的产品，多为青黄、酱黄釉粗瓷。这些瓷器既是窑址资料的重要补充，也提供了瓷器烧造更多维度的证据，明代墓葬的地域性葬俗及相关的随葬瓷器一定程度上揭示了当地瓷器烧造情况。故本节主要探讨景德镇以外瓷器在墓葬中的功能。

一、　谷物随葬习俗与"谷仓"

谷物随葬习俗在明代仍在使用，盛装谷物的载体多见景德镇以外瓷器，也呈现了较强的区域特征，并且在赋予新的文化元素的同时也体现着不同的文化风貌。

（一）景德镇以外江西地区窑场的青釉产品

景德镇以外的江西地区除生产青花瓷器以外，与浙江西部地区较为接近的赣东地区还生产仿龙泉青釉瓷器，以横峰窑为代表，窑址调查产品有

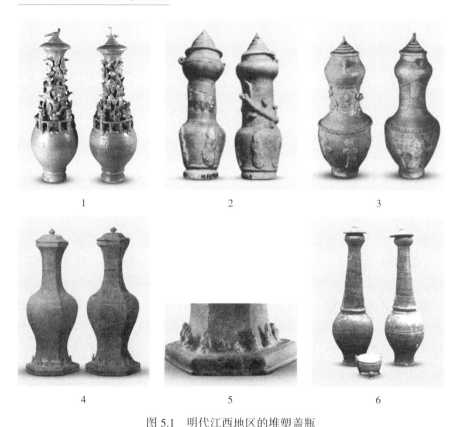

图 5.1　明代江西地区的堆塑盖瓶

1. 横峰县成化七年墓（1471）出土　2. 宜春官园明墓出土　3. 宜春卜浦坝明墓　4、5. 徐埭墓
出土　6. 上饶弘治十三年墓（1500）出土

碗、盘、碟、高足杯、砚、炉等日常饮食、陈设、文玩器具，并未见有与
丧葬相关的器具。横峰县成化七年（1471）墓出土一对青釉堆塑龙虎八仙
盖瓶（图 5.1，1），器身修长，盖上各立一只飞鸟，颈部很长，堆塑龙、
虎，对面为菊花，空间点缀枝叶和朵云，肩部堆塑粗绳纹，正面四位仙
人，以立柱和栏杆相隔，腹部没有堆塑而刻缠枝莲花，该对瓶应为横峰窑
产品[1]，证明了横峰窑青釉瓷器于明代中期达到鼎盛，制瓷、烧造工艺
已经相当娴熟。

　　这种丧葬明器是继承宋元以来该地区的丧葬传统，与宋元墓葬中出土
的青白釉盖瓶乃一脉相承，用于随葬谷物，元代开始出现堆塑内容减少的

---

[1] 杨后礼：《横峰县周家山明墓》，《江西历史文物》1984 年第 1 期。

趋势[1]。这种趋势在明代已经发展至极致，江西临川徐琼墓中出土有青釉堆塑盖瓶（图5.1，4、5），仅于底部有堆塑人物，其余器表均采用釉下刻花的工艺，颈部饰蕉叶纹及折枝花草，腹部菱形窗内饰荷花、牡丹花纹，以如意纹勾勒边框[2]；上饶弘治十三年墓（1500）出土的青釉盖瓶已不见堆塑（图5.1，6），仅于瓶颈腹结合处有凸棱一周，腹部饰凹弦纹数道[3]，盖瓶的基本形制尚存，器身挺拔修长，长颈长腹。这两件器物应该也是江西东部青釉窑场产品，反映了这类随葬瓷器在明代最后的存在形式，其所蕴含的丧葬内涵在逐渐淡化，不仅堆塑纹饰逐渐减少消失，而且装饰纹样也是趋于世俗化的花卉题材，也同时说明堆塑、简化盖瓶的流行年代基本相同，与当地窑场的烧造时间基本吻合。

江西西部宜春地区的明代墓葬中还流行另外一类青釉堆塑盖瓶，也是成对出土，如宜春官园明墓出土青釉龙虎盖瓶（图5.1，2），盖为轮台形，瓶身呈葫芦形，口沿上膨大呈蒜头状，其上贴塑两圆环钮，颈部堆塑行龙、鸟兽、虎及银锭，腹部各塑神仙五位，站姿双手合拢捧器，疑为乐器[4]；宜春下浦坝明墓也出土青釉龙虎盖瓶（图5.1，3），造型与前者基本一致，颈部还有压印文字"仓""库"，刻划"禾""天"字[5]，压印文字说明其与"谷仓"功能有所关联。这种造型略呈葫芦状，颈部堆塑龙虎鸟兽，腹部贴塑人物的堆塑盖瓶也是沿袭江西地区宋元以来的丧葬传统。萍乡市博物馆收藏有元代青釉堆塑瓶，亦是此种造型，颈部雕塑带檐窗，窗上印"仓"字，说明其"谷仓"的功能属性[6]。这种束腰葫芦形的堆塑盖瓶多见于江西西部地区，其产地也有可能为附近生产青釉的窑场。

江西地区以成对堆塑盖瓶随葬的习俗自宋元至明代一直在流行，对该地的葬俗影响深远，与其深厚的道教文化传统密切相关[7]。发展至明代，道教元素已经在逐渐减少，世俗化题材内容在增多，徐琼墓所出盖瓶如果不见底部细小的堆塑人物，整器的造型和装饰纹样已经相当儒雅美观，与一般的陈设器皿雷同，与该地区传统"谷仓"形制相去甚远。

综上所述，随葬堆塑盖瓶的丧葬习俗在江西地区根深蒂固，丧葬文化

［1］杨后礼：《江西宋元纪年墓出土堆塑长颈瓶研究》，《南方文物》1992年第1期。

［2］江西省博物馆：《江西玉山、临川和永修县明墓》，《考古》1973年第5期。

［3］陈国顺、王克、郑秀芳：《江西上饶明弘治纪年墓》，《南方文物》1998年第1期。

［4］苏茂盛：《江西宜春市官园清理一座明墓》，《考古》1995年第1期。

［5］江西省文物考古研究所、宜春市博物馆：《江西宜春下浦坝上古墓群发掘报告》，《江西文物》1991年第2期。

［6］陈定荣：《堆塑瓶论》，《江西历史文物》1986年第2期。

［7］陈定荣：《堆塑瓶论》，《江西历史文物》1986年第2期。

内涵代代传承，相互关联又自成体系。堆塑盖瓶的产地也并非一处，江西地区各地有不同的窑场进行烧造，有些窑址尚未发现。江西地区明代墓葬资料则填补了这方面的空白，不仅拓宽了景德镇以外江西地区青釉产品的生产范围，也为横峰窑青釉瓷器的流行年代提供了有力证据。

（二）四川、重庆地区窑场产品

四川、重庆地区宋元以来也有不少窑业生产活动，但明代瓷器生产的相关资料比较少见，该地区的明代瓷器面貌尚不够清晰。然而，四川、重庆一带的明墓中屡见使用龙纹罐、多角罐进行随葬。这两类盖罐器表施青釉、青黄釉或者酱黑色釉，均属高温烧制而成，烧造工艺显得较为粗糙，应为当地窑场产品，时代集中在明代中期前后，是该地区明代瓷器资料的重要补充。龙纹罐是在器物外壁肩部堆贴一条龙戏珠纹样，多角罐是在腹壁自上而下对称堆贴脊状或流状凸起，二者均作为"谷仓"使用。由于发掘者对器物辨别的标准不够统一，有的报告中列为釉陶器，有的列为瓷器，但因这类器物在墓葬中的性质和功能相同，故而一并进行研究。

出土龙纹罐和多角罐的明墓主要分布于四川、重庆乃至与四川接壤的云南东北昭通地区，多数为各自成对出土，个别有龙纹罐和多角罐各一件相配出土，绝大多数器物带盖。从目前所公布的明墓资料来看，龙纹罐、多角罐的出土数量很多，在堆塑纹饰上也有一些变化，间接说明该地区明代应该存在规模不小的窑业生产活动，烧制这种随葬明器。

龙纹罐主要有两种类型：第一类为单纯的龙戏珠堆塑；第二类龙纹堆塑罐除龙纹外，肩部还堆贴 3~4 个脊状凸起及泥条圈式凸起。四川成都市[1]、屏山县[2]、邛崃市[3]、新津县[4]、荣县[5]等地明墓均有出土，两类龙纹罐造型基本一致，腹部均略呈筒形（图 5.2）。

[1]成都文物考古研究院：《成都市通锦路遗址隋唐至明代墓葬清理简报》，《成都考古发现》2015，科学出版社，2017 年；成都文物考古研究院：《成都市十一街遗址墓葬清理简报》，《成都考古发现》2016，科学出版社，2018 年；成都文物考古研究所、青白江区文物保护管理所：《成都市青白江包家梁子宋明墓葬发掘简报》，《成都考古发现》2010，科学出版社，2012 年。

[2]四川省文物考古研究院、宜宾市博物院、屏山县文物管理所：《四川屏山县新江村明代石室墓发掘简报》，《四川文物》2014 年第 3 期。

[3]成都文物考古研究所、邛崃市文物局：《邛崃市羊安工业区墓群明墓发掘简报》，《成都考古发现》2011，科学出版社，2013 年。

[4]成都文物考古研究所、新津县文物管理所：《新津县老虎山宋明墓葬发掘简报》，《成都考古发现》2013，科学出版社，2015 年。

[5]邵彬：《荣县乌龟颈明代墓群清理简报》，《四川文物》1992 年第 6 期。

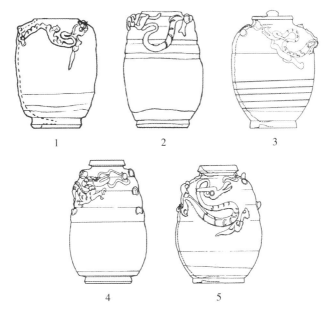

图 5.2　西南地区明墓出土的龙纹罐

1. 第一类，四川屏山明墓 M2 出土　2. 第一类，四川邛崃羊安工业园区明墓群 M11 出土　3. 第一类，四川新津县老虎山 M128 出土　4. 第二类，四川新津县老虎山 M123 出土　5. 第二类，成都青白江包家梁子明墓 M12 出土

　　多角罐流行区域更加广泛，大致也可以分为两种类型：第一类多角罐自肩部至下腹部分为多层，3~5 层不等，以 5 层最多见，每层堆贴 3 个流状凸起，器身略呈宝塔形，上窄下宽；第二类多角罐仅于肩部一周堆贴 3 个脊状凸起，有的还间以 3 个乳状凸起。除上述地区明墓外，重庆地区明墓也有出土[1]，成都地区明墓出土数量较多[2]，包括纪年墓葬赵琰墓[3]、杨升墓[4]（图 5.3）。

　　这些墓葬中有几座出土了墓志或者买地券，如杨升葬于弘治五年

[1] 重庆市文化遗产研究院、合川区文物管理所：《合川李家坝遗址发掘简报》，《南方民族考古》第十辑，科学出版社，2014 年。

[2] 成都文物考古研究所、青白江区文物保护管理所：《成都市青白江区和平村墓群发掘简报》，《成都考古发现》2011，科学出版社，2013 年；成都文物考古研究院：《成都市通锦路遗址隋唐至明代墓葬清理简报》，《成都考古发现》2015 年，科学出版社，2017 年。

[3] 成都文物考古研究所、温江区文物保护管理所：《成都市温江区中粮包装厂明墓发掘简报》，《成都考古发现》2005，科学出版社，2007 年。

[4] 成都文物考古研究所、温江区文物保护管理所：《成都市温江区万春镇明墓发掘简报》，《成都考古发现》2005，科学出版社，2007 年。

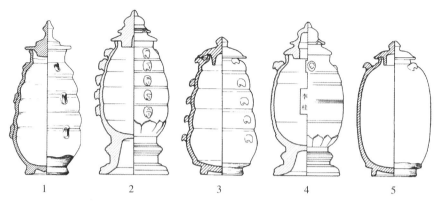

图 5.3　西南地区明墓出土的多角罐

1. 第一类，杨升墓（1492）出土　2. 第一类，重庆合川 M2 出土　3. 第一类，赵琰墓（1510）
出土　4. 第二类，重庆合川 M2 出土　5. 第二类，赵琰墓（1510）出土

（1492 年），赵琰葬于正德五年（1510），合川李家坝 M1 为正德十六年（1521）、M2 为成化二十年（1484），说明多角罐的流行时间在明代中期前后。重庆合川李家坝 M2 的 2 号墓室出土的 2 件多角罐，整体呈塔形，底有高圈足，腹底贴塑一周莲瓣纹，盖呈头盔式塔尖，分别置放于后龛石墓券的左右两侧，而且其中多层多角罐内残留稻谷遗迹[1]（图 5.4）。因此，这类多角罐在墓中仍是作为谷仓罐使用。

　　龙纹罐、多角罐虽然在四川、重庆的明墓中大量出土，但不见于这个区域宋元或者更早时期的墓葬中，反而是在湖南、浙江、广西、福建等地的宋墓找到了类似的出土物，有学者认为这种传承是由于明代早期就开始的"湖广填四川"移民活动[2]。随葬龙纹罐的葬俗影响更广，云南东北部昭通威信地区的明晚期至清初的石室墓中也发现有酱釉贴龙纹陶罐成对出土，很可能是四川地区的汉族移民将这种葬俗向外传播的结果，而且当地汉族村民至今仍有使用双罐装五谷随葬的习俗[3]。

　　这两种堆塑罐是四川、重庆地区明代墓葬中比较流行的随葬瓷器，也是对宋元时期丧葬习俗的继承，在平民阶层墓葬之中影响较大，出土数量不少，作为"谷仓"使用。这类随葬盖罐的流行年代及丧葬内涵也揭示了

[1]重庆市文化遗产研究院、合川区文物管理所：《合川李家坝遗址发掘简报》，《南方民族考古》第十辑，科学出版社，2014 年。

[2]周静：《川渝地区明墓出土谷仓罐研究》，《考古》2019 年第 12 期。

[3]云南省文物考古研究所、昭通市文物管理所、威信县文物管理所：《云南威信金竹石室墓发掘简报》，《四川文物》2010 年第 1 期。

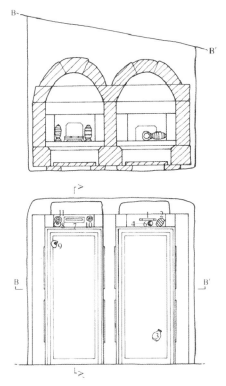

图 5.4 重庆合川 M2 平、剖面图（引自《南方民族考古》第十辑）

该地区窑址生产瓷器产品主要功用。明代中期前后，四川、重庆一带应该分布有不少生产粗瓷的窑址，不仅烧造供周边区域使用的生活器具，也生产大量用于随葬谷物的丧葬明器。目前该地区还没有开展大规模的明代窑址发掘和调查，瓷器面貌不够明确，明墓出土的这类工艺复杂的粗瓷对该地区明代瓷器研究具有启示意义。

（三）其他窑场产品

明代，瓷器已经成为百姓生活起居中不可或缺的物品，可以用作饮食器具，也可用作陈设器具，充斥于生活中的各个角落。陶瓷器的普及使得大量不同窑场的实用器皿开始出现在墓葬之中，有些器物可能与谷物随葬的传统习俗有所关联。

实用器皿在墓葬中只有发现明确谷物遗存才能确定其"谷仓"属性，否则与墓主生前所使用的器具并无差别，随葬瓷器的品种、器形也是多种多样，更加随意，如陕西铜川任福墓出土的 5 件黑釉盖罐中分别有粟、黍、稻等谷物[1]，黑釉罐为铜川陈炉窑产品；河北赤城明弘治年间王俊墓出土的 6 件黑釉瓷罐中也发现穈子、粟子[2]，黑釉瓷罐当为河北窑场产品；福建漳浦卢维桢墓出土 2 件内装谷物的青花小口瓶[3]，尺寸不大，质地较粗，乃福建地区明代窑场青花瓷典型器形；江苏江阴叶家宕明墓出土的 2 件龙泉窑青釉碗"置于墓主头部左侧布包内，碗口相扣，内有米饭"[4]。

通过上述实例我们可以看出明代随葬谷物的习俗已经遍布于南北各地，盛装谷物的瓷器器形并不固定，以罐、碗为多，瓷器的选择比较灵活，多为墓主更易获得的渠道，产地多数为周边窑场，与墓葬所在地点关联较大，这就大大提高了景德镇以外瓷器在墓葬中的使用频率。随葬谷物的种类也比较灵活，既有谷物类的粟、黍、稻等，也有制成熟食的米饭。米饭、瓷碗就是现实生活中用以饱腹的食物和器皿，置于墓中随葬反映了明代普通百姓的丧葬观念。

这些实用器皿盛装谷物的实例也为明代墓葬中出土的相同器形在墓中的功用找到了一定的依据，如共出 5 件或者 6 件瓷罐、成对出土的瓷罐、口沿相互扣合的瓷碗等等，如江苏淮安王镇墓出土 2 件龙泉窑青釉碗，小碗覆盖于大碗之上，用白绫包扎，置于尸体头部左侧[5]，虽然并未发现粮食遗存，但这种特殊的置放形式也说明了这 2 件青釉碗在墓中的功能。

实用器皿入葬作为"谷仓"罐使用，说明这种绵延数千年的丧葬习俗在逐渐松弛，墓主人对于葬谷载体的选择也更加灵活。从各地出土情况来看，多数是就近原则，选取更易获得的陶瓷器皿、采用更加便捷的形式盛装谷物。明代景德镇以外各地区生产的瓷器，无论质量高低，质地优劣，都有可能作为谷物随葬的载体而就近随墓主入葬。

（四）小结

明代景德镇以外瓷器作为"谷仓"在墓葬中使用比例很高。首先是特制的丧葬明器，多数为墓葬所在区域地方性窑场所生产，质地略显粗糙，产品属性明确，如江西地区流行的堆塑盖瓶，四川、重庆地区流行的龙纹罐、多角罐。其次是实用器皿下葬充当"谷仓"使用，瓷器产地则更加广

[1] 铜川市考古研究所：《陕西铜川新区未来城明墓发掘简报》，《考古与文物》2016 年第 2 期。
[2] 张家口地区文管所、赤城县博物馆：《赤城马营明代墓葬群清理简报》，《文物春秋》1993 年第 2 期。
[3] 王文径：《明户、工二部侍郎卢维桢墓》，《东南文化》1989 年第 3 期。
[4] 江阴博物馆：《江苏江阴叶家宕明墓发掘简报》，《文物》2009 年第 8 期。
[5] 江苏省淮安县博物馆：《淮安县明代王镇夫妇合葬墓清理简报》，《文物》1987 年第 3 期。

泛，很多地区都是就近选择瓷器，因此景德镇以外瓷器也屡见不鲜，有龙泉青釉瓷，福建漳州窑青花瓷，北方"磁州窑类型"黑釉瓷等等，器形不固定，见有罐、小口瓶、碗等。如果下葬时没有装入谷物，则与墓主生前使用的器皿别无他样，但因谷物遗存的发现也给这些地区差异较大、瓷器品种不同、器形不同的随葬瓷器找到了共同的丧葬内涵，明代景德镇以外瓷器更多地承担了谷物随葬载体的功能。

二、 酒醴随葬习俗与"粮浆"瓶

（一）龙泉窑青釉、"磁州窑类型"瓷梅瓶

明代景德镇以外瓷器中以龙泉窑青釉、"磁州窑类型"的白地黑花、黑釉梅瓶最为多见，明墓中出土数量也较多，而且墓主的身份等级均较高。

《明史》中有明代开国功臣常遇春墓随葬器物的记载："洪武二年，敕葬开平王常遇春于钟山之阴，给明器九十事，纳之墓中。……杂物，翣六、璧一、筐、筥、楎、椸、衿、罄各一，筲二，筲二，粮浆瓶二，油瓶一，纱厨、暖帐各一，束帛青三段，纁二段，每段长一丈八尺。后定制，公、侯九十事者准此行之。余以次减杀。"[1]杂物中提到粮浆瓶，但没有具体说明材质。"粮浆瓶"很可能就是辽金墓中用于盛放"三浆水"的瓷梅瓶，明代继续沿用。考古发掘中也有部分梅瓶内发现有酒水遗存，如鲁荒王朱檀墓出土的景德镇青白釉云龙纹梅瓶[2]，广西桂林明靖江温裕王朱履焘墓所出的景德镇青花双龙戏珠纹梅瓶[3]。由此可见，在明代墓葬中，瓷梅瓶用于盛放"粮浆"酒醴，是对传统葬俗的继承和延续。

明代景德镇以外瓷梅瓶比较常见，多出土于藩王墓、开国功臣家族墓及品官墓中，使用频率不亚于景德镇瓷器，以龙泉窑青釉瓷，北方"磁州窑类型"白地黑花、黑釉瓷为主，为景德镇以外瓷器中制作相对精美的产品。陕西、河南、甘肃、宁夏的明墓出土均为"磁州窑类型"黑釉、白釉梅瓶，如上洛县主墓中出土陕西窑场的黑釉梅瓶[4]，柴文璋墓所出河南窑场的白釉梅瓶[5]，唯造型略显夸张。地处南北交界区域的江苏、湖北地区既

[1]［清］张廷玉等撰：《明史》，卷六十，礼十四，中华书局，1974年，1486页。
[2]山东博物馆、山东省文物考古研究所编著：《鲁荒王墓》，文物出版社，2014年，21页。
[3]葛华、唐奇岭、唐春松：《桂林博物馆藏梅瓶综述》、唐奇岭：《浅析两座靖江王墓出土的青花梅瓶》，引自中国古陶瓷研究会编：《中国古陶瓷研究》第六辑，紫禁城出版社，2000年11月，1~11、29~36页。
[4]陕西省考古研究院：《西安南郊明上洛县主墓发掘简报》，《考古与文物》2009年第4期。
[5]南阳市文物考古研究所编著：《南阳明墓》，大象出版社，2010年，20~23页。

表 5.1 明代墓葬出土景德镇以外瓷梅瓶情况列表

序号	地点	墓主	年代	身份	是召
1	江苏南京	仇成	洪武二十一年（1388）	安庆侯/荣禄大夫、柱国（从一品）	
2	江苏南京	俞通海夫人于氏墓	洪武二十一年（1388）	虢国夫人（一品）	
3	江苏南京	俞通源	洪武二十二年（1389）	南安侯/荣禄大夫、柱国（从一品）	
4	江苏南京	樊氏	永乐戊子（1408）	郢国夫人（一品）	
5	湖北钟祥	郢靖王墓朱栋墓	永乐十二年（1414）	亲王	
6	陕西铜川	成敬	景泰五年（1454）	内官监太监（正四品）	
7	陕西西安	保安王嫡长女（郡王之女）	成化七年（1471）	县主	
8	江苏南京	丁固宗	弘治乙卯（1495）	昭勇将军上轻车都尉南京锦衣卫都指挥佥事（正三品）	不
9	河南南阳	柴文璋夫妇合葬墓（M61）	正德壬申（1512）	资善大夫南京礼部尚书（正二品）	
10	甘肃靖远	霍忠及张氏夫妇合葬墓（M2）	正德八年（1513）	昭武将军上轻车都尉宁夏东路右参将（正三品）	
11	河南南阳	潘麒夫妇合葬墓（M1）	嘉靖壬辰（1532）	明威将军（正四品）	
12	湖北武汉	朱英烱夫妇墓（M3\M4）	嘉靖二十七年（1548）	辅国中尉	
13	宁夏盐池	杨钊夫妇合葬墓（M2）	嘉靖甲寅（1554）	昭毅将军（正三品）	
14	河南南阳	柴世禄夫妇合葬墓（M55）	嘉靖乙卯（1555）	郡庠生	
15	陕西西安	朱敬鉡与夫人张氏（M25）	天启三年（1623）	辅国中尉	

出土有龙泉窑青釉也出土有"磁州窑类型"白地黑花、白釉、孔雀蓝釉梅瓶，如湖北地区的郢靖王朱栋墓室陪葬的东、西配室所出梅瓶分别为龙泉窑青釉和北方窑场生产的白釉双系梅瓶[1]；辅国中尉朱英烱出土北方

---

[1] 湖北省文物考古研究所等编著：《郢靖王墓》，文物出版社，2016 年，73~75、82~84 页。

龙泉窑青釉瓷梅瓶及数量	"磁州窑类型"瓷梅瓶及数量	资料来源
	白釉梅瓶2（后室棺床前端）	《文物》2014 年第 9 期
釉梅瓶2（后室前部右侧）	白地黑花瓶1（前室坍毁处）	《考古》1999 年第 10 期
	白地黑花瓶2（后室前部）	《考古》1999 年第 10 期
	孔雀蓝釉梅瓶1（棺床外）	《南京文物考古新发现》，江苏人民出版社，2006 年
梅瓶5（东配室2，西配室3）	双耳白瓷梅瓶1（东配室）	《郢靖王墓》，文物出版社，2016 年
	茶叶末釉梅瓶1	《考古与文物》2017 年第 5 期
	黑釉梅瓶1（墓门处）	《考古与文物》2009 年第 4 期
青釉瓶1		《文物资料丛刊》（1987 年）10 期
	白釉梅瓶4	《南阳明墓》，大象出版社，2010 年，20~24 页
	小口黑釉瓷瓶1，广口褐釉瓷梅瓶1（墓室东南角）	《文博》2018 年第 6 期
	黑釉长颈梅瓶1	《南阳明墓》，大象出版社，2010 年，94~98 页
	孔雀蓝釉褐彩梅瓶2（土坑内东北部及西边靠南部位各出 1 件）	《江汉考古》1998 年第 4 期
	酱釉梅瓶1	《宁夏盐池冯记圈明墓》，科学出版社，2010 年，38~65 页
	黑釉梅瓶1	《中原文物》2015 年第 2 期
	黑釉梅瓶1	《文物》2007 年第 2 期

窑场生产的孔雀蓝釉褐花梅瓶[1]；江苏南京地区多为明代早期开国功臣家族墓，出土有龙泉窑青釉、"磁州窑类型"白釉和白地黑花梅瓶（表5.1）。

---

[1] 武汉市博物馆：《黄家湾明代楚王朱氏墓》，《江汉考古》1998 年第 4 期。

藩王墓、封爵功臣、品官墓中多见随葬梅瓶，这与墓主身份关系密切，体现了明代的礼制思想，应该为文献中记载的"粮浆瓶"。朱元璋建立大明王朝以后，推行封藩制度，通过宗亲的血缘关系来维系地方和中央的统治。"皇子封亲王"，"亲王嫡长子年及十岁，则授金册金宝，立为王世子，长孙立为世孙，冠服视一品。诸子年十岁，则授涂金银册银宝，封为郡王。嫡长子为郡王世子，嫡长孙则授长孙，冠服视二品；诸子授镇国将军，孙辅国将军，曾孙奉国将军，四世孙镇国中尉，五世孙辅国中尉，六世以下皆奉国中尉。"[1]封藩制度也使得明王朝在各地都形成了庞大的宗亲体系，身份特殊而等级明确，其墓葬多位于封藩之地，因此出土了不少景德镇以外瓷器。

《明史》记载"公、侯、伯凡三等，以封功臣及外戚，皆有流有世。功臣则给铁券，封号四等……其才而贤者，充京营总督，五军都督府掌金书，南京守备，或出充镇守总兵官，否则食禄奉朝请而已。年幼而嗣爵者，咸入国子监读书。"[2]由于封爵功臣家族的生活、就官、入葬地点各不相同，如黔国公沐氏家族被委派镇守云南，其家族墓葬既有归葬于南京的也有于云南下葬的，这也就造成了这类家族墓葬出土瓷器的情况更加复杂，与墓主生前的生活背景和个人品味息息相关，景德镇以外瓷器也更加多见。

其他墓主身份多数为高品级官员，如正三品的宁夏东路右参将霍忠、正三品的开平卫昭勇将军王俊均为镇守边陲的高品级武官，正二品的南京礼部尚书柴文璋乃高品级文官，这些官员的墓葬位于河北、甘肃、河南，均使用当地窑场生产的"磁州窑类型"黑釉、酱釉、白釉梅瓶，制作工艺、地方风俗的差异使得梅瓶造型已经发生较大变化，说明这些高品级官员的墓葬多为入乡随俗，就近使用瓷器产品入葬。

除此以外，吉林扶余、山西襄汾、山东章丘、淄博、云南个旧等地的明代平民墓葬中也偶见随葬当地窑场生产的黑釉、酱釉以及青花梅瓶，都并非主流随葬品。或可称之为小口瓶，因部分器物已经与梅瓶造型相去甚远，如山东淄博车站村明墓 M27 出土的黑釉瓶，腹部圆鼓，口部较小，比例夸张[3]。这也说明梅瓶随葬的制度内涵在逐渐降低，其背后的丧葬内涵也在逐渐淡化，已经开始广泛适用于平民阶层。

[1]［清］张廷玉等撰：《明史》，卷一百十六，列传第四"诸王"，中华书局，1974 年，3557 页。
[2]［清］张廷玉等撰：《明史》，卷七十六，志五十二，中华书局，1974 年，1855 页。
[3]临淄区文物管理局：《淄博市临淄区车站村明代墓发掘简报》，《海岱考古》第十二辑，科学出版社，2019 年。

（二）地方性小规模窑场产品

不同地区小规模窑场生产的粗瓷不仅满足百姓日常生活所需，也服务于当地的丧葬习俗，用于酒醴随葬就是其丧葬功能之一，但因没有明确的酒水遗存而往往被忽视。湖北地区发现了酒醴随葬的实例，也从侧面证实酒醴随葬习俗载体的变化和普通百姓的丧葬习惯。湖北宜城县詹营村明墓M6、M17、M23中随葬器物都是一瓶二碗的组合，"取下覆盖在瓶上的碗时，瓶内发出一股浓郁的酒的醇香"[1]。这种粗胎瓷瓶在当地墓葬中用于贮存醴酒，应为墓葬周边区域地方性小规模窑场生产的粗瓷，其形制与梅瓶造型差异较大，但具有相同丧葬内涵。

这种瓶、碗组合的随葬方式多见于长江上中游流域地区，集中出现于长江流域的湖北[2]、四川[3]一带的明代墓葬中，均为庶民墓葬，反映了明代最底层百姓流行的葬俗（图5.5）。这类墓葬大多为竖穴土坑墓，随葬瓷器放置于墓中龛内，以一瓶二碗和一瓶一碗为多，随葬组合相对固定。瓶多数为细泥硬釉陶，有的口较大也可以称为罐，极少数为青花瓷，造型多数为直颈、弧腹，个别为侈口束颈，极少数为双系罐，釉色呈酱褐色或青黄色，不少器物腹壁上还刻划几组草叶纹；碗分为粗瓷和细瓷，粗瓷多数为墓葬周边窑场生产的白釉、青黄釉、酱釉、青花瓷器，细瓷数量相对较少。这种瓶、碗随葬组合中瓶内很可能盛装酒水，因以碗作为盖使用，密封效果很差，导致大多数酒水已经挥发而无法辨识。这种随葬组合说明在长江上中游一带散点式分布着大量地方性的小规模陶瓷烧造窑址，对于

[1]肖向王：《宜城詹营村明墓清理简报》，《江汉考古》1988年第1期。

[2]大沙铁路阳新工段考古队：《阳新枫林镇两处宋、明墓葬发掘简报》，《江汉考古》1991年第2期；京珠公路考古队孝感市考古组：《京珠高速公路孝南段考古发掘简报》，《江汉考古》2000年第3期；湖北省文物考古研究所：《湖北孝昌石板地明墓发掘简报》，《江汉考古》2003年第4期；随州市博物馆：《随州市何店镇干堰洼宋明墓葬发掘简报》，《江汉考古》2005年第3期；襄阳市文物考古研究所：《湖北襄阳桃花岭墓地明代墓葬发掘简报》，《江汉考古》2016年第6期；武汉市文物考古研究所、江夏区文物管理所：《江夏金口楚凤魏湾明墓发掘简报》，《武汉文博》2014年第2期；武汉市文物考古研究所：《2008年富士康工业园大谭墓地发掘简报》，《武汉文博》2016年第1期；武汉市文物考古研究所、江夏区文物管理所：《江夏纸坊王子恩湾明墓清理简报》，《武汉文博》2016年第3期。

[3]成都文物考古研究所、彭州市文物保护管理所：《四川彭州市红豆树墓群发掘简报》，《成都考古发现》2010，科学出版社，2012年；成都文物考古研究所、青白江区文物保护管理所：《成都市青白江区和平村墓群发掘简报》，《成都考古发现》2011，科学出版社，2013年；成都文物考古研究所、邛崃市文物局：《邛崃市羊安工业区墓群明墓发掘简报》，《成都考古发现》2011，科学出版社，2013年。

图 5.5　武汉张家岗 M2 出土瓶、碗组合（引自《武汉文博》2008 年第 4 期）

揭示当地明代瓷器面貌具有重要意义。

因此，普通百姓墓葬中也有使用酒醴随葬的习俗，大多为就地取材的原则，使用附近窑场生产的粗瓷随葬，器物形制变化灵活，前面也提及部分明代平民墓葬中也有出土小口瓶，但与传统意义的梅瓶造型差距较大，出土数量亦不多，比较随意，如果没有酒水遗存几乎无法窥见其在墓葬中的功能。

三、灼油长明灯（缸）随葬

墓葬中随葬灯具在战国至两汉时期就已大量出现。魏晋南北朝时期，墓葬中出现碗盏造型的简易瓷灯及固定摆放位置，如北朝墓葬中常于墓室四角置放石灯或陶灯[1]。《大汉原陵秘葬经》的《辨掩闭骨殖篇》中提到"凡墓堂内安长生灯者，主子孙聪明安定，主子孙不患也"，这种长生灯不一定全用灯盏，有时就用小盘和碗[2]。河南、河北、山西等地的宋金墓葬中常见于砖雕灯檠上放置灯碗（盏）的情况，如河北平山北宋墓出土的 2 件黑釉灯盏内有腐朽灯芯[3]；山西侯马牛村天德三年（1151）金墓出土的黑釉灯盘内也残留有油渍痕迹[4]，这些灯盏也均为北方窑场产品。

明代也有随葬灼油长明灯（缸）的习俗，造型有所变化，均为体形硕大的陶缸或瓷缸，大多数墓主的身份等级较高，墓葬规模大。这种质地略粗的大瓷缸逐渐发展成为北方地区明墓常见的随葬瓷器之一，明代早期以釉陶产品为主，后瓷质灼油长明缸逐渐增多，均为北方窑场生产的"磁州窑类型"瓷器。

北方地区出土瓷质灼油长明缸的明墓分布区域较广，陕西、山西、河北、山东等地均有发现，既有藩王家族墓，高品级官员墓，还有山东章丘、淄博一带的平民墓葬，墓葬的时代多数在明代成化至崇祯年间，瓷缸高度在 35 至 65 厘米左右，口径较小，造型偏于瘦高，见有黑釉、酱釉、白地黑花及孔雀蓝釉产品。

这些"磁州窑类型"瓷缸在墓中作为油灯缸使用，晋广昌王朱济熇及妃刘氏墓均出土 2 件褐绿釉瓷缸，并且"内盛有半缸油渣质"[5]；晋恭裕王朱求桂墓出土孔雀蓝釉缸，"缸内尚有腐油残痕"[6]；葬于北京的万历皇帝内嫔合葬墓中前室也出土瓷缸，内有油渍[7]。

北方地区逐渐保留灼油长明缸随葬的葬俗并形成固定的随葬品组合，如山东淄博、章丘地区发现的明代一般平民墓群，墓葬规模较大，数量较多，虽然墓葬形制各不相同，但这些墓葬的随葬瓷器组合比较接近，均为黑釉、酱釉粗瓷，器形以缸、罐为多，最全的以罐、碗、灯盏、缸、瓶为

---

[1] 王音：《北朝晚期两类随葬品性质试探》，《西部考古》第 14 辑，科学出版社，2017 年。
[2] 徐苹芳：《唐宋墓葬中的"明器神煞"与"墓仪"制度——读〈大汉原陵秘葬经〉札记》，《考古》1963 年第 2 期。
[3] 河北省文物研究所：《河北平山发现宋墓》，《文物春秋》1989 年第 3 期。
[4] 山西省考古研究所侯马工作站：《侯马两座金代纪年墓发掘报告》，《文物季刊》1996 年第 3 期。
[5] 山西省文物管理委员会：《山西太原七府坟明墓清理简报》，《考古》1961 年第 2 期。
[6] 郭勇、杨富斗：《明晋裕王墓的清理工作》，《文物参考资料》1956 年第 6 期。
[7] 中国科学院考古研究所京郊发掘团通讯组：《北京董四墓村明墓发掘续记——第二号墓》，《文物参考资料》1952 年第 2 期。

随葬组合，大多数为罐、碗或罐、缸、瓶等组合形式出现[1]。

可见，随着北方窑业生产的逐渐兴盛，大约在明代中期前后，北方的藩王墓、高品级官员墓乃至平民墓中多使用当地窑场生产"磁州窑类型"瓷缸随葬，并且对北方地区葬俗产生深远影响。

四、西南地区的火葬习俗

西南地区自古以来就是我国多民族聚居的区域，各种文化错综交融，火葬之传统也是历史悠久，直至明代晚期才逐渐消失，影响深远。先秦时期，氐、羌民族就流行火葬习俗，《荀子·大略篇》记载："氐羌之虏也，不忧其系垒也，而忧其不焚也。"[2]春秋战国至两汉时期，氐羌民族向南迁徙，进入今四川西部及云南西部一带。唐人樊绰的《蛮书·风俗篇》中提到："西爨及白蛮死后，三日内埋殡，依汉法为墓。稍富室广栽杉松。蒙舍及诸乌蛮不墓葬，凡死后三日焚尸，其余灰烬，掩以土壤，唯收两耳。南诏家贮以金瓶，又重以银为函盛之，深藏别室，四时将出祭之。其余家或铜瓶银瓶盛耳藏之也。"[3]而实际的考古工作中并没有发现确凿无疑属南诏时期的火葬墓[4]。大理国时期，火葬习俗与佛教密宗的阿吒力教相融合，在其统治范围内盛极一时，也使得火葬习俗深深扎根于此地，影响了当地多个民族的丧葬习俗。元明时期，火葬成为四川西昌地区以及云南地区主要的丧葬形式，明代立国之初就令禁止火葬，"古有掩骼埋胔之令，近世狃元俗，死者或以火焚，而投其骨于水。伤恩败俗，莫此为甚。其禁止之。"[5]明太祖朱元璋委任沐氏家族镇守云南，并且实施因地制宜的民族政策，通过土司制度、军队屯垦、中原移民等方式对少数民族地区的经济、政治、文化多方面进行渗透，内地传统文化中的丧葬文化也被带入这一地区。

明代云南地区呈现火葬、土葬并行的丧葬特色，部分火葬葬具及随葬品与窑址出土产品具有相同的工艺特点，极个别情况特别是明代晚期才开

[1]济青公路文物考古队绣惠分队：《章丘女郎山宋金元明墓的发掘》，引自山东省文物考古研究所编：《济青高级公路章丘工段考古发掘报告集》，齐鲁书社，1993年，179~201页；南开大学考古学与博物馆学系、淄博市文物事业管理局、周村区文物管理所：《山东淄博周村汇龙湖明代墓地发掘简报》，《中国国家博物馆馆刊》2015年第2期；临淄区文物管理局：《淄博市临淄区车站村明代墓发掘简报》，《海岱考古》第十二辑，科学出版社，2019年；济南市文物考古研究所编著：《章丘女郎山》，科学出版社，2013年，345~499页。

[2]廖名春、邹新明校点：《荀子》，辽宁教育出版社，1997年，130页。

[3][唐]樊绰撰，向达注：《蛮书校注》，卷八，中华书局，1962年，216页。

[4]李朝真：《大理地区火葬及火葬墓概述》，《民族文化》1986年第5期。

[5][清]张廷玉等撰：《明史》，志第三十六，礼十四，中华书局，1974年，1492页。

始逐渐出现随葬景德镇瓷器。云南地区火葬墓葬具的使用自成体系，元明之际瓷质火葬葬具开始出现，以瓷质大罐为主。目前云南地区发现的明代窑址有玉溪窑、建水窑、禄丰窑、大理窑，窑址资料以碗、盘、碟等生活器具为主，甚少见有体形硕大的器皿，而火葬葬具的大量发现填补了窑址资料的空白，不仅丰富了云南地区瓷器的内涵，也为探究云南地区瓷器的发展演变提供了更多研究资料。

明代火葬墓的葬具有灰陶罐、绿釉陶罐、黄釉陶罐及青花、青釉瓷罐，而且流行内罐、外罐的套罐形式，还见有无盖的火葬葬具以碗、盘等瓷器作为盖使用，这些火葬葬具基本均为云南当地窑场的产品，其中瓷质葬具主要有青花、青釉和酱釉瓷，均为单罐盛装骨殖。青花罐既有受内地风格影响的造型和纹饰，也有带有地域特色的堆塑罐；青釉、酱釉罐多见大量堆塑纹样，也有一些素面罐。

明代火葬墓的随葬品均较少，随葬海贝的情况比较普遍，十二生肖俑及人物俑等具有汉族丧葬文化特点的随葬品以及随葬谷物这种内地传统葬俗都开始出现在西南地区的火葬墓中[1]，个别墓葬中还有作为"风水罐"的瓷瓶或瓷罐出土。云南地区的火葬墓以及土葬墓的随葬瓷器也大多为当地窑场的产品，以青花、青釉瓷器为主，多见玉壶春瓶、双耳长颈瓶、罐、碗、盘等，少量见有梅瓶、执壶等。西南地区明代火葬墓的瓷葬具、随葬瓷器等器皿为当地瓷器研究提供了大量的实物资料，也从侧面证明云南地区瓷器是明代景德镇以外瓷器中最具特色的一支。

五、江西地区的"寿盘"随葬

"寿盘"乃民间说法，江西广昌县出土的清代青花牛马纹盘，底有墨书"清故胡讳一纬字绪中寿盘，生于嘉庆□□年道光四年吉立"[2]，寿盘也就成了江西地区随葬瓷盘的通俗称谓。

明墓中"寿盘"随葬均出土于棺内，用于托住死者的头部，万历时期开始流行，除景德镇青花外，还有龙泉窑青釉瓷器。如益庄王朱厚烨继妃万氏棺内[3]、益宣王朱翊鈏继妃孙氏墓棺内[4]、益定王朱由木及其继妃

---

[1] 云南省文物考古研究所、大理市博物馆：《云南大理市凤仪镇大丰乐墓地的发掘》，《考古》2001年第12期；云南省博物馆文物工作队、昆明市文物管理委员会：《云南宜良县孙家山火葬墓发掘简报》，《考古》1993年第11期。

[2] 姚澄清、姚连红：《试析广昌纪年墓出土的景瓷瓷画特色》，《景德镇陶瓷》1992年第1期。

[3] 江西省文物管理委员会：《江西南城明益庄王墓出土文物》，《文物》1959年第1期；江西省博物馆等编：《江西明藩王墓》，文物出版社，2010年，86~130页。

[4] 江西文物工作队：《江西南城明益宣王朱翊鈏夫妇合葬墓》，《文物》1982年第8期。

王氏棺内[1]均出土龙泉窑青釉大盘，口径在30至40厘米之间，略小者口径也在25厘米左右。

江西地区瓷盘随葬的习俗应起源于明代中期以后，清代继续流行并赋予"寿盘"以新的丧葬内涵。如万安县乾隆至道光时期的清代墓葬中大多出土景德镇青花、白釉盘，外底镌刻墓主姓名、籍贯、生卒年月、婚配子嗣、家世等情况，没有固定的格式，承担着墓志的功能[2]。直至中华人民共和国成立前，江西地区的丧葬礼仪中仍有置放寿盘的环节[3]。

江西地区"寿盘"随葬最先是流行于当地较高等级墓葬中，起初并非全部使用景德镇青花瓷，也有使用龙泉窑青釉大盘者。而后这种葬俗逐渐影响到了社会的各个阶层，发展至清代则更加普及，但不再使用其他窑场产品，并在随葬器基础上衍生出墓志的功能，随葬瓷盘并非专门制作，都是生活中常见的瓷器日用器皿。

六、小结

谷物随葬、酒醴随葬、油灯随葬以及火葬都是历史比较悠久的丧葬习俗，随葬品的载体和葬具历来以陶瓷器具居多，明代使用景德镇以外瓷器作为载体入葬的情况颇多，为景德镇以外瓷器研究提供了更多视角。

明代谷物随葬习俗已经发展至尾声，谷物载体的选择也更加灵活，景德镇以外瓷器使用比较多，一方面呈现了较强地域性特点，另一方面则普遍使用生活气息浓厚的器具。江西、四川等地流行使用周边窑场生产的青釉、酱釉粗瓷用作"谷仓"随葬，流行年代均在明代中期前后。其中江西地区明墓流行的青釉堆塑盖瓶乃成对出土，分别堆塑龙虎、鸟兽、仙人等，与当地宋元时期流行的青白釉堆塑盖瓶一脉相承；四川、重庆等西南地区流行以堆塑龙纹、多角罐成对随葬，在墓葬中有固定的摆放位置。明代以实用器皿充当"谷仓"随葬的现象更加普遍，南、北方各地均有发现，载体的选择也更加多样，有北方窑场的黑釉、龙泉窑的青釉、福建窑场的青花瓷器等，器具以罐、瓶、碗为主。

酒醴随葬一方面体现了较强的制度性，明代墓葬中多以梅瓶盛放，而且随葬梅瓶的墓主身份等级较高，多为明代藩属、封爵功臣家族、高品级官员等等，景德镇以外瓷器有龙泉窑青釉，北方窑场黑釉、白地黑花、孔

[1] 江西文物工作队：《江西南城明益定王朱由木墓发掘简报》，《文物》1983年第2期。
[2] 尹青兰：《清代的瓷墓志》，《南方文物》2003年第1期；张柏主编：《中国出土瓷器全集·江西卷》，科学出版社，2008年，图版234~239。
[3] 徐禹谟总编：《宜黄县志》，新华出版社，1993年，601页。

雀蓝釉黑花瓷器，梅瓶造型挺拔优美，纹饰绘画精良。另一方面则反映了普通百姓朴实的丧葬观念，盛装酒醴的器皿选择更加随意，均为地方性小窑产品。如果未发现酒水遗存尚不能够明确判定其属性，湖北地区的平民墓葬中就采用罐、碗相扣的组合方式成对出土，在墓葬中也有固定的摆放位置，罐、碗均为当地窑场生产的粗瓷或者釉陶器。

灼油长明缸是明代墓葬中常见的景德镇以外瓷器产品，多见于较大规模的墓葬之中。明代初期多出现于藩王、封爵功臣、高品级宦官墓葬之中，均为体形硕大、质地粗糙的釉陶缸。明代中期以后，灼油长明缸成为北方地区明墓常见的随葬品，以北方窑场生产的黑釉、白地黑花瓷器为主，还见有孔雀绿釉器，有的缸内残存油渍，墓主身份等级也较高，有郡王、奉国将军、县主及高品级官员，并且随之演变成为北方各个阶层墓葬中比较常见的随葬瓷器组合之一。

火葬习俗是西南地区流行时间最长、使用范围最广的丧葬形式。入明以后，瓷质葬具逐渐增多，多为云南地区生产的青花、青釉瓷，还见有酱釉瓷器。青花瓷可见内地风格元素，青釉、酱釉瓷器则流行多层次的堆塑纹样，葬具内放置火烧过的骨殖葬入墓坑，还流行随葬玉壶春瓶、罐、碗、盘等瓷器，也均为云南窑场产品。

寿盘作枕随葬兴起于明代的江西地区，一直延续至近代仍在使用，明代见有龙泉青釉大盘，属于地域性较强的丧葬习俗。

第六章 结语

　　本书的研究对象是明代景德镇以外瓷器，相对于景德镇瓷器而言，其产地分布范围更广，产品属性更加复杂，资料也更加零散。通过对明代景德镇以外瓷器的窑址、墓葬和遗址等考古资料的全面梳理，运用考古类型学、"二重证据法"、图像学等方法，对景德镇以外瓷器进行系统合理的分析、归纳和研究，探讨其瓷器品种分类与区域特征，总结器物发展演变规律，探究其与景德镇瓷器的内部联系，并对其使用和行销范围进行相关研究。通过前文的分析与论述，总结得出以下几点特征：

　　（一）明代景德镇以外瓷器品种丰富，工艺特点突出，区域性特征明显

　　明代景德镇以外瓷器有青花、青釉、白釉（含青白釉）、黑釉（含酱釉、茶叶末釉）、白地黑花、釉上红绿彩、釉上三彩等品种，产地各不相同。青花在福建北部、西部、东南部，广东东部，云南中南部、西北部，江西南部、东部及浙江西部、湖南中北部等地均有发现。福建、广东地区窑场生产青花瓷是景德镇以外青花最具影响力的一支，特别是泉州、漳州以及广东潮汕的生产区域，其生产规模庞大，产品属性明确，工艺特点突出，既模仿景德镇青花也有自身特色，产品大量外销，除了胎、釉呈现地方特征以外，青花纹饰对景德镇产品的模仿相当传神，并且融入了当地工匠的创作思维。江西南部、东部及浙江西部的窑场更多受到福建地区烧造工艺的影响，与福建北部窑场具有相近的工艺特点和产品风格，都较好的结合当地民俗文化，形成质朴纯真的产品风格，以日常生活所用的小件器皿为特色，青花纹样布局疏朗，题材极富民间吉祥文化元素，多用于满足当地生活所需。云南地区窑场形成独立的发展体系，既吸收内地瓷器文化元素又融合少数民族文化特色，形成与众不同的产品面貌，胎、釉特征及烧造工艺带有明显的地方性，青花装饰也在景德镇青花纹样题材的基础上形成了独具特色的组合图案。湖南、湖北地区窑场的青花瓷产品风格相对孤立，产地分布零散，烧造工艺简朴原始，器形粗笨，青花潦草，具有强烈的地域特色。

青釉集中分布于浙江南部的龙泉地区，龙泉窑烧造历史悠久，明代继续延续前代的窑业生产，并逐步探索新的生产工艺和装饰技法。福建北部、江西东部、广东、云南中南部也都烧造仿龙泉风格的产品，各地区对龙泉青釉产品仿烧的重点不同，结合各自地区不同的工艺特点，形成了千差万别的产品特征。龙泉窑青釉在明代迎来了其制瓷发展史上最后一次高峰，装饰工艺上更加丰富，刻划花、戳印花、剔地刻花、镂空、整体成型模印等装饰技法并行使用，成型工艺也相当娴熟，无论是轮制、模制抑或捏塑，对大器小物的成型处理都十分精准和成功。福建北部、江西东部窑场地理位置与龙泉地区比较接近，江西东部横峰窑更是由处州移民所建而成，因此二者的仿龙泉青釉产品比较成功，胎色浅灰坚硬，质量较好者釉色青翠，较差者则釉色青黄、青灰，装饰工艺不及龙泉窑产品丰富，流行内底的戳印及外壁的刻划花装饰。广东地区生产的仿龙泉青釉产品多数用于外销，地方特色比较明显，釉层较薄，呈现较强的玻璃质感，装饰较少，多见外壁刻划细直线纹。云南地区生产的仿龙泉青釉与龙泉窑差距较大，胎釉特征与当地青花一致，造型、纹饰粗犷，折沿盘及内底印花装饰可窥见龙泉窑青釉瓷因素。龙泉窑以外的其他地区还有不少零星的青釉粗瓷生产，产品特征与当地其他瓷器品种基本一致，但质量、产量均比较低下，无法形成明显的区域性特征。

白釉（含青白釉）集中分布于福建中东部的德化地区，江西、广东、福建其他地区、河南、陕西、山西、山东、河北等地均有零星烧造。德化窑延续元代的青白釉瓷器生产，入明后逐渐烧造乳浊质感白釉瓷器。这种白釉瓷器产品特点相当显著，胎质细腻洁白，釉色温润如脂，呈青白、牙白、乳白等色，尤以牙白、乳白最具特色，产品造型多数为模制成型，以人像、动植物仿生器皿为特色，文房、杯、盏等小件器物处理更加精致，是明清两代白釉瓷器最重要的一支。江西、广东、浙江、福建其他地区的白釉（含青白釉）瓷器多数为青花瓷的伴烧品种，釉色纯白或者青白，窑工对于釉面青、白色度的把控比较随性，但均与当地青花瓷具有相同产品特征和工艺特点。河南、陕西等北方窑场生产的白釉粗瓷数量较少，也都是窑场的伴烧品种。

白地黑花器物以河南地区窑场及河北地区窑场的产品最为精美，北方其他地区如陕西、宁夏、山东、山西等地也有烧造。明代白地黑花器多数胎体粗松呈土黄色，质量较好者胎质坚硬呈浅灰色，均于胎、釉间施白色化妆土，再于化妆土上绘画纹饰，施透明釉入窑烧制，多数器物仅有黑色彩绘。河南、河北地区窑场在明代属于同一行政区域，其白地黑花器新发展出黑、褐二彩绘画的装饰工艺，黑彩勾勒纹样轮廓，褐彩用以填充纹样，黑彩均为釉下彩绘，褐彩有釉下和釉上两种。

黑釉（含酱釉、茶叶末釉）广泛分布于北方的河南、陕西、山西、河北、山东诸省，是北方窑场的代表性瓷器品种。因烧造工艺相对简单，所以北方各地窑场产品具有相似的工艺特点，产品生活气息浓厚，以碗、盘、罐、盆为主，器物内底多留有叠烧所致的涩圈一周，外壁常常施半釉或施釉不及底，釉面粗糙多棕眼，质量相对低下。福建、云南两地也有少量酱釉瓷器生产，工艺特点和产品风格与当地其他瓷器品种相同，福建地区所产酱釉器比较流行内白外酱釉的形式，酱釉上还常见以白釉堆塑纹样，形成色彩的反差。

釉上红绿彩、釉上三彩主要分布于福建东南部，也是对景德镇窑产品的模仿之作，但工艺水平较高，尤其是釉上三彩瓷器大有超越景德镇瓷器之势，产品主要用于外销，釉上三彩为色釉，主要有黄、绿、紫，还有蓝、褐等色，色釉之下往往配以刻划、模印等装饰纹样，器物造型形态各异，纹饰繁缛富丽。

纵观明代景德镇以外瓷器的不同区域、不同产品及工艺特点，可以窥见其中不同的生产渊源。既有对固有瓷器传统的延续，也有对景德镇瓷器的仿烧，更有独立创新之举，可以总结为四种情况，一为仿烧景德镇瓷器的烧造体系，产品直接受到景德镇瓷器影响，主要是福建、广东、云南、江西地区，除青花外，还有釉上红绿彩、釉上三彩以及各类单色釉产品；二为龙泉窑青釉及仿龙泉青釉烧造体系，继承前代窑业生产背景同时将产品风格向外传播，除龙泉窑青釉外，江西、福建、广东以及云南地区均生产仿龙泉青釉瓷器，但都带有地方工艺特色；三为北方"磁州窑类型"瓷器烧造体系，同为传统瓷业生产的延续，各类产品在明代再次注入新的活力；四为德化窑白釉烧造体系，产品为明代景德镇以外瓷器中创新并独立发展瓷器品种，明代后期至清代在全国的影响力不容小视。

（二）明代景德镇以外瓷器既具有各自的演变规律，又与景德镇瓷器呈现了相同的阶段性发展特点

明代景德镇以外瓷器虽然呈现了较强的区域性特点，但是各个地区的考古资料参差不齐，具有绝对纪年的器物数量又较少，故对于具体器形的类型学研究选取明代典型窑场的典型器形来进行分析。明代"磁州窑类型"瓷器选取以禹县窑为代表的河南地区窑场和以陈炉窑为代表的陕西地区窑场的黑釉（含酱釉、茶叶末釉）瓷器，浙江地区选取窑火已绵延千年的龙泉窑青釉瓷器，云南地区选取青花瓷器为代表进行类型学划分。"磁州窑

类型"黑釉碗都呈现腹部加深的趋势，双系罐腹部渐趋筒形；龙泉窑青釉碗的腹部越来越深，罐的胫部也逐渐拉长，最大径逐步上移，装饰纹样呈现从简单到繁缛再到素面的趋势；玉溪窑青花大罐的胫部逐渐变长，腹部最大径逐步下移至腹中部，玉壶春瓶的腹部逐渐下垂，青花纹饰逐渐从布局繁密向布局疏朗转变，并且彻底摒弃景德镇青花瓷风格的影响。

明代景德镇以外瓷器各自呈现不同的发展轨迹，但整体的发展与景德镇瓷器相同，基本经历了延续、转变、稳定的时期，大体可以分为洪武至天顺、成化至嘉靖、隆庆至崇祯三个时期。

第一期景德镇以外瓷器大多是对元代瓷器生产的延续，产品风格多数继承前代。景德镇以外瓷器同景德镇瓷器一样，也开始孕育新的产品风貌，如龙泉窑产品新器形层出不穷，云南地区窑场产品体现在对景德镇青花纹饰的加工和再创作，河南地区窑场产品则开始学习景德镇青花纹饰题材。

第二期是景德镇以外瓷器产品风格的转变时期，各地区窑场均呈现蓬勃兴起的迹象，窑址数量增多，瓷器品种丰富。"磁州窑类型"瓷器的孔雀蓝釉及孔雀蓝釉黑花瓷器得到发展，白地黑花瓷器频繁使用黑、褐彩结合的工艺；浙江地区龙泉窑青釉瓷器形成了繁缛的装饰风格，于器内、外壁运用印花、剔地刻划、镂空、贴塑等工艺满饰纹样，开光文字、人物故事都是相当流行的题材；云南地区窑场青花瓷器在逐渐摆脱内地瓷器因素，走向独立发展的道路，形成独特的纹饰布局和纹饰组合；福建德化窑白釉及闽、粤两地仿龙泉青釉窑场逐渐兴起，德化窑白釉与其宋元时期生产的青白釉一脉相承，至此时形成极具地方特色的白釉产品，胎釉特点、烧造工艺及装饰技法均独树一帜。

第三期是景德镇以外瓷器的稳定时期，各地区窑场产品面貌基本固定。北方地区诸窑场形成了以白地黑花、黑釉、白釉、孔雀蓝釉为主的生产格局，各个品种之间的装饰工艺有所交叉；浙江地区龙泉窑及云南地区玉溪窑逐渐萎缩，产品质量也迅速下降；福建地区德化窑白釉继续生产，漳州窑青花、釉上红绿彩及釉上三彩瓷器异军突起，形成规模化生产，迅速占领海外市场，并对日本等地的制瓷业产生重要影响。

（三）明代景德镇以外瓷器延续各自生产传统，既成为景德镇瓷器的重要补充，也为自身的持续发展寻求更多机遇

浙江地区的龙泉窑青釉和北方地区窑场的"磁州窑类型"各类瓷器均是历史发展序列比较清晰的瓷器品种，早在宋元时期就已声名鹊起，产品广受海内外市场青睐。二者所生产的瓷器，景德镇地区素来无法生产，因此在明代成为景德镇瓷器的重要补充，并对景德镇瓷器产生强烈影响。

　　龙泉窑是宋元时期驰名中外的名窑，其莹润如玉的青釉产品在元明之际也是被追捧的瓷器品种之一，对景德镇瓷器有一定影响。宣德前后，景德镇御窑厂及民窑已可以成功仿烧龙泉青釉风格产品，从造型、工艺以及纹饰均模仿得相当成功。龙泉窑青釉瓷器因明代早期"供烧宫廷"的缘故，与景德镇瓷器呈现并驾齐驱的发展态势。其大量瓷器与景德镇官窑完全一致，并利用戳印、刻划等技法进行釉下装饰，纹饰题材亦与景德镇官窑青花一致。

　　"磁州窑类型"的各类瓷器品种均于宋元时期已经大量生产，产地遍布于广袤的北方地区。瓷器品种繁多，既有单色釉的白釉、黑釉，白釉剔花瓷器等，也有釉下彩绘的白地黑花瓷器，还有二次低温烧成的釉上红绿彩以及低温孔雀蓝釉等等，这其中与建筑构件关系密切的孔雀蓝釉瓷器和开启早期釉上彩绘之先河的红绿彩瓷器对景德镇瓷器的影响颇为深远。明代，景德镇瓷器将各品种瓷器尽收麾下，孔雀蓝釉、珐华釉和釉上红绿彩瓷器也获得了空前发展，质量和工艺水平远超"磁州窑类型"瓷器，一改上述瓷器粗犷豪放之风格，更多呈现细腻清逸的艺术特点。

　　随着明代景德镇御窑、民窑的共同发展，景德镇瓷器成为全国流行的瓷器产品，强势占领国内市场，景德镇以外瓷器也开始摸索模仿其优势产品。龙泉的民窑青釉瓷器逐渐使用同时期景德镇青花瓷流行的纹饰题材，但随着景德镇仿烧龙泉青釉的成功及青釉自身工艺的局限性，龙泉窑青釉瓷器在追赶景德镇瓷器的过程中逐渐式微，胎釉质量迅速下降而逐渐走向衰落。"磁州窑类型"的白地黑花瓷器在明代也出现新的发展趋势，其纹样题材多数取材于明代中期的景德镇青花瓷器，延续自身绘画风格也吸收同时期景德镇青花绘画工艺和纹饰题材，充分体现了"磁州窑类型"瓷器的民窑特性及"海纳百川"的文化包容性。

　　明代龙泉窑青釉瓷器和"磁州窑类型"瓷器不仅从产品风格上追赶景德镇瓷器的脚步，还利用各自固有的影响力，采取栈道、水路、陆路、海路等多种交通方式，更加便捷和稳定的将各自特色产品行销于国内外各地，为自身的生存和发展找到更行之有效的途径。

　　龙泉窑青釉瓷器巩固其长久以来创造的影响力，成为明代中期以前唯一可以和景德镇瓷器抗衡的瓷器品种，产品遍及全国各地。龙泉窑青釉瓷器利用江南地区发达的水系交通，成为江南地区最为畅销的瓷器品种之一，颇具声誉。为了进一步扩大产品销售区域，其利用长江及众多支流的水系网络，将青釉产品大量向西部运销，湖北、四川等交通相对不够便利的长江中上游地区也成为龙泉窑倾销市场。与湖北、四川等地接壤的陕西、河南地区也是龙泉窑向北运销的必经之地，这些地区都出土了为数不少的龙泉窑青釉产品。随着纵向沟通南北水系的大运河全线贯通，龙泉窑产品的北上运销更加便捷，由南至北的运河沿线辐射的遗迹以及相关的港口遗址均发现有明代龙泉窑青釉产品，更可沿运河直抵京师，更远的东北地区也成为龙泉窑青釉产品的重要销售地区。同时，龙泉窑青釉瓷器利用多种贸易渠道将产品销往海外，我国东南沿海一带发现不少载有明代早期、中期龙泉窑产品的走私商船遗址，国外印尼、菲律宾、越南海域也发现有从中国出发的沉船遗址，船上有明代早期、中期龙泉窑产品，但均非船货主流。明代龙泉窑青釉瓷器的外销目的地主要是日本、东南亚、西亚及非洲沿海地区。

北方"磁州窑类型"瓷器将其民窑属性发挥得淋漓尽致，抓住其产品的消费群体比较固定、产区多为平原地带的特点，利用内河河道及陆路运输将产品运销至周边州县乃至更远的区域，满足普通百姓的生活所需，以更加低廉的产品价格和贴近民风的艺术特点占据当地市场。其产品也有一定数量用于外销，种种迹象表明与日本及朝鲜半岛有着密切的交流。

（四）明代景德镇以外瓷器发展自身优势资源，既仿烧景德镇瓷器，也研发新的瓷器品种，拓展市场销路，成为景德镇瓷器的有力竞争对手

明代福建、广东地区的窑业生产性质明确，多数瓷器产品用于外销，主要是对景德镇瓷器的模仿，包括有青花、釉上红绿彩、釉上三彩及各类单色釉瓷器，也有独立发展的德化窑乳白釉瓷器。各类瓷器在模仿之余都呈现出强烈的地域特色。

明代福建地区瓷器对景德镇瓷器的模仿并非肇始于明代，而是在宋元时期就已经开始。宋元时期景德镇地区窑场生产的青白釉、青花瓷器代表着当时中国瓷器发展的顶尖水平，广受市场欢迎。这些先进的制瓷工艺技法成为其他地区窑场竞相学习的标杆，逐渐渗透至景德镇以外的其他地区。凭借着发达的瓷器烧造传统，明代福建地区将自身优势资源发挥尽致，在模仿景德镇瓷器先进工艺技法和畅销瓷器品种的同时，融合地方文化特色，将德化窑乳白釉瓷塑、漳州窑釉上三彩瓷器发展至巅峰阶段，并且超越了同时期的景德镇瓷器。

福建地区的青花瓷器是最直接受到景德镇青花瓷的影响。为了抢占外销市场，福建地区窑场对景德镇青花瓷器进行仿烧，从器形、纹饰题材等细节上进行借鉴和模仿，但是对于器形的模仿只能做到仿其形，因工艺水平所限，福建地区青花均不同程度出现修胎不规整、底足粘砂、重心不稳等问题，而体形硕大及体形娇俏的器物是福建窑场的特色。福建地区青花

瓷对于花卉、动物、人物题材的仿造比较惟妙惟肖，并且较好地将文人画的内涵融合到青花绘画题材中。唯一的缺憾是青花绘画的笔触不够细腻，多以一笔点涂为主，致使画面层次感不够，青花晕散者还会出现纹样不清晰的现象。这种青花绘画风格成为福建地区窑场青花瓷与景德镇产品的甄别依据，很多纹饰题材的绘画技法也成为福建窑场的特色，如折枝花，中心花卉呈螺旋状，枝干对称伸出花叶，均以青花平涂而成，绘画粗放，线条流畅，具有地方特色（彩版四，1）。

大规模、大范围的海外运销是明代福建、广东两地窑场产品的主要生存之道。借助于地缘优势，中国瓷器的外销历来多数经由两地出海，也为该地区外销瓷器的生产和销售提供了便捷渠道。明代两地窑场生产的外销瓷器不仅有对景德镇青花、釉上彩绘瓷器的模仿，还有创新产品德化窑乳白釉瓷器，更有仿龙泉窑青釉瓷器，几乎囊括了明代各类瓷器品种的半壁江山，对明代景德镇瓷器的外销形成猛烈冲击。

广东地区窑场的产品在国内的运销范围相当有限，仅销售至窑址周边区域，用以满足当地生活所需。然而，广东地区所生产的仿龙泉青釉产品抓住了当地对外贸易政策调整的机遇，通过更加稳定的贸易渠道将自身产品输出海外，外销的目的地主要是日本和东南亚诸国，更远至西亚地区。

福建地区窑场的产品很少在国内销售，但因产量较大，常见用于建筑构件之中，形成独特的文化现象。福建地区窑场利用地理区位优势，巩固长久以来强大海上贸易实力，与当地实力雄厚的海商相呼应，推动官方对海外合法贸易的认可，将产品大量行销于海外市场，国内大量沉船遗址证实了此时的外销盛景，也同样证明除了官方准许的出海港口漳州月港以外，福州港、泉州安平港也都是当时外销港口。福建窑场产品的足迹可谓遍及全球各地，特别是融入西方海上列强的全球贸易体系之后，产品的运销范围更加广阔。福建海商常规的贸易航线主要是日本和东南亚，日本、菲律宾、印尼、马来西亚、泰国、越南等地都是福建地区瓷器的主要销售区域。而葡萄牙人以澳门为据点，将中国瓷器行销至日本及欧洲各地；西班牙人在东南亚以菲律宾、在美洲以墨西哥为贸易中转据点，大量贩运中国瓷器穿梭于美洲及亚欧大陆之间；荷兰人则以印尼、台湾为贸易中转据点，成立荷兰东印度公司专门处理亚洲贸易事务。这种全球范围内的瓷器运销，给福建地区窑场产品带来重要的商机，全球海域内的大量沉船遗址都发现有不少 16 至 17 世纪福建漳州窑青花瓷，其产品的销售区域可达欧洲乃至人迹罕至的美洲地区。

（五）明代景德镇以外瓷器发挥因地制宜的优势，迎合地方市场需求，

将产品渗透至生活各个领域之中，满足更多阶层不同方面的消费和使用需要

明代云南地区窑场及各地的小规模窑场产品均呈现较强的地域性特点，流布范围较小，在窑场周边区域进行销售和使用，产品多用于满足当地普通百姓日常生活所需，也有大部分产品在当地丧葬制度下发挥了重要作用。这些瓷器既受到景德镇瓷器的影响，也一定程度上阻碍了景德镇瓷器在当地的倾销。

云南地区窑场生产青花瓷器可以明显窥见景德镇青花瓷器的因素，其在吸收了景德镇青花造型、纹饰及整体艺术风格的基础上，融入当地文化元素，呈现了耳目一新的产品面貌。云南地区青花瓷器注重足、耳、颈部的处理，因制胎工艺所限，器物多数造型浑圆，为了提升整体造型的挺拔感，颈部、足部都较高，耳部相对轻巧。青花纹饰题材多学习景德镇瓷器，以具有吉祥寓意的狮子绣球、鱼藻及缠枝花卉纹最多见，但图案化的趋势增强，绘画更加抽象和写意；注重对辅助纹饰的处理，占据器表更大的面积；出现以青花料平涂再以细线刻划细节纹样的装饰工艺，多用于局部的装饰，也有的全器使用此种工艺，艺术特色突出。

云南地区瓷器大量服务于当地的丧葬习俗，既作为火葬葬具使用，也作为墓葬的随葬品使用。火葬是西南地区少数民族使用最为广泛，流行时间最久的丧葬形式，其火葬葬具具有鲜明的时代特色。明代火葬墓开始大量使用瓷质葬具，均为云南地区窑场生产的青花、青釉、酱釉产品，并且瓷质随葬品的数量开始增多，也以云南地区窑场各类产品为主。直至明代中期，云南地区的墓葬中才陆续出现景德镇青花瓷器，总体数量并不占据优势。西南地区火葬墓的瓷质葬具和墓葬随葬品是明代景德镇以外瓷器研究的重要组成部分，是云南地区瓷器研究的重要资料。

明代景德镇以外地方性窑场生产的瓷器除了满足百姓生活所需外，还在当地丧葬制度下扮演了重要的角色，是传承汉民族传统丧葬文化的重要载体。江西横峰窑生产的青釉堆塑瓶多见于当地明墓中，延续该地区宋元以来的葬俗，作为"谷仓"使用；四川、重庆地区窑场生产的瓷质堆塑龙纹、多角罐屡见于该地区明墓中，受到宋元时期湖南、浙江等地葬俗影响，也承担"谷仓"功能；长江中游地区小规模窑场生产的粗瓷产品常见于当地普通百姓墓葬中，多数是以罐、碗相扣的组合形式随葬，成对出土，并发现了酒水遗存；北方诸窑场所生产的"磁州窑类型"黑釉、白地黑花、孔雀绿釉粗瓷缸广泛用于山东、河北、陕西等地明墓的随葬，部分器物内有油渍残存，在墓葬中作为长明油灯使用。各地明代墓葬也常见就近使用

周边窑场的产品随葬，见有北方窑场"磁州窑类型"瓷器、福建窑场青花以及龙泉窑青釉瓷器，器内留有谷物和酒水遗存，盛装谷物有盖罐、小口罐、碗等，盛装酒水多为梅瓶。这些随葬瓷器具有相同的丧葬内涵，其载体基本均为景德镇以外瓷器，更多体现就近取材的原则，采用墓葬周边窑场产品，形成显著的地域性葬俗或者延续传统的丧葬观念。

综上所述，明代景德镇以外瓷器具有以下几个显著特点：

1. 明代景德镇以外瓷器既是独立发展，又与景德镇瓷器具有相同的阶段性特征。瓷器作为手工业生产的重要组成部分，与明代社会政治、经济的发展密不可分，都经历了恢复、发展和稳定的过程。景德镇以外瓷器既利用自身的资源特点，形成地域性的产品特征，也同样是在恢复生产中获得新生，并且完成产品的蜕变，逐渐形成稳定的产品格局。

2. 明代景德镇以外瓷器既是景德镇瓷器的重要补充，又与其形成了竞争格局。景德镇以外瓷器的部分品种填补了景德镇瓷器的空白，又为其提供了相应的工艺基础，为景德镇成为全国的瓷业中心助一臂之力。景德镇以外瓷器极力模仿景德镇瓷器，吸纳其先进的制瓷工艺，融合各地文化元素，研发创新品种，猛烈冲击景德镇瓷器在市场上的占有率，成为其强有力的竞争者。

3. 明代景德镇以外瓷器利用自身的工艺特点，呈现更加多元化的发展。景德镇以外瓷器的视野更加灵活，既可以供烧至皇家，也可以服务于乡野，还可以畅销至海外，角色的切换以市场需求为导向，为自身的生存提供更多渠道，展现了更多层次的文化内涵。

因此，明代景德镇以外瓷器是明代瓷器不可或缺的重要组成部分，其产地分布范围广，产品内涵丰富，区域特征显著，凭借自身优势之处与景德镇瓷器呈现相互促进的发展模式，并且在明代瓷器生产格局中站稳脚跟，成为景德镇瓷器的有力竞争者和有益补充者，满足了社会不同阶层、各个领域的需求，是明代瓷器研究不可忽视的领域。

参考文献

（一）历史文献资料

[1] ［唐］樊绰撰，向达注：《蛮书校注》，中华书局，1962年。
[2] "中央"研究院历史语言研究所校印：《明实录》，1962年。
[3] ［明］申时行等修：《大明会典》，上海古籍出版社，2002年。
[4] ［明］王士性撰，吕景琳点校：《广志绎》，中华书局，1981年。
[5] ［明］崔溥著，葛振家点校：《漂海录——中国行记》，社会科学文献出版社，1992年。
[6] ［明］林有年主纂：《安溪县志》（明嘉靖版），国际华文出版社，2002年。
[7] ［明］王宗沐著：《江西省大志》，万历版，（日本）国立公文书馆藏。
[8] ［明］张燮著，谢方点校：《东西洋考》，中华书局，1981年。
[9] ［清］张廷玉等撰：《明史》，中华书局，1974年。
[10] ［清］屈大均著，李育中、邓光礼、林维纯、熊福林、陈伟俊注：《广东新语注》，广东人民出版社，1991年。
[11] ［清］黄锡蕃著，上海图书馆整理：《闽中书画录》，上海科学技术文献出版社，2016年。
[12] ［清］鲁鼎梅主修，王必昌主纂：《德化县志》，福建省德化县地方志编纂委员会整理，1987年，内部发行。
[13] ［清］朱琰著，傅振伦译注：《〈陶说〉译注》，轻工业出版社，1984年。
[14] ［清］蓝浦、郑廷桂著，傅振伦译注：《〈景德镇陶录〉详注》，书目文献出版社，1993年。
[15] 江思清著：《景德镇瓷业史》，中华书局，1936年。
[16] 赵汝珍、于钦校注：《古玩指南》，青岛出版社，2008年。
[17] 许之衡著，杜斌校注：《饮流斋说瓷》，山东画报出版社，2010年。
[18] 熊寥、熊微编注：《中国陶瓷古籍集成》，上海文化出版社，2006年。

（二）工具书、图录

[1] 江西省轻工业厅陶瓷研究所编：《景德镇陶瓷史稿》，生活·读书·新知三联书店，1959年。
[2] 中国硅酸盐学会编：《中国陶瓷史》，文物出版社，1982年。
[3] 汪庆正主编：《简明陶瓷词典》，上海辞书出版社，1989年。
[4] 柴泽俊编著：《山西琉璃》，文物出版社，1991年。
[5] 冯先铭主编：《中国古陶瓷图典》，文物出版社，1998年。
[6] 吴仁敬、辛安潮著：《中国陶瓷史》，北京图书馆出版社，1998年。
[7] 炎黄艺术馆编：《景德镇出土元明官窑瓷器》，文物出版社，1999年。
[8] 桂林博物馆编：《靖江藩王遗粹——桂林博物馆珍藏明代梅瓶》，上海人民美术出版社，2000年。
[9] 张威主编：《绥中三道岗元代沉船》，科学出版社，2001年。

［10］中国广西壮族自治区博物馆、中国广西文物考古研究所、越南国家历史博物馆编著：《海上
　　　丝绸之路遗珍：越南出水陶瓷》，科学出版社，2009 年。

［11］安徽省文物事业管理局编：《安徽馆藏珍宝》，中华书局，2008 年。

［12］张柏主编：《中国出土瓷器全集》，科学出版社，2008 年。

［13］故宫博物院编：《故宫博物院藏中国古代窑址标本·山西、甘肃、内蒙古》，故宫出版社，2013 年。

［14］广东省文物考古研究所、广东省博物馆、国家文物局水下文化遗产保护中心编著：《孤帆遗珍：
　　　"南澳 I 号"出水精品文物图录》，科学出版社，2014 年。

（三）论文集、考古资料集

［1］中国古外销陶瓷研究会编印：《中国古外销陶瓷研究资料》第一辑，内部资料，1981 年。

［2］浙江省文物考古所编著：《浙江省文物考古所学刊 1981》，文物出版社，1981 年。

［3］中国古陶瓷研究会、中国古外销陶瓷研究会编：《中国古外销陶瓷研究资料》第三辑，1983 年。

［4］中国考古学会：《中国考古学会第三次年会论文集 1981》，文物出版社，1984 年。

［5］文物编辑委员会编：《中国古代窑址调查发掘报告集》，文物出版社，1984 年。

［6］《四川古陶瓷研究》编辑部编：《四川古陶瓷研究》，四川省社会科学院出版社，1984 年。

［7］中国古陶瓷研究会、中国古外销陶瓷研究会编：《中国古代陶瓷的外销》，1987 年福建晋江年
　　　会论文集，紫禁城出版社，1988 年。

［8］广东省博物馆编：《广东省博物馆建馆三十周年论文集（1959—1989）》，紫禁城出版社，
　　　1989 年。

［9］中国古陶瓷研究会、中国古外销陶瓷研究会编《中国古陶瓷研究》第三辑，紫禁城出版社，
　　　1990 年。

［10］珠海市博物馆、广东省文物考古研究所、广东省博物馆编：《珠海考古发现与研究》，广东
　　　人民出版社，1991 年。

［11］陈历明编：《潮汕考古文集》，汕头大学出版社，1993 年。

［12］山东省文物考古研究所编：《济青高级公路章丘工段考古发掘报告集》，齐鲁书社，1993 年。

［13］吴绵吉、吴春明主编：《东南考古研究》第一辑，厦门大学出版社，1996 年。

［14］浙江省文物考古研究所编：《浙江省文物考古研究所学刊》，长征出版社，1997 年。

［15］厦门博物馆编：《厦门博物馆建馆十周年成果文集》，福建教育出版社，1998 年。

［16］邓聪、吴春明主编：《东南考古研究》第二辑，厦门大学出版社，1999 年。

［17］中国古陶瓷研究会编：《中国古陶瓷研究》第五辑，紫禁城出版社，1999 年。

［18］中国古陶瓷研究会编：《中国古陶瓷研究》第六辑，紫禁城出版社，2000 年。

［19］德化陶瓷研究论文集编委会：《德化陶瓷研究论文集》，内部资料，2002 年。

［20］中国古陶瓷学会编：《中国古陶瓷研究》第九辑，紫禁城出版社，2003 年。

［21］中国古陶瓷学会编：《中国古陶瓷研究》第十辑，紫禁城出版社，2004 年。

［22］中国古陶瓷学会编：《中国古陶瓷研究》第十一辑，紫禁城出版社，2005 年。

［23］德化县地方志编纂委员会：《德化陶瓷志》，方志出版社，2004 年。

［24］云南省文物考古研究所编：《云南考古报告集（之二）》，云南科技出版社，2006 年。

［25］南京市博物馆：《南京文物考古新发现》，江苏人民出版社，2006 年。

［26］中国古陶瓷学会编：《中国古陶瓷研究》第十三辑，紫禁城出版社，2007 年。

［27］中国古陶瓷学会编：《中国古陶瓷研究》第十四辑，紫禁城出版社，2008 年。

［28］田怀清、黄德荣主编：《大理丛书·考古与文物篇》（七），云南民族出版社，2009 年。

［29］中国古陶瓷学会编：《龙泉窑研究》，故宫出版社，2011 年。

［30］福建博物院编：《福建考古资料汇编（1953—1959）》，科学出版社，2011 年。

［31］吴春明主编：《海洋遗产与考古》，科学出版社，2012 年。

［32］中国国家博物馆水下考古研究中心编：《水下考古学研究》第一卷，科学出版社，2012 年。

［33］德化县人民政府编：《德化窑古陶瓷研究论文集》，九州出版社，2013 年。

［34］南京市博物馆编著：《南京文物考古新发现》第三辑，文物出版社，2014 年。

［35］谭培根主编：《漳州"海上丝绸之路"论文选》，福建人民出版社，2015 年。

［36］南京市博物总馆、南京市考古研究所编著：《南京文物考古新发现》第四辑，文物出版社，2016 年。

［37］国家文物局水下文化遗产保护中心编：《水下考古学研究》第二卷，科学出版社，2016 年。

［38］厦门市博物馆、泉州市博物馆主编：《福建陶瓷与海上丝绸之路》，东北师范大学出版社，2016 年。

［39］出宝阳、陈建中主编：《世界文化遗产与东亚海洋考古研究》，厦门大学出版社，2016 年。

（四）考古资料（因资料过多，仅以重点陶瓷窑址和明墓为主）

1. 明代窑址

［1］陈万里：《景德镇几个古代窑址的调查》，《文物参考资料》1953 年第 9 期。

［2］宋伯胤：《华东文物工作队福建组调查晋江德化等处古窑址》，《文物参考资料》1954 年第 5 期。

［3］陈万里：《调查闽南古代窑址小记》，《文物参考资料》1957 年第 9 期。

［4］林登翔、许清泉等：《福建省最近发现的古代窑址》，《文物》1959 年第 6 期。

［5］葛季芳：《云南玉溪发现古瓷窑址》，《考古》1962 年第 2 期。

［6］曾广亿：《广东惠阳白马山古瓷窑调查记》，《考古》1962 年第 8 期。

［7］曾广亿：《广东惠阳新庵三村古瓷窑发掘简报》，《考古》1964 年第 4 期。

［8］曾广亿：《广东博罗、揭阳、澄迈古瓷窑调查》，《文物》1965 年第 2 期。

［9］厦门大学人类博物馆：《德化屈斗宫窑址的调查发现》，《文物》1965 年第 2 期。

［10］金祖明：《温州地区古窑址调查纪略》，《文物》1965 年第 11 期。

［11］陈柏泉：《江西横峰、弋阳窑址调查》，《文物》1973 年第 2 期。

［12］陈柏泉：《江西乐平明代青花窑址调查》，《文物》1973 年第 3 期。

［13］安溪县文化馆：《福建安溪古窑址调查》，《文物》1977 年第 7 期。

［14］葛季芳、李永衡：《云南玉溪古窑遗址调查》，《考古》1980 年第 3 期。

［15］刘新园、白焜：《景德镇湖田窑考察纪要》，《文物》1980 年第 11 期。

［16］蒋忠义：《浙江龙泉县安福龙泉窑址发掘简报》，《考古》1981 年第 6 期。

［17］李家和、陈定荣：《铅山、横峰的几处古瓷窑》，《江西历史文物》1982 年第 2 期。

［18］陈定荣：《萍乡南坑古窑调查》，《江西历史文物》1983 年第 1 期。

［19］益阳地区文物工作队、益阳县文化馆：《湖南益阳县羊午岭古窑址调查》，《考古》1983 年第 4 期。

［20］王立斌：《铅山县发现古瓷窑址》，《江西历史文物》1983 年第 2 期。

［21］薛翘、罗星：《明代江西赣县瓷窑及其外销琉球产品的调查纪略》，《景德镇陶瓷》1983 年第一期。

［22］欧阳意：《安远县发现明代青花瓷窑》，《江西历史文物》1984 年第 2 期。

［23］童有庆、黄承焜、薛翘：《赣南文物考古工作概述》，《江西历史文物》1984 年第 2 期。

［24］林忠干、王治平：《福建建阳古窑址调查简报》，《考古》1984 年第 7 期。

［25］周世荣、冯玉辉、向开旺、张祖爱、唐先华：《湖南青瓷与青花古窑址调查报告》，《湖南考古辑刊》第 2 集，岳麓书社，1984 年。

［26］姚澄清：《广昌发现的明代青花瓷窑》，《江西历史文物》1985 年第 2 期。

［27］杨少祥：《广州大埔古瓷器生产初探》，《广东陶瓷》1985 年第 2 期。

［28］葛季芳：《云南建水窑的调查与分析》，《考古》1987 年第 1 期。

［29］福建省博物馆：《福建漳浦县古窑址调察》，《考古》1987年第2期。

［30］苏伏涛：《云南玉溪元末明初龙窑的发掘》，《考古》1987年第8期。

［31］张仲淳：《明清时期的福建安溪青花瓷器》，《考古》1989年第7期。

［32］李康颖：《云南禄丰发现元明瓷窑》，《考古》1989年第9期。

［33］姚祖涛、赵洪章：《闽北古瓷窑址的发现和研究》，《福建文博》1990年第2期。

［34］葛季芳：《云南禄丰县元代罗川窑和白龙窑》，《考古》1990年第8期。

［35］毕克官：《瑶里行——踏访瓷都景德镇窑里古窑址记》，《景德镇陶瓷》1991年第1期。

［36］江建新：《景德镇窑业遗存考察述要》，《江西文物》1991年第3期。

［37］张建农：《云南省建水县碗窑村古窑址调查》，《考古》1991年第8期。

［38］林焘、叶文程、唐杏煌、罗立华：《福建华安下东溪头窑址调查简报》，《东南文化》1993年第1期。

［39］栗建安：《东溪窑调查纪略》，《福建文博》1993年第1、2合刊。

［40］福建省博物馆考古队、平和县博物馆：《平和县明末清初青花瓷窑址》，《福建文博》1993年第1、2合刊。

［41］福建省博物馆、平和县博物馆：《福建平和县南胜、五寨古窑址1993年度调查简报》，《福建文博》1995年第1期。

［42］李建军：《福建三明地区陶瓷考古综述》，《福建文博》1995年第2期。

［43］江西省文物考古研究所、吉安地区文物研究所、吉安市博物馆：《江西吉安市临江窑遗址》，《考古学报》1995年第2期。

［44］朱高健、李和安：《平和南胜窑调查报告》，《福建文博》1996年第2期。

［45］平和县博物馆、福建省博物馆：《福建平和县田坑素三彩窑址调查》，《福建文博》1997年第1期。

［46］福建省博物馆：《漳州窑——福建漳州地区明清窑址调查发掘报告之一》，福建人民出版社，1997年。

［47］福建省博物馆：《福建平和县南胜田坑窑址发掘报告》，《福建文博》1998年第1期。

［48］福建省博物馆：《平和五寨洞口窑址的发掘》，《福建文博》1998年增刊。

［49］平和县博物馆：《平和官峰窑址调查报告》，《福建文博》1998年增刊。

［50］王立斌：《江西铅山华家窑略考》，《南方文物》1998年第4期。

［51］王立斌：《江西铅山五里峰窑址调查》，《南方文物》1999年第4期。

［52］福建省博物馆、漳州市博物馆：《华安东溪窑1999年度调查》，《福建文博》2001年第1期。

［53］云南省文物考古研究所、玉溪市红塔区文物管理所：《玉溪窑综合勘查报告》，《文物》2001年第4期。

［54］傅宋良：《福建平和发现的克拉克瓷大盘》，《文物》2001年第11期。

［55］郑辉：《漳平永福窑调查》，《福建文博》2002年第1期。

［56］陈泰敏、王溢：《易门两处青花瓷窑址调查》，《云南文物》，2002年（第56期）。

［57］栗建安：《德化甲杯山明代窑址的发掘与收获》，《福建文博》2004年第4期。

［58］耀州窑博物馆、陕西省考古研究所、铜川市考古研究所编著：《立地坡·上店耀州窑址》，三秦出版社，2004年。

［59］浙江省文物考古研究所编：《龙泉东区窑址发掘报告》，文物出版社，2005年。

［60］禚振西、杜文：《宝鸡麟游窑考察记笔》，《文博》2006年第1期。

［61］杜文、禚振西：《新发现的陕西澄城窑及其烧瓷产品》，《文博》2006年第2期。

［62］福建博物院、德化县文管会、德化陶瓷博物馆：《德化明代甲杯山窑址发掘简报》，《福建文博》2006年第2期。

［63］姜江来：《江山古窑址调查》，《东方博物》2006年第3期。

［64］张燕：《宁夏下河沿窑考察》，《文物春秋》2007年第1期。

［65］故宫博物院、江西省文物考古研究所、景德镇市陶瓷考古研究所：《江西景德镇丽阳堆白山明代窑址发掘简报》，《文物》2007 年第 3 期。

［66］江西省文物考古研究所、景德镇民窑博物馆编著：《景德镇湖田窑址——1998—1999 年考古发掘报告》，文物出版社，2007 年。

［67］尹福生：《龙泉明代潘床口窑址的调查》，《东方博物》2008 年第 1 期。

［68］浙江省文物考古研究所、云和县文物管理委员会：《云和县横山周窑址发掘简报》，《东方博物》2009 年第 4 期。

［69］北京大学考古文博学院等：《江西景德镇观音阁明代窑址发掘简报》，《文物》2009 年第 12 期。

［70］湖南省文物考古研究所、益阳市文物管理处：《湖南益阳羊舞岭窑址群调查报告》，《湖南考古辑刊》第 8 集，岳麓书社，2009 年。

［71］宋子军、刘鼎：《松阳县的三处窑址》，《东方博物》2015 年第 1 期。

［72］福建博物院、南靖县文物保护中心：《南靖县东溪窑封门坑窑址 2015 年发掘简报》，《福建文博》2015 年第 3 期。

［73］浙江省文物考古研究所、北京大学考古文博学院、龙泉青瓷博物馆编著：《龙泉大窑枫洞岩窑址》，文物出版社，2015 年。

［74］福建博物院、华安县博物馆：《华安东溪窑 2007 年发掘简报》，《福建文博》2016 年第 2 期。

［75］王建保：《景德镇戴家弄窑址发现的明代青釉瓷器》，《东方收藏》2016 年第 2 期。

［76］景德镇市陶瓷考古研究所、北京大学考古文博学院、江西省文物考古研究所：《江西景德镇落马桥窑址宋元遗存发掘简报》，《文物》2017 年第 5 期。

［77］秦大树、钟燕娣、李慧：《景德镇御窑厂遗址 2014 年发掘收获与相关问题研究》，《文物》2017 年第 8 期。

［78］厦门大学历史系考古专业、福建博物院、安溪县博物馆：《2018 年安溪珠塔内窑调查报告》，《福建文博》2018 年第 3 期。

［79］韦有明、朱姗姗：《恩施自治州周家河窑址考古调查及相关问题研究》，《中国国家博物馆馆刊》2018 年第 12 期。

［80］河南省文物考古研究院、宝丰县文物管理局：《宝丰清凉寺汝窑遗址 2014 年发掘简报》，《华夏考古》2019 年第 1 期。

［81］福建博物院、龙岩市文化与旅游局、漳平市博物馆：《福建漳平永福窑 2018 年调查简报》，《福建文博》2019 年第 3 期。

［82］刘成基：《广东大埔余里明代窑址 2013~2014 年发掘简报》，《文物》2019 年第 10 期。

2. 明代墓葬

［1］考古研究所通讯组：《北京西郊董四墓村明墓发掘记——第一号墓》，《文物参考资料》1952 年第 2 期。

［2］中国科学院考古研究所京郊发掘团通讯组：《北京董四墓村明墓发掘续记——第二号墓》，《文物参考资料》1952 年第 2 期。

［3］华东文物工作队：《南京南郊英台寺山明金英墓清理记》，《文物参考资料》1954 年第 12 期。

［4］四川省文物管理委员会：《成都白马寺第六号明墓清理简报》，《文物参考资料》1956 年第 10 期。

［5］唐云明：《邢台西梁庄清理明代木椁墓一座》，《文物参考资料》1957 年第 2 期。

［6］唐淑琼、任锡光：《四川华阳明太监墓清理简报》，《考古通讯》1957 年第 3 期。

［7］赵世纲：《杞县高高山明墓清理简报》，《文物参考资料》1957 年第 8 期。

［8］沈鹏年：《东善桥娘娘坟发现宣德瓷瓶》，《文物参考资料》1957 年第 10 期。

［9］冯秉其：《安次县西固城村发现明墓》，《文物》1959 年第 1 期。

［10］南京市文物保管委员会：《南京江宁县明沐晟墓清理简报》，《考古》1960 年第 9 期。

［11］河南省郏县文化馆：《河南郏县前塚王村明墓发掘简报》，《考古》1961 年第 2 期。

［12］山西省文物管理委员会：《山西太原七府坟明墓清理简报》，《考古》1961 年第 2 期。

［13］李蔚然：《南京中华门外明墓清理简报》，《考古》1962 年第 9 期。

［14］解希恭：《太原小井峪宋、明墓第一次发掘记》，《考古》1963 年第 5 期。

［15］李蔚然：《南京明汪兴祖墓清理简报》，《考古》1972 年第 4 期。

［16］江西省博物馆：《江西玉山、临川和永修县明墓》，《考古》1973 年第 5 期。

［17］江阴县文化馆：《江阴县出土的明代医疗器械》，《文物》1977 年第 2 期。

［18］蚌埠市博物展览馆：《明汤和墓清理简报》，《文物》1977 年第 2 期。

［19］广州市文物管理处：《广州东山明太监韦眷墓清理简报》，《考古》1977 年第 4 期。

［20］永康：《禄丰黑井元明时代的火葬墓》，《云南文物》，1977 年 6 月（第 7 期）。

［21］安徽省博物馆：《合肥清理一座明墓》，《文物资料丛刊》（1978 年）2 期。

［22］李海根、夏金瑞：《大余县出土明代青花瓷瓶》，《江西历史文物》1981 年第 1 期。

［23］欧阳世彬、黄云鹏：《介绍两座明景泰出土的青花、釉里红瓷器》，《文物》1981 年第 2 期。

［24］袁俊卿、阮国林：《明徐达五世孙徐俌夫妇墓》，《文物》1982 年第 2 期。

［25］陆耀华：《浙江嘉兴明项氏墓》，《文物》1982 年第 8 期。

［26］江西文物工作队：《江西南城明益宣王朱翊鈏夫妇合葬墓》，《文物》1982 年第 8 期。

［27］黄德荣：《云南昆明虹山明墓发掘简报》，《文物》1983 年第 2 期。

［28］江西文物工作队：《江西南城明益定王朱由木墓发掘简报》，《文物》1983 年第 2 期。

［29］高桂云：《北京市出土明隆庆青花鱼藻纹盘》，《文物》1983 年第 4 期。

［30］黄云鹏：《景德镇明代纪年墓出土的民间青花瓷》，《江西历史文物》1983 年第 2 期。

［31］杨后礼：《江西明代纪年墓出土的青花瓷器》，《江西历史文物》1983 年第 3 期。

［32］吉林省文物工作队：《夫余县明墓发掘简报》，《黑龙江文物丛刊》1983 年第 3 期。

［33］杨后礼：《横峰县周家山明墓》，《江西历史文物》1984 年第 1 期。

［34］葛季芳：《禄丰火葬墓及其青花瓷器》，《文物》1984 年第 8 期。

［35］薛翘、刘劲峰：《江西出土的明万历外销青花瓷盘》，《江西历史文物》1985 年第 1 期。

［36］洛阳市文物工作队：《洛阳东郊明墓》，《中原文物》1985 年第 4 期。

［37］陈顺利、王中河：《黄岩出土明代庆元窑青瓷盖罐》，《文物》1986 年第 8 期。

［38］朱兰霞：《南京明代吴祯墓发掘简报》，《文物》1986 年第 9 期。

［39］夏颖：《扬州出土明代成化青花碗》，《文物》1986 年第 10 期。

［40］江苏省淮安县博物馆：《淮安县明代王镇夫妇合葬墓清理简报》，《文物》1987 年第 3 期。

［41］南京市文管会：《南京郊区出土明青瓷花瓶》，《文物资料丛刊》（1987 年）10 期。

［42］曹刚：《成都市出土明代弘治青花瓷碗》，《文物》1988 年第 1 期。

［43］肖向王：《宜城詹营村明墓清理简报》，《江汉考古》1988 年第 1 期。

［44］长春市文物管理委员会办公室：《吉林德惠顺城堂明墓清理简报》，《辽海文物学刊》1988 年 2 期。

［45］陈官涛：《江陵八岭山明王妃墓清理简报》，《江汉考古》1988 年第 4 期。

［46］南京市博物馆：《南京尹西村明墓》，《江汉考古》1989 年第 2 期。

［47］王文径：《明户、工二部侍郎卢维桢墓》，《东南文化》1989 年第 3 期。

［48］京山县博物馆：《京山孙桥明墓清理简报》，《江汉考古》1989 年第 3 期。

［49］张才俊：《四川平武明王玺家族墓》，《文物》1989 年第 7 期。

［50］无锡市博物馆等：《江苏无锡县明华师伊夫妇墓》，《文物》1989 年第 7 期。

［51］孝感地区博物馆、安陆市博物馆：《安陆蒋家山古墓发掘简报》，《江汉考古》1990 年第 2 期。

［52］文錾：《南平蛟湖明嘉靖墓清理简报》，《福建文博》1990 年第 2 期。

［53］黄冬梅：《江西樟树出土的明代青花瓷器》，《江西文物》1990 年第 2 期。

［54］王文径：《福建漳浦明墓出土的青花瓷器》，《江西文物》1990 年第 4 期。

［55］孙敬民：《江西广昌发现明代崇祯纪年墓》，《江西文物》1990 年第 4 期。

［56］王善才：《阳新枫林镇两处宋、明墓葬发掘简报》，《江汉考古》1991 年第 2 期。

［57］卢国复：《江西上饶县明嘉靖纪年墓》，《南方文物》1991 年第 3 期。

［58］大理市博物馆：《云南大理市苍山玉局峰发现一座明代石室墓》，《考古》1991 年第 6 期。

［59］郑新城：《吉林扶余发现两座明墓》，《考古》1991 年第 10 期。

［60］广东省博物馆等：《广东东莞明罗亨信家族墓清理简报》，《文物》1991 年第 11 期。

［61］张寿来：《蕲春县西河驿石粉厂明墓清理简报》，《江汉考古》1992 年第 1 期。

［62］泰州市博物馆：《江苏泰州明代刘湘夫妇合葬墓清理简报》，《文物》1992 年第 8 期。

［63］邵彬：《荣县乌龟颈明代墓群清理简报》，《四川文物》1992 年第 6 期。

［64］段绶：《大理发现一座明代火葬墓》，《云南文物》，1992 年 12 月（第 34 期）。

［65］黄炳煜：《江苏泰州发现三处明代纪年墓》，《南方文物》1993 年第 1 期。

［66］江西广昌县博物馆：《明代布政使吴念虚夫妇合葬墓清理简报》，《文物》1993 年第 2 期。

［67］阮国林：《明中山王徐达家族墓》，《文物》1993 年第 2 期。

［68］姬乃军：《延安明杨如桂墓》，《文物》1993 年第 2 期。

［69］张家口地区文管所、赤城县博物馆：《赤城马营明代墓葬群清理简报》，《文物春秋》1993 年第 2 期。

［70］汪宗耀：《蕲春出土的明代瓷器》，《文物》1993 年第 5 期。

［71］南京市博物馆：《江苏南京发现明代太监怀忠墓》，《考古》1993 年第 7 期。

［72］行一、平一：《明天顺墓出土的素三彩瓷船》，《南方文物》1993 年第 3 期。

［73］马玺伦：《山东沂水明代义官彭杰墓》，《考古》1994 年第 7 期。

［74］陕西省考古研究所、延安地区文管会、甘泉县文管所：《西延铁路甘泉段明清墓清理简报》，《考古与文物》1995 年第 2 期。

［75］李从喜：《湖北蕲春县西驿明代墓葬》，《考古》1995 年第 9 期。

［76］马升、王万辉：《襄汾丁村明代墓葬发掘简报》，《文物世界》1996 年第 1 期。

［77］朱振问、夏天霞：《安徽滁州市南小庄发现明墓》，《考古》1996 年 11 期。

［78］南京市博物馆：《南京南郊明墓清理简报》，《南方文物》1997 年第 1 期。

［79］刘震：《河北遵化市发现一座明太监墓》，《文物春秋》1997 年第 2 期。

［80］徐惠萍：《禄丰县黑井石龙火葬墓清理简报》，《云南文物》，1997 年第 1 期（第 44 期）。

［81］陈国顺、王克、郑秀芳：《江西上饶明弘治纪年墓》，《南方文物》1998 年第 1 期。

［82］武汉市博物馆、蔡甸区博物馆：《蔡甸区索河明墓发掘简报》，《江汉考古》1998 年第 3 期。

［83］武汉市博物馆：《黄家湾明代楚王朱氏墓》，《江汉考古》1998 年第 4 期。

［84］张方：《南阳明代武略将军墓出土瓷器》，《华夏考古》1998 年第 4 期。

［85］楚雄州博物馆：《禄丰黑井火葬墓清理简报》，《云南文物》，1999 年第 1 期。

［86］湖北省文物考古研究所：《孝昌古坟岗墓地的发掘》，《江汉考古》1999 年第 3 期。

［87］南京市博物馆：《南京市东善桥明清墓地发掘简报》，《南方文物》1999 年第 4 期。

［88］南京市博物馆等：《江苏南京市唐家凹明代张云墓》，《考古》1999 年第 10 期。

［89］南京市博物馆：《江苏南京市明黔国公沐昌祚、沐睿墓》，《考古》1999 年第 10 期。

［90］南京市博物馆等：《江苏南京市戚家山明墓发掘简报》，《考古》1999 年第 10 期。

［91］京珠公路考古队孝感市考古组：《京珠高速公路孝南段考古发掘简报》，《江汉考古》2000 年第 3 期。

［92］武汉市文物考古研究所等：《武汉市江夏区流芳岭明墓发掘简报》，《江汉考古》2000 年第 3 期。

［93］孟耀虎：《万历初年朱表栻墓》，《文物世界》2000 年第 6 期。

［94］南京市博物馆：《南京市两座明墓的清理简报》，《华夏考古》2001 年第 2 期。

［95］刘治云、祁金刚、江卫华：《武汉江夏二妃山明景陵王朱孟炤夫妻墓发掘简报》，《江汉考古》2001 年第 2 期。

［96］西安市文物保护考古所：《西安南郊皇明宗室汧阳端懿王朱公鏳墓清理简报》，《考古与文物》2001 年第 6 期。

［97］云南省文物考古研究所、大理市博物馆：《云南大理市凤仪镇大丰乐墓地的发掘》，《考古》2001 年第 12 期。

［98］云南省文物考古研究所、红河州文物管理所、泸西县文化馆：《云南泸西县和尚塔火葬墓的清理》，《考古》2001 年第 12 期。

［99］翁善良、朱绍文、卢引科：《成都明代蜀僖王陵发掘简报》，《文物》2002 年第 4 期。

［100］西安市文物保护考古所：《西安财政管理干部培训中心明墓发掘简报》，《文博》2002 年第 6 期。

［101］景宏波：《芮城发现的明成化青花碗和汉代青铜洗》，《文物世界》2002 年第 6 期。

［102］闵锐、刘旭、段进明编著：《大理大丰乐》，云南科技出版社，2002 年。

［103］梁惠民：《江西乐安明弘治纪年墓》，《南方文物》2003 年第 1 期。

［104］梁柱：《武昌龙泉山明代楚昭王墓发掘简报》，《文物》2003 年第 2 期。

［105］湖北省文物考古研究所：《湖北孝昌石板地明墓发掘简报》，《江汉考古》2003 年第 4 期。

［106］成都文物考古研究所：《成都市红牌楼明蜀太监墓群发掘简报》，《成都考古发现》2003，科学出版社，2005 年。

［107］湖北省文物事业管理局、湖北省三峡工程移民局：《秭归庙坪》，科学出版社，2003 年。

［108］刘霞：《南阳明故澱水郡主墓》，《东南文化》2004 年第 5 期。

［109］随州市博物馆：《随州市何店镇干堰洼宋明墓葬发掘简报》，《江汉考古》2005 年第 3 期。

［110］国家文物局等编著：《秭归官庄坪》，科学出版社，2005 年。

［111］成都文物考古研究所：《成都市三圣乡明蜀"怀王"墓》，《成都考古发现》2005，科学出版社，2007 年。

［112］成都文物考古研究所等：《成都市温江区万春镇明墓发掘简报》，《成都考古发现》2005，科学出版社，2007 年。

［113］成都文物考古研究所、温江区文物保护管理所：《成都市温江区中粮包装厂明墓发掘简报》，《成都考古发现》2005，科学出版社，2007 年。

［114］林桂枝：《福建墓葬出土的龙泉窑瓷器》，《福建文博》2006 年第 4 期。

［115］成都文物考古研究所：《成都"新北小区四期"明代太监墓群发掘简报》，《成都考古发现》2006，科学出版社，2008 年。

［116］河北省文物研究所等：《乐亭县前炕各庄墓群发掘报告》，《文物春秋》2007 年第 1 期。

［117］泉州市博物馆、晋江市博物馆：《晋江市紫帽镇铁灶山明墓清理简报》，《福建文博》2007 年第 1 期。

［118］陕西省考古研究所、西北大学文博学院：《西安明代秦藩辅国将军朱秉橘家族墓》，《文物》2007 年第 2 期。

［119］泰州市博物馆：《江苏泰州明代墓葬清理简报》，《东南文化》2007 年第 3 期。

［120］鲁怒放：《余姚明代袁炜墓出土文物》，《东方博物》2007 年第 4 期。

［121］福建博物院等：《福建晋江紫帽明墓发掘简报》，《东南文化》2007 年第 5 期。

［122］成都文物考古研究所：《成都市武侯区"沙竹苑"明代太监墓发掘简报》，《成都考古发现》2007，科学出版社，2009 年。

［123］湖北省文物考古研究所、钟祥市博物馆：《梁庄王墓》，文物出版社，2007 年。

［124］张治强编著：《北京奥运场馆考古发掘报告》，科学出版社，2007 年。

［125］江阴市博物馆：《江苏江阴明代薛氏家族墓》，《文物》2008 年第 1 期。

［126］北京市文物研究所：《北京市朝阳区赵胜夫妇合葬墓发掘简报》，《文物》2008 年第 9 期。

［127］郑州市文物考古研究院：《郑州黄岗寺明墓发掘简报》，《东方博物》2009 年第 2 期。

［128］徐培根、程晓辉、张蔓：《江西临川明代纪年墓清理简报》，《南方文物》2009 年第 3 期。

［129］贺燕琼：《湖北荆州出土明代永乐白釉盖罐》，《南方文物》2009 年第 3 期。

［130］陕西省考古研究院：《西安南郊明上洛县主墓发掘简报》，《考古与文物》2009 年第 4 期。

［131］高振威、周利宁：《江苏江阴叶家宕明墓发掘简报》，《文物》2009 年第 8 期。

［132］云南省文物考古研究所、昭通市文物管理所、威信县文物管理所：《云南威信金竹石室墓发掘简报》，《四川文物》2010 年第 1 期。

［133］刘卫鹏：《陕西彬县东关村明代石室壁画墓的发掘》，《苏州文博论丛》2010 年总第 1 辑，文物出版社，2010 年。

［134］祁金刚、刘治云、江卫华：《武汉江夏流芳四股山明墓发掘简报》，《武汉文博》2010 年第 4 期。

［135］邓辉：《武汉江夏富士康工业园区墓葬发掘》，《武汉文博》2010 年第 4 期。

［136］江西省博物馆、南城县博物馆、新建县博物馆、南昌市博物馆编：《江西明代藩王墓》，文物出版社，2010 年。

［137］宁夏文物考古研究所等编著：《盐池冯记圈明墓》，科学出版社，2010 年。

［138］南阳市文物考古研究所：《南阳明墓》，大象出版社，2010 年。

［139］成都文物考古研究所等：《四川彭州市红豆树墓群发掘简报》，《成都考古发现》2010，科学出版社，2012 年。

［140］成都文物考古研究所等：《四川邛崃羊安墓群 24 号点宋明墓发掘简报》，《成都考古发现》2010，科学出版社，2012 年。

［141］成都文物考古研究所、青白江区文物保护管理所：《成都市青白江包家梁子宋明墓葬发掘简报》，《成都考古发现》2010，科学出版社，2012 年。

［142］洛阳市第二文物工作队：《洛阳道北二路明墓发掘简报》，《文物》2011 年第 6 期。

［143］成都文物考古研究所、青白江区文物保护管理所：《成都市青白江区和平村墓群发掘简报》，《成都考古发现》2011，科学出版社，2013 年。

［144］成都文物考古研究所、邛崃市文物局：《邛崃市羊安工业区墓群明墓发掘简报》，《成都考古发现》2011，科学出版社，2013 年。

［145］吉林省文物考古研究所：《扶余明墓——吉林扶余油田砖厂明代墓地发掘报告》，文物出版社，2011 年。

［146］淮安市博物馆：《淮安楚州翔宇花园明清墓葬群发掘简报》，《东南文化》2012 年第 1 期。

［147］洛阳市文物工作队：《洛阳两座明代官吏墓的发掘》，《中国国家博物馆馆刊》2012 年第 4 期。

［148］将乐县博物馆：《将乐县明代壁画墓清理简报》，《福建文博》2011 年第 3 期。

［149］临城县文物保管所：《临城李席吾墓清理简报》，《文物春秋》2012 年第 4 期。

［150］祁海宁、华国荣、马涛等：《南京将军山明代沐昂侧室邢氏墓及 M21 发掘简报》，《东南文化》2013 年第 2 期。

［151］华国荣、白宁、周维林等：《南京将军山明代沐昂夫妇合葬墓及 M6 发掘简报》，《东南文化》2013 年第 2 期。

［152］祁海宁、周保华、周维林等：《南京将军山明代沐斌夫妇合葬墓发掘简报》，《东南文化》2013 年第 2 期。

［153］蒋金治、徐卫：《金华明代范氏墓发掘简报》，《东方博物》2013 年第 3 期。

［154］泰州市博物馆：《江苏泰州森森庄明墓发掘简报》，《文物》2013 年第 11 期。

［155］南召县博物馆：《河南南召县云阳镇明代纪年墓》，《华夏考古》2013 年第 4 期。

［156］济南市文物考古研究所编著：《章丘女郎山》，科学出版社，2013 年。

［157］成都文物考古研究所等：《新津县老虎山宋明墓葬发掘简报》，《成都考古发现》2013，科学出版社，2015 年。

［158］武汉市文物考古研究所、江夏区文物管理所：《江夏金口楚风魏湾明墓发掘简报》，《武汉文博》2014 年第 2 期。

[159] 四川省文物考古研究院、宜宾市博物院、屏山县文物管理所：《四川屏山县新江村明代石室墓发掘简报》，《四川文物》2014 年第 3 期。

[160] 南京市博物馆：《江苏南京白马村明代仇成墓发掘简报》，《文物》2014 年第 9 期。

[161] 武汉市文物考古研究所：《武汉市明通城王朱英煜家族墓地发掘简报》，《江汉考古》2014 年第 6 期。

[162] 重庆市文化遗产研究院、合川区文物管理所：《合川李家坝遗址发掘简报》，《南方民族考古》第十辑，科学出版社，2014 年。

[163] 山东省文物考古研究所、山东博物馆编：《鲁荒王墓》，文物出版社，2014 年。

[164] 张光明、徐学琳、李新等：《山东淄博周村汇龙湖明代墓地发掘简报》，《中国国家博物馆馆刊》2015 年第 2 期。

[165] 南阳市文物考古研究所：《南阳市明代墓葬发掘简报》，《中原文物》2015 年第 2 期。

[166] 陕西省考古研究院等：《铜川阿来金、明墓葬发掘简报》，《文博》2015 年第 2 期。

[167] 成都文物考古研究院：《成都市通锦路遗址隋唐至明代墓葬清理简报》，《成都考古发现》2015，科学出版社，2017 年。

[168] 武汉市文物考古研究所：《2008 年富士康工业园大谭墓地发掘简报》，《武汉文博》2016 年第 1 期。

[169] 铜川市考古研究所：《陕西铜川新区未来城明墓发掘简报》，《考古与文物》2016 年第 2 期。

[170] 武汉市文物考古研究所等：《江夏纸坊王子恩湾明墓清理简报》，《武汉文博》2016 年第 3 期。

[171] 乔阳、原江：《太原南内环东延与东环高速互通工程明代墓葬发掘简报》，《文物世界》2016 年第 5 期。

[172] 王瞳：《太原市五一机车车辆厂发现的明代瓷器》，《文物世界》2016 年第 5 期。

[173] 中国社会科学院考古研究所安阳工作队：《河南安阳市明代墓葬发掘简报》，《考古》2016 年第 5 期。

[174] 襄阳市文物考古研究所：《湖北襄阳桃花岭墓地明代墓葬发掘简报》，《江汉考古》2016 年第 6 期。

[175] 苏州市考古研究所：《江苏苏州吴山岭明刘德贞墓发掘简报》，《东南文化》2016 年第 6 期。

[176] 成都文物考古研究院：《成都市十一街遗址墓葬清理简报》，《成都考古发现》2016，科学出版社，2018 年。

[177] 湖北省文物考古研究所、荆门市博物馆、钟祥市博物馆：《郢靖王墓》，文物出版社，2016 年。

[178] 郑州大学历史学院、河南省文物局南水北调文物保护办公室、宝丰县文物管理局：《河南宝丰廖旗营墓地明代家族墓发掘简报》，《文物》2017 年第 4 期。

[179] 铜川市考古研究所：《陕西铜川明内官监太监成敬墓发掘简报》，《考古与文物》2017 年第 5 期。

[180] 江西省文物考古研究所、金溪县文物管理所：《江西金溪秀谷明代纪年墓发掘简报》，《文物》2017 年第 12 期。

[181] 南平市博物馆、南平市延平区文化体育新闻出版局：《南平市延平区明墓清理简报》，《福建文博》2018 年第 3 期。

[182] 白银市博物馆、靖远县博物馆：《甘肃靖远县东湾镇杨稍沟村明代家族墓清理简报》，《文博》2018 年第 6 期。

[183] 云南省文物考古研究所、红河州文物管理所、个旧市文物管理所：《云南个旧市石榴坝墓地第二次发掘报告》，《南方民族考古》第十六辑，科学出版社，2018 年。

[184] 河南省文物考古研究院、荥阳市文物保护管理中心：《河南荥阳明代周懿王墓发掘简报》，《华夏考古》2019 年第 2 期。

［185］临淄区文物管理局：《淄博市临淄区车站村明代墓发掘简报》，《海岱考古》第十二辑，科学出版社，2019年。

（五）研究专著和研究论文

1.研究专著

［1］叶麟趾编著：《古今中外陶瓷汇编》，1934年。

［2］陈万里著：《瓷器与浙江》，中华书局，1946年。

［3］傅振伦编著：《明代瓷器工艺》，朝花美术出版社，1955年。

［4］傅扬编：《明代民间青花瓷器》，中国古典艺术出版社，1957年。

［5］［日］三上次男著，胡德芬译：《陶瓷之路——东西文明接触点的探索》，天津人民出版社，1983年。

［6］马文宽、孟凡人著：《中国古瓷在非洲的发现》，紫禁城出版社，1987年。

［7］叶文程著：《中国古外销瓷研究论文集》，紫禁城出版社，1988年。

［8］俞伟超主编：《考古类型学的理论与实践》，文物出版社，1989年。

［9］毕克官著：《中国民窑瓷绘艺术》，外文出版社，1991年。

［10］［英］哈里·加纳著，叶文程、罗立华译：《东方的青花瓷器》，上海人民美术出版社，1992年。

［11］王国维著：《古史新证》，清华大学出版社，1994年。

［12］周世荣、魏止戈著：《海外珍瓷与海底瓷都》，湖南美术出版社，1996年。

［13］黄时鉴著：《东西交流史论稿》，上海古籍出版社，1998年。

［14］周世荣著：《金石瓷币考古论丛》，岳麓书社，1998年。

［15］陈建中著：《德化民窑青花》，文物出版社，1999年。

［16］马文斗著：《玉溪窑》，文汇出版社，2001年。

［17］栾丰实、方辉、靳桂云著：《考古学理论·方法·技术》，文物出版社，2002年。

［18］陈建中、陈丽华著：《福建德化窑》，岭南美术出版社，2003年。

［19］吴春明著：《环中国海沉船——古代帆船、船技与船货》，江西高校出版社，2003年。

［20］郭学雷著：《明代磁州窑瓷器》，文物出版社，2005年。

［21］陈建中著：《德化窑》，福建美术出版社，2005年。

［22］刘毅著：《明代帝王陵墓制度研究》，人民出版社，2006年。

［23］国家文物局主编：《中国文物地图集·福建分册（下）》，福建省地图出版社，2007年。

［24］朱伯谦著：《揽翠集——朱伯谦陶瓷考古文集》，科学出版社，2009年。

［25］［美］欧文·潘诺夫斯基著，戚印平、范景中译：《图像学研究：文艺复兴时期艺术的人文主题》，中译本序，上海三联书店，2011年。

［26］陈建中、陈丽华、陈丽芳著：《中国德化瓷史》，上海交通大学出版社，2011年。

［27］曾广亿著：《粤港出土古陶瓷文集》，岭南美术出版社，2012年。

［28］晁中辰著：《明代海外贸易研究》，故宫出版社，2012年。

［29］单国强、赵晶著：《明代宫廷绘画史》，故宫出版社，2015年。

［30］吴其生著：《明清时期漳州窑》，福建人民出版社，2015年。

［31］林艺谋著：《华安东溪窑史话》，福建人民出版社，2016年。

2.研究论文

［1］宋伯胤：《谈德化窑》，《文物参考资料》1955年第4期。

［2］孙太初：《云南西部火葬墓》，《考古通讯》1955年第4期。

［3］徐苹芳：《唐宋墓葬中的"明器神煞"与"墓仪"制度——读〈大汉原陵秘葬经〉札记》，《考古》1963年第2期。

［4］徐本章等：《略谈德化窑的古外销瓷器》，《考古》1979年第2期。

[5]冯先铭：《有关青花瓷器起源的几个问题》，《文物》1980年第4期。

[6]杨静荣：《元代玉溪窑青花鱼藻纹玉壶春瓶》，《文物》1980年第4期。

[7]杨大申：《关于云南禄丰县元墓出土青花瓶的一点看法》，《考古》1982年第4期。

[8]汪庆正：《元青花和明洪武刍议》，《景德镇陶瓷》1983年第1期。

[9]李知宴：《略论龙泉青瓷的发展》，《中国国家博物馆馆刊》1983年第5期。

[10]叶文程、丁炯淳：《明代我国瓷器销行东南亚的考察》，《景德镇陶瓷》1983年第1期。

[11]陈定荣：《堆塑瓶论》，《江西历史文物》1986年第2期。

[12]黄云鹏：《明代民间青花瓷的断代》，《景德镇陶瓷》1986年第3期。

[13]甄励：《明代景德镇民间青花制瓷业述略》，《景德镇陶瓷》1986年第3期。

[14]李朝真：《大理地区火葬及火葬墓概述》，《民族文化》1986年第5期。

[15]苏伏涛：《元末明初玉溪窑和建水窑的青花瓷器造型及其图案纹饰》，《云南文物》，1986年12月（第20期）。

[16]苏伏涛：《建水窑青花瓷器概述》，《云南文物》，1987年6月（第21期）。

[17]周世荣：《湖南出土盘口瓶、罐形瓶和牛角坛的研究》，《考古》1987年第7期。

[18]张仲淳：《明清时期的福建安溪青花瓷器》，《考古》1989年第7期。

[19]陈克伦：《景德镇洪武青花瓷器考辨》，《江西文物》1990年第2期。

[20]姚澄清、孙敬民、姚连红：《试谈广昌纪年墓出土的青花瓷盘》，《江西文物》1990年第2期。

[21]葛季芳：《云南古代青花料和青花瓷器》，《江西文物》1990年第2期。

[22]冯先铭、冯小琦：《荷兰东印度公司与中国明清瓷器》，《江西文物》1990年第2期。

[23][日]中野徹著，孔六庆译：《中国明瓷的纹样——主要有关吉祥纹样》，《陶瓷研究》1990年第5卷第3期。

[24]杨后礼：《江西宋元纪年墓出土堆塑长颈瓶研究》，《南方文物》1992年第1期。

[25]赵宏：《明正德青花瓷器及有关问题》，《故宫博物院院刊》1992年第2期。

[26]王健华：《故宫博物院藏明代龙泉青瓷掇英》，《故宫博物院院刊》1994年第1期。

[27]刘毅：《明代景德镇瓷业"空白期"研究》，《南方文物》1994年第3期。

[28]刘毅：《瓷明器述略》，《东南文化》1994年增刊。

[29]庄景辉：《明末清初的福建海商与陶瓷贸易》，《福建文博》1995年第1期。

[30]江建新：《景德镇明御厂故址出土的宣德瓷器》，《文物》1995年第12期。

[31][日]森村健一：《福建省漳州窑系青花、五彩、琉璃地的编年和贸易——明末清初的汕头器》，《福建文博》1996年第2期。

[32]商志醰、吴伟鸿：《香港地区窑址和青花瓷的发现与研究》，《南方文物》1997年第2期。

[33]刘毅：《"二重证据法"新论》，《南方文物》1997年第3期。

[34]秦大树、马忠理：《论红绿彩瓷器》，《文物》1997年第10期。

[35]秦大树：《试论翠蓝釉瓷器的产生、发展与传播》，《文物季刊》1999年第3期。

[36][日]金泽阳：《埃及出土的漳州窑瓷器——兼论漳州窑瓷器在西亚的传播》，《福建文博》1999年增刊。

[37]孙长初：《谷仓罐形制的文化演绎》，《东南文化》2000年第7期。

[38]郝良真：《磁州窑白地黑绘瓷酒坛及相关问题探析》，《文物春秋》2002年第5期。

[39]李知宴：《明代瓷器研究（一）》，《中国历史文物》2002年第3期。

[40]李知宴：《明代瓷器研究（二）》，《中国历史文物》2002年第6期。

[41]李知宴：《明代瓷器研究（三）》，《中国历史文物》2003年第2期。

[42]尹青兰：《江西明墓出土龙泉釉瓷器浅析》，《南方文物》2003年第1期。

[43][英]霍吉淑：《谈明代德化窑瓷器》，《福建文博》2004年第4期。

[44]张仲淳：《福建漳州窑系瓷器的特征、年代及对日本瓷业的影响》，《海交史研究》2005年第2期。

［45］权奎山：《江西景德镇明清御器（窑）厂落选御用瓷器处理的考察》，《文物》2005 年第 5 期。

［46］江建新：《宋元明初釉上彩瓷考略》，《中国历史文物》2006 年第 1 期。

［47］彭明瀚：《江西纪年墓出土明代景德镇民窑青花瓷研究》，《故宫博物院院刊》2007 年第 1 期。

［48］沈岳明：《中国青瓷史上的最后一个亮点——大窑枫洞岩明代龙泉窑址考古新发现》，《紫禁城》2007 年第 5 期。

［49］陆明华：《明代龙泉官用青瓷问题探索——上海博物馆相关藏品的辨识与研究》，《文物》2007 年第 5 期。

［50］丁鹏勃：《明代藩王墓出土瓷器研究》，《中国历史博物馆馆刊》2008 年第 1 期。

［51］何霞：《四川会理古陶瓷窑口归属的分析》，《艺术理论》2008 年第 8 期。

［52］黄卫文：《清宫旧藏明代龙泉窑青瓷概论》，《东南文化》2010 年第 2 期。

［53］［英］甘淑美：《葡萄牙的漳州窑贸易》，《福建文博》2010 年第 3 期。

［54］［英］甘淑美：《西班牙的漳州窑贸易》，《福建文博》2010 年第 4 期。

［55］霍华：《南京地区明代功臣贵族墓出土洪武瓷刍论——兼论出土的其他瓷器》，《东南文化》2011 年第 1 期。

［56］刘新园：《明宣宗与宣德官窑》，《南方文物》2011 年第 1 期。

［57］吕军、周高亮：《金代红绿彩的考古发现及其历史传承》，《中原文物》2011 年第 3 期。

［58］［英］甘淑美：《荷兰的漳州窑贸易》，《福建文博》2012 年第 1 期。

［59］郑培凯、李果、余君岳、尹翠琪、范梦园：《香港西北区出土陶瓷的文化意义》，《东方博物》2012 年第 4 期。

［60］闫娟：《由明代太监刘通墓葬出土文物论及明早期宦官政治现象》，《首都博物馆论丛》总 26 辑，北京燕山出版社，2012 年。

［61］辛光灿：《西爪哇下万丹遗址发现的中国陶瓷初探》，《故宫博物院院刊》2013 年第 6 期。

［62］吕成龙：《明成化朝御窑瓷器简论》，《故宫博物院院刊》2016 年第 4 期。

［63］孙新民：《2010 年—2016 年河南陶瓷考古的新进展》，《中原文物》2017 年第 3 期。

［64］刘净贤：《从方志、宗谱管窥明晚期至清早期龙泉窑》，《华夏考古》2018 年第 5 期。

［65］方昭远、李建毛：《明代巴考沉船及其出水陶瓷初探》，《湖南省博物馆馆刊》第十四辑，岳麓书社，2018 年。

［66］张荣蓉、秦大树：《琉球王国时期中国瓷器的发现与研究述论》，《华夏考古》2018 年第 4 期。

［67］周静：《川渝地区明墓出土谷仓罐研究》，《考古》2019 年第 12 期。

［68］方婷婷、江建新：《浅谈景德镇出土明代仿龙泉窑瓷器》，《故宫博物院院刊》2020 年第 5 期。

［69］吴春明：《从沉船考古看海洋全球化在环中国海的兴起》，《故宫博物院院刊》2020 年第 5 期。

（六）外文期刊和专著

［1］C.L.van der Pijl-Ketel and J.B Kist. *The ceramic load of the Witte Leeuw (1613)*, Rijksmuseum Amsterdam 1982.

［2］Franck Goddio. *Discovery and archaeological excavationof a 16th century trading vessel in the Philippines*. World Wide First, 1988.

［3］Colin sheaf and Richard Kilburn. *The Hatcher porcelain cargoes: The Complete Record*, Phaidon Christie's Limited 1988.

［4］Mr. Jean-Paul Desroches, Fr.Gabricl Casal and Mr.Franck Goddio. *Treasures of the San Diego*, National Museum of the Philippines, November 1st, 1996 to February 28th, 1997.

［5］Eusebio Z. Dizon, PH.D. Anatomy of a Shipwreck: Archaeology of the 15th-Century Pandanan Shipwreck, *The Pearl Road Tales of Treasure Ships*, Asiatype, Inc. and Christophe Loveiny, October 1998.

［6］Chuimei Ho and Malcolm N. Smith. Gaps in Ceramic Production/Distribution and the Rise of Multinational Traders in 15th Century Asia.《美术史研究集刊》第七期。

［7］Michael Flecker. The Bakau wreck:an early example of Chinese shipping in SoutheastAsia, *The International Journal of Nautical Archaeology*, (2001),30.2:221–230.

［8］Franck Goddio. *The wreck on the Lena Shoal, Lost at Sea:The strange route of the Lena Shoal Junk*, Peripluse Publishing London Ltd 2002.

［9］Roxanna M.Brown. History of Shipwreck Excavation in Southeast Asia. *In: Ward J, Kotitsa Z, Angelo AD (eds). The Belitung wreck: sunken treasures from Tang China*, Seabed Explorations New Zealand Ltd, New Zealand, 2004.

［10］Rita C.Tan. *ZHANGZHOU WARE FOUND IN THE PHILIPPINES. "Swatow" Export Ceramics from Fujian 16th–17th Century*. Art Post Asia Pte Ltd.2007.

［11］Tai, Yew Seng. Ming Gap and the Revival of Commercial Production of Blue and White Porcelain in China. *Bulletin of the Indo-Pacific Prehistory Association 31(2011):85-92*.

［12］Herman Kiriama and Qin Dashu. The Maritime Silk Road:The India Ocean and the Africa China Exchange systems in the late first/early second Millennium BCE. *Journal of Indian Ocean Archaeology NO.10,2014*.

［13］Rhayan G.Melendres. The Utilization of Candaba Swam from Prehistoric to Present Time: Evidences from Archaeology, History and Ethnography. *Bhatter College Journal of Multidisciplinary Studies,Vol.IV*, December 2014.

［14］Lin, Meicun & Zhang, Ran. Zheng He's voyages to Hormuz: the archaeological evidence. *Antiquity 89(344)*. Antiquitu Publications Ltd,2015: 417–432.

［15］Chunmming Wu. Early Navigation in the Asia–Pacific Region, A Maritime Archaeological Perspective. *Springer Science+Business Media Singapore 2016*.

［16］Zhang, Ran. Chinese Ceramic Trade Withdrawal from the Indian Ocean: Archaeological Evidence from South Iran. *Heritage: Journal of Multidisciplinary Studies in Archaeology 6(2018): 73-92*.

后　记

时至今日，进入文博行业已有二十余年光景，从懵懂的学生时代到职场小白再到年近不惑，一直在与文物工作齐头并进，经历了"冷门"到"热门"转变，看到文博行业更加多元化的发展，身为其中的一份子我感到无比的荣耀。

2007年夏日，我从南开校园毕业进入天津市文化遗产保护中心工作，开始深入接触真正的一线文博工作，身份从"旁观者"变成了"实施者"，更加深刻地体会到了文博工作的艰辛和无奈，既要耐得住寂寞默默耕耘，又要在关键时刻挺身而出、攻坚克难。十余年的文物鉴定工作让我更加清楚地认识到理论和实践的重要性以及二者相互成就、相互促进的关系。于是，在获得国家文物局陶瓷类责任鉴定员资格及获评文博系列副研究馆员之后，2015年春日，我做出了一个大胆决定——攻读博士学位，希望在理论研究能力方面再上一个台阶。同时，我也很幸运，赶上了博士学业的末班车，让我在有生之年能完成这个人生凤愿。

通过了博士入学考试，面临最大的问题就是博士论文题目的选定，既要具有学术创新性，又要避免与过往研究内容的重复。为了更好地指导工作实际，我决定结合十余年工作经验，将工作中遇到的难点和疑问带入博士学习及理论研究之中。参加工作以来，我一直从事文物鉴定工作，主攻方向是古陶瓷的研究与鉴定。文物鉴定是一项注重经验积累的工作，老一代专家不断总结文物发展演变规律，形成宝贵的经验财富而代代相传，建立庞大的知识体系。这个经验体系还在不断扩充中，但无可避免的是鉴定工作很强调对明清两代文物鉴定经验的累积，注重官方物质文化载体，缺少对社会文化内涵的阐释。在日常鉴定中，真正的艺术精品是很难遇到的，这就让我们在实际的鉴定工作中会出现更多感性认识以及"只可意会不可言传"的鉴定依据。为了使鉴定工作更具有可操作性，增加文物研究的理论厚度势在必行。经过前期的资料整理，我确定了论文选题，将研究主旨定为景德镇以外的明代各类瓷器。

我更要感谢我的恩师——刘毅教授，能再一次接收这个不太上进又有点追求的学生。本文从初定选题到调整，再到最终定稿，都是在恩师悉心指导下完成，这过程中的每一稿恩师都在百忙之中认真研读并提出修改意见，定稿的完成凝结着恩师的大量心血和付出，为此我感激涕零，唯有在今后的工作中以您的治学态度和人格魅力为榜样，继续奋斗在文博工作的第一线，不辜负六年多来您对我的教导。

我还要感谢考古学专业的袁胜文、贾洪波老师，在学习过程中我也经常向他们讨教，老师们都倾囊相授，让我受益匪浅；感谢我的师妹白瑶瑶老师、师兄臧天杰老师，在论文写作过程中给予我悉心的指导和建议，在很多细节问题上提出了中肯的意见；感谢中心白俊峰、盛立双主任，在论文内容修改和出版过程中倾力相助，保证论文的完成和出版工作的顺利推进。博士论文的完成和出版不是学术研究的终点，而是起点。未来我会更加努力，以更加严谨的态度对待学习和工作中所遇到的问题，为文博事业的发展贡献自己绵薄的力量。

1. 南胜花仔楼窑址出土，青花荷塘芦雁纹盘　　　　　　2. 洞口窑址出土，青花炉

3. 洞口窑址出土，青花鹿纹小口罐　　　　　　　4. 洞口窑址出土，青花盖碗

彩版一　福建窑场青花瓷产品

1. 洞口窑址出土，青花缠枝菊花纹盖盒　　2. 南澳 I 号出水，青花缠枝莲纹"正"字盖钵

3. 洞口窑址出土，青花方碟　　　　4. 洞口窑址出土，青花双耳瓶

彩版二　福建窑场青花瓷产品

 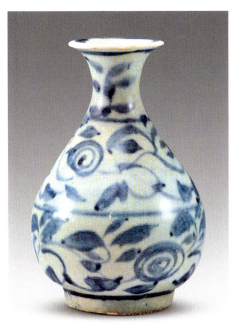

1.南澳Ⅰ号出水，青花缠枝花卉纹四系大罐　　2.南澳Ⅰ号出水，青花缠枝花卉纹玉壶春瓶

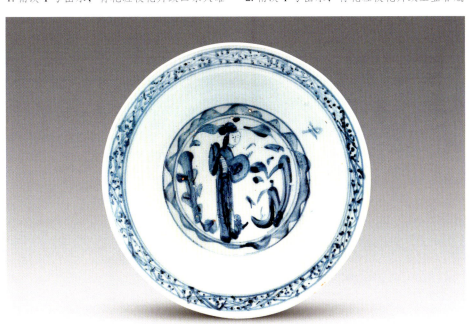

3.南澳Ⅰ号出水，青花仕女纹盘

彩版三　福建窑场青花瓷产品

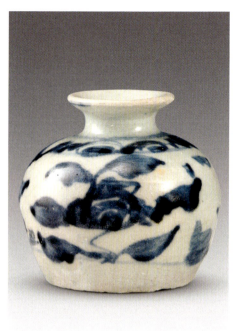

1. 南澳Ⅰ号出水，青花折枝花卉纹碗

2. 南澳Ⅰ号出水，青花小口罐

3. 南胜田坑窑址出土，素三彩盖盒

4. 南胜田坑窑址出土，素三彩盖盒

彩版四　福建窑场青花瓷、素三彩产品

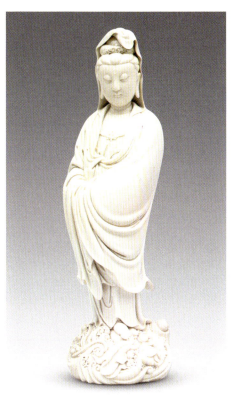

1. 明代德化窑白釉观音像，福建泉州市文物管理委员会藏

2. 北京市西城区定阜大街出土，青白釉水月观音菩萨像，现藏于首都博物馆

3. 德化甲杯山窑址出土，弥勒佛像

4. 德化甲杯山窑址出土，梅花杯

彩版五　福建德化窑、江西景德镇窑白釉、青白釉产品

1. 广东大埔寨里窑出土，青釉盘

2. 广东大埔寨里窑出土，青釉碗

3. 广东大埔寨里窑出土，青釉筒式炉

4. 广东大埔寨里窑出土，高足碗

5. 广东大埔寨里窑出土，青釉烛台

6. 广东大埔寨里窑出土，青釉双耳瓶

彩版六　广东大埔寨里窑青釉产品

1.玉溪地区出土，青花虎纽堆塑花卉纹盖

2.玉溪地区出土，青花缠枝牡丹纹炉

彩版七　云南窑场青花瓷产品

1. 大理大丰乐出土，青花花卉纹盖罐   2. 玉溪地区出土，青花缠枝菊纹盖罐

彩版八　云南窑场青花瓷产品

1.玉溪地区出土，青花鱼藻纹玉壶春瓶

2.玉溪地区出土，青花折枝花卉纹双耳瓶

3.玉溪博物馆藏，青花直口碗

4.玉溪博物馆藏，青花折沿盘

彩版九　云南窑场青花瓷产品

1. 蒙自瓦渣地出土，青花凤穿牡丹纹罐

2. 玉溪地区出土，青花仕女缠枝牡丹纹罐

彩版一〇　云南窑场青花瓷产品

1. 禄丰黑井出土，青花缠枝牡丹狮子绣球纹罐

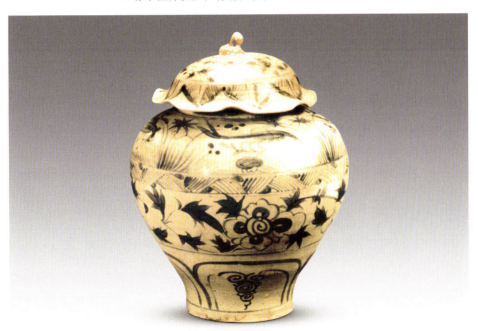

2. 禄丰黑井出土，青花折枝鱼藻纹盖罐

彩版一一　云南窑场青花瓷产品

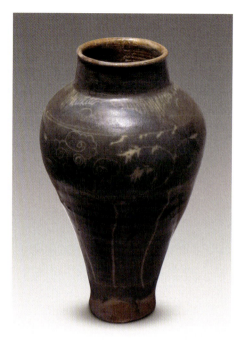

1. 玉溪博物馆藏，钴蓝底剔白花直颈瓶　　　2. 玉溪博物馆藏，青花撇口瓶

3. 玉溪博物馆藏，青花撇口瓶　　　4. 玉溪博物馆藏，青花三足炉

彩版一二　云南窑场青花瓷产品

1. 大丰乐墓地出土，青釉罐

2. 玉溪博物馆藏，青釉盘

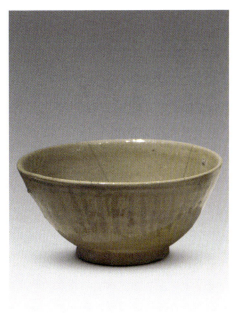

3. 玉溪博物馆藏，青釉盘

4. 玉溪博物馆藏，青釉碗

彩版一三　云南窑场青釉产品

1. 大窑枫洞岩窑址出土，青釉高足杯　　　2. 大窑枫洞岩窑址出土，青釉莲子碗

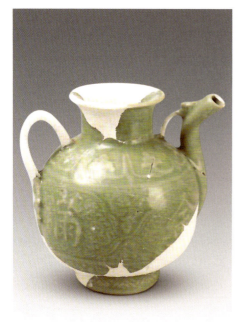

3. 大窑枫洞岩窑址出土，青釉执壶　　　4. 大窑枫洞岩窑址出土，青釉执壶

彩版一四　浙江龙泉窑青釉产品

1. 大窑枫洞岩窑址出土，青釉福寿瓶　　　　2. 大窑枫洞岩窑址出土，青釉双耳瓶

彩版一五　浙江龙泉窑青釉产品

1. 大窑枫洞岩窑址出土，青釉三足炉　　2. 大窑枫洞岩窑址出土，青釉露胎筒式炉

3. 大窑枫洞岩窑址出土，青釉洗式炉　　4. 大窑枫洞岩窑址出土，青釉花盆

彩版一六　　浙江龙泉窑青釉产品

1. 大窑枫洞岩窑址出土，青釉镂空器座　　2. 大窑枫洞岩窑址出土，青釉佛像

3. 大窑枫洞岩窑址出土，青釉爵杯　　4. 大窑枫洞岩窑址出土，青釉卧牛形砚滴

彩版一七　浙江龙泉窑青釉产品

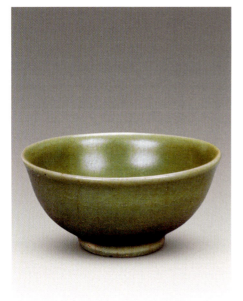

1. 樊氏墓（永乐六年，1408）出土，青釉碗

2. 王镇夫妇墓（弘治十八年，1505）出土，青釉碗

3. 王镇夫妇墓（弘治十八年，1505）出土，青釉碗

4. 大窑枫洞岩窑址出土，青釉墩式碗

彩版一八　浙江龙泉窑青釉产品

1. 叶氏墓（永乐十六年，1418）出土，
　青釉印金刚杵纹盘

2. 大窑枫洞岩窑址出土，青釉大盘

3. 益庄王继妃万氏棺（1590）出土，青釉盘

4. 魏源墓（正统九年，1444）出土，青釉
　菱口折腹碟

彩版一九　浙江龙泉窑青釉产品

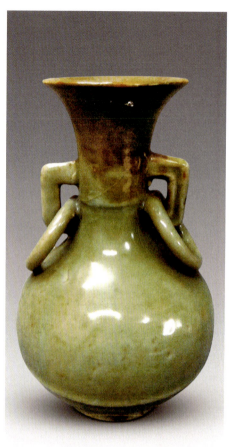 

1. 魏源墓（正统九年，1444）出土，青釉　　　　2. 魏源墓（正统九年，1444）出土，青釉
　　　　　　　　盖罐　　　　　　　　　　　　　　　　　　　　　　　烛台

彩版二〇　　浙江龙泉窑青釉产品

1. 于氏墓（洪武二十一年，1388）出土，　　　2. 陈闻墓（永乐十二年，1414）出土，
　　　青釉梅瓶　　　　　　　　　　　　　　　　　青釉刻花玉壶春瓶

彩版二一　浙江龙泉窑青釉产品

 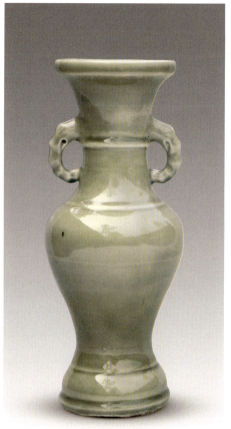

1. 刘通墓出土，青釉印花龙凤纹双耳瓶　　2. 四川省成都市红牌楼明墓M3出土（万历
　　　　　　　　　　　　　　　　　　　　　　前期），青釉象耳瓶

彩版二二　浙江龙泉窑青釉产品

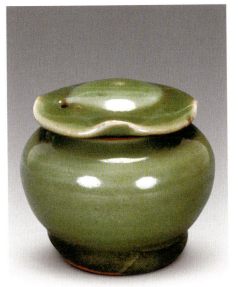

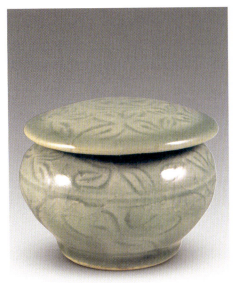

1. 徐膺绪墓（永乐十二年，1414）出土，青釉盖罐

2. 牛首山弘觉寺塔塔基出土，青釉刻花盖罐

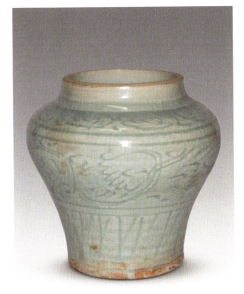

3. 王俯翠墓（嘉靖四十年，1561）出土，青釉罐

4. 福建下洋坑窑址出土，淡青釉炉

彩版二三　浙江龙泉窑、福建窑场青釉产品

1. 禹州西关明墓出土，白地黑花人物纹罐

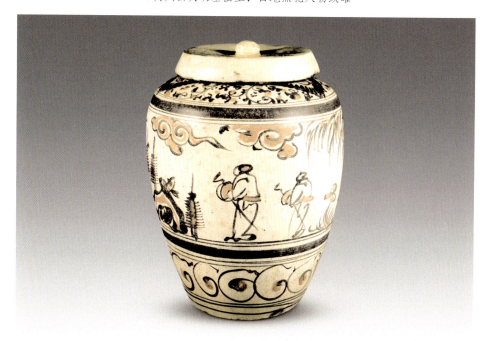

2. 刘湘墓（1558）出土，白地黑花人物纹盖罐

彩版二四　北方窑场白地黑花产品

1. 安徽当涂县出土，白地黑花凤穿牡丹纹
盖罐

2. 河北何公墓（1438）出土，白地黑花人
物骑狮烛台

3. 河南开封明代建筑遗址出土，白釉炉

4. 河南开封明代建筑遗址出土，白釉杯

彩版二五　北方窑场白地黑花、白釉产品

1. 俞通源墓（1389）出土，白地黑花梅瓶

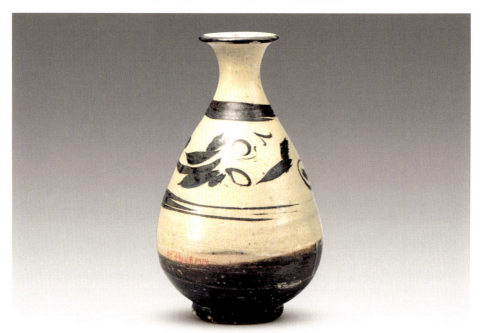

2. 山东章丘女郎山M14出土，白地黑花玉壶春瓶

彩版二六　北方窑场白地黑花、白釉产品

1. 秦惠恭王夫人钱氏墓（1485）出土，白地黑花缸

2. 彭尚贤墓（1575）出土，白地黑花折枝花卉纹盘

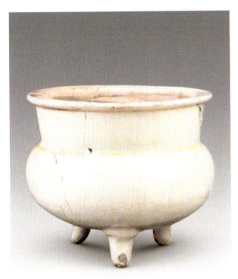

3. 河南开封明代建筑遗址出土，白釉三足炉

4. 河南开封明代建筑遗址出土，白釉筒式三足炉

彩版二七　北方窑场白地黑花、白釉产品

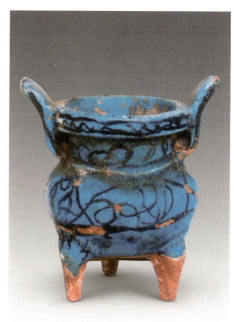

1. 朱规琅墓出土，孔雀蓝釉黑花缠枝花卉梅瓶　　2. 彭尚贤墓（1575）出土，孔雀蓝釉黑花炉

3. 荆文德墓（1575）出土，孔雀蓝釉菊瓣碟　　4. 山西博物院藏，珐华葫芦瓶

彩版二八　北方窑场孔雀蓝釉黑花、孔雀蓝釉、珐华釉产品

1. 山西朔州社稷坛遗址
出土，珐华八仙像

2. 山西朔州社稷坛遗址
出土，珐华八仙像

3. 山西朔州社稷坛遗址出土，珐华胡人乐俑

4. 山西朔州社稷坛遗址出土，珐华戏曲
假山人物

彩版二九　北方窑场珐华釉产品

1. 陕西立地坡上店窑址，酱釉砚

2. 陕西立地坡上店窑址，黑釉灯

3. 陕西立地坡上店窑址，黑釉高足杯

4. 陕西立地坡上店，白釉、黑釉碗

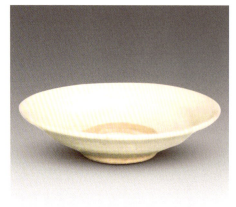

5. 陕西立地坡上店窑址，白釉碗

6. 陕西立地坡上店窑址，黑釉碗

彩版三〇　陕西立地坡、上店明代窑址黑釉、白釉产品

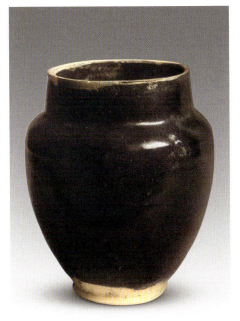

1. 柴肱墓（1555）出土，黑釉罐　　　　2. 赵世德墓（1595）出土，黑釉双系罐

3. 南阳M59（1530）出土，酱釉双系罐　　4. 徐道墓(1614)出土，黑釉双系罐

彩版三一　北方窑场黑釉、酱釉产品

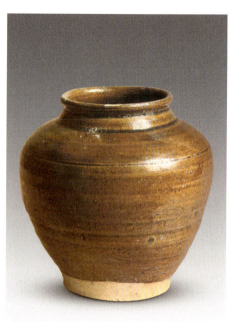

1. 柴世禄墓（1555）出土，黑釉梅瓶　　　　2. 柴昇墓（1523）出土，酱釉罐

3. 刘文辉墓（1549）出土，黑釉罐　　　4. 陕西铜川未来城明墓（1498）出土，
　　　　　　　　　　　　　　　　　　　　　　　黑釉盖罐

彩版三二　北方窑场黑釉、酱釉产品